主権者の協同社会へ

新時代の大学教育と大学生協

庄司興吉

東信堂

はしがき

　大学や高等教育がますます身近になり、そこで何を学んで、どんな人間として社会に出ていくのか、いよいよ多くの人が興味を持つようになっている。大学だからもちろんいろいろな専門があり、人それぞれにさまざまなことを学ぶのだが、同時に皆が共通して学ぶこと、学ばなければならないこともある。

　私たちの社会が世界の多くで民主社会になってきているので、自分たちの社会をつくり支えていく基礎的な心構えや知識がそうである。私たちは、選挙で自分たちの代表を選び、議会や政府をつくっていくばかりでなく、企業や役所や協同組合やNPO、NGOなどに就職したり、時には自営で、いろいろな事業をおこなっている。

　政治的に社会を運営しているばかりでなく、経済的に社会の実質を日々つくっているのである。私たちは民主社会の主権者であるので、自分たちの社会を、政治的に運営しているばかりでなく、経済的にも日々つくりだしているのだ。

　大学で学び、大学の教員になり、大学生協を利用し、その役員などを務めながら、私は、この当たり前のことの深い意味を痛感させられた。主権者であるということは、政治的な意味ばかりでなく経済的な意味でも、すごいことなのだと思った。そしてそのことを、学生、院生、留学生の皆さんに、また大学の教職員の皆さんに、あらためて訴えたいと思った。

　2016年から広い意味での学生全員が有権者になるが、日本の大学の多くには、戦後の学生たちがつくりあげてきた大学生協があり、そこでは学生たちが経済的にも主権者である。まだ生協のない大学の皆さんには、大学生協の連合会などに連絡を取り、ぜひ生協をつくってほしい。これからの大学は、

主権者の民主協同社会になり、私たちの社会そのものの母体となっていかなくてはならないのだから。

　詳しくはこの本をぜひ読んでほしい。忙しい人は、まず序と最終章Xを読んでほしい。そして、政治的にばかりでなく経済的にも主権者であることのすばらしさに気がついたら、その他の章をどこからでもいいから読んでほしい。この本は、『大学改革と大学生協』(2009年) および『学生支援と大学生協』(2015年、ともに丸善プラネット) の内容を深く展開したものなので、できればそちらも読んでほしい。

　日本ばかりでなく世界のどの国でも、21世紀の新時代をつくっていくためには、まず学生を初めとする若い人たちが元気を出さなければならない。教職員の皆さんも、日々忙しくて大変だとは思うが、この本に書いてあるようなことを考えて若い人たちと語り合い、元気を燃え上がらせてほしい。生協のある日本の大学は、ある意味ではアジアのモデル・世界のモデルなのである。

　この本を書く過程で、日本各地の大学の学長を初めとする教職員の皆さん、学生、院生、留学生の皆さん、および各地の大学生協の職員の皆さんばかりでなく、農協や日生協など協同組合の皆さんにも、たいへんお世話になった。心から感謝するとともに、どんなことでもご意見をいただければ有り難い。

　本の出版がますます困難となるなか、大学生協連と東信堂の下田勝司社長にはひとかたならずお世話になった。

　この本のことがインターネットなどでも語られ、日本の大学と大学生協の発展のために少しでも貢献するよう、願っている。

2016年6月

著　者

主権者の協同社会へ —— 新時代の大学教育と大学生協
目　次

はしがき ……………………………………………………………… i

序　新時代の大学教育と協同行動 ……………………………………… 3

I　学習・研究・教育から協同行動へ ………………………………… 12
　1　懐かしい思い出 —— ソ連・T大・大学生協 …………………… 13
　2　サッチャー・レーガン・中曽根からブッシュ・ブレア・小泉へ… 15
　3　地方と大学 —— 「自治」を誇った2つの「聖域」 …………… 17
　4　生協は生き残れるか？ …………………………………………… 20
　5　初心に帰って協同行動を！ ……………………………………… 22

II　これからの社会と大学および協同行動 …………………………… 25
　1　人はなぜビジョンとアクションプランを必要とするか？ …… 25
　2　ビジョンとアクションプランのための状況分析 ……………… 28
　3　グローバル化のなかで格差社会化する日本 …………………… 30
　4　「自立」を迫られ、経営努力を強いられる大学 ……………… 34
　5　少子高齢化で内部構成を変える学生・院生・留学生・教職員… 37
　6　新しい生き方を模索する協同行動の課題 ……………………… 40

III　大学と大学生協の21世紀ビジョンと背後仮説 …………………… 43
　1　ビジョンとアクションプランを持って生きる ………………… 44
　2　グローバル化の時代 ……………………………………………… 47
　3　協同の意味の再考と再生 ………………………………………… 52
　4　大学における協同行動の固有性と役割 ………………………… 54

IV　大学教育の再発見 —— 新帝国的身体形成と協同的身体形成 … 60
　1　教育のカウンセリング化？ ……………………………………… 60

2　食の面から身体形成を革新する ………………………………… 64
　　3　チームづくりとしての協同を手がかりに …………………… 69

Ⅴ　**教職員から見た大学教育と協同行動** ……………………………… 75
　　1　グローバル化と大学教育および協同行動の課題 …………… 75
　　2　世界的民主化のなかでの大学教育と協同行動の意義 ……… 81

Ⅵ　**大学教育改革における教職員・学生と協同行動** ……………… 96
　　1　初心に帰って協同から ………………………………………… 96
　　2　アジアのモデル・世界のモデルに！ ………………………… 103
　　3　大学生協の情報的自立と学官産連携の方向 ………………… 109
　　4　高度市民の育成と協同行動の意義 …………………………… 114
　　5　若き主権者の事業としての大学生協 ………………………… 120
　　6　大学教育改革と協同行動の積極的意義 ……………………… 124

Ⅶ　**グローバル化のなかの大学と協同行動** ………………………… 129
　　1　日本的新自由主義への対抗としての大学における協同 …… 129
　　2　大転換の仕上げとしての世界的市場化と社会的経済
　　　　　および大学・大学生協 ……………………………………… 133
　　3　労働・大学・地域のグローバル化と協同行動 ……………… 140
　　4　ポストコロニアル・アジアと文化としての協同行動 ……… 146

Ⅷ　**危機と変革の時代の大学と協同行動** …………………………… 154
　　1　世界的な危機と変革のなかの協同組合と大学生協 ………… 154
　　2　歴史を創る ── 人間・民主社会・大学教育と協同行動 …… 164
　　3　協同組合の新たな意義と大学および協同行動 ……………… 168
　　4　歴史観の再建をふまえて大学から協同組合憲章へ ………… 174

Ⅸ　**萎縮社会から民主協同社会へ** …………………………………… 184
　　1　萎縮社会の克服 ── 理論的な主張を情熱的なもので補強する！ … 184
　　2　ネット上に広がる大学教育と情熱的協同の重要性 ………… 190

3　新しい歴史観・社会観と大学および大学生協
　　　──民主社会から協同社会へ ……………………………… 194
　4　民主協同社会に向けての大学生協の貢献 ……………………… 201

Ⅹ　大学教育の活性化と協同行動 ………………………………… 209
　1　若き主権者の事業としての大学生協・再論 …………………… 209
　2　大学教育の活性化に大学生協を生かす！ ……………………… 215

　文　献 …………………………………………………………………… 225
　初出一覧 ………………………………………………………………… 227
　事項索引 ………………………………………………………………… 230
　人名索引 ………………………………………………………………… 238

主権者の協同社会へ
——新時代の大学教育と大学生協——

序　新時代の大学教育と協同行動

　今、大学教育はかつてなく重要なものとなっている。

　表1を見よう。四年制大学への進学率が10%に達した1962年を起点に取ると、197人万余りであった18歳人口は67年前後に240万人台のピークに達し（第一次ベビーブーム世代）、その後90年前後にもう一度200万人を超えたものの（第二次ベビーブーム世代）、その後は一貫して減少傾向を続け、2010年代に入って120万人前後を続けている。しかし、大学進学率はその後も一貫し

表1　高等教育進学率

西暦	和暦	18歳人口	同増減 1962=100	進学率(%)					
				高等教育	大学全体	四年制	短期大	高専等	専修学校
1962	昭37	1,974,872	100.0	12.9	12.8	10.0	2.8	0.1	
1967	42	2,426,802	122.9	18.1	17.9	12.9	5.0	0.3	
1973	48	1,667,064	84.4	33.2	32.7	23.4	9.3	0.6	
1980	55	1,579,953	80.0	50.0	37.4	26.1	11.3	0.6	12.1
1985	60	1,556,578	78.8	51.7	37.6	26.5	11.1	0.6	13.5
1990	平2	2,005,425	101.5	53.7	36.3	24.6	11.7	0.5	16.9
1995	7	1,773,712	89.8	64.7	45.2	32.1	13.1	0.6	18.9
2000	12	1,510,994	76.5	70.5	49.1	39.7	9.4	0.7	20.8
2005	17	1,365,804	69.2	76.2	51.5	44.2	7.3	0.8	23.9
2010	22	1,215,843	61.6	70.7	56.8	50.9	5.9	0.9	22.0
2011	23	1,201,937	60.9	79.5	56.7	51.0	5.7	0.9	21.9
2012	24	1,191,210	60.3	79.3	56.2	50.8	5.4	1.0	22.2
2013	25	1,231,117	62.3	77.9	55.1	49.9	5.3	0.9	21.9
2014	26	1,180,838	59.8	80.0	56.7	51.5	5.2	0.9	22.4
2015	27	1,199,977	60.8	79.8	56.5	51.5	5.1	0.9	22.4

出典）文科省：学校基本調査。

て高まり続け、四年制大学で見ると、2010年代にはほぼ50％以上を続けている。短期大学まで加えると56％台、高専や専修学校まで含めた高等教育全体で見るとほぼ80％である。高等教育の普遍化、広義のユニバーシティのユニバーサル化は定着している。

表2を見よう。四年制大学についてみると、その数は1962年の260から2015年の779に、ほぼ三倍化した。国立は28％から11％まで比率を下げ、公立はほぼ10％強を保ち、現在では全体の77％強が私立である。学生・院生数は、72万人余りから280万人台までほぼ四倍化したが、2010年代で見ると、国立は21％強、公立は5％強で、73％強が私立である。男女比は85：15から57：43まで女性化が進んできている。常勤教員数は4.8万人から18.3万人にまで3.8倍化しているが、男女比は93：7から77：23にまでしか女性化が進んでいない。その分だけ女性の非常勤率が高いのが現実である。常勤教員数で見た一人当たり学生数は、21世紀にかけて増加の傾向にあったものの、最近では16人程度に落ち着いてきている。

表2 大学・学生・教員数推移

西暦	和暦	四年制大学数				四年制大学学生数		
			国立%	公立%	私立%		国立%	公立%
1962	昭37	260	27.7	13.1	59.2	727,104	28.5	4.4
1967	42	369	20.1	10.6	69.4	1,160,425	23.7	3.9
1973	48	405	18.8	8.1	73.1	1,597,282	20.9	3.1
1980	55	446	20.9	7.6	71.5	1,835,312	22.2	2.8
1985	60	460	20.7	7.4	72.0	1,848,698	24.3	3.0
1990	平2	507	18.9	7.7	73.4	2,133,362	24.3	3.0
1995	7	565	17.3	9.2	73.5	2,546,649	23.5	3.3
2000	12	649	15.3	11.1	73.7	2,740,023	22.8	3.9
2005	17	726	12.0	11.8	76.2	2,865,051	21.9	4.4
2010	22	778	11.1	12.2	76.7	2,887,414	21.6	4.9
2011	23	780	11.0	12.2	76.8	2,893,489	21.5	5.0
2012	24	783	11.0	11.7	77.3	2,876,134	21.5	5.1
2013	25	782	11.0	11.5	77.5	2,868,872	21.4	5.1
2014	26	781	11.0	11.8	77.2	2,885,529	21.2	5.1
2015	27	779	11.0	11.4	77.5	2,860,210	21.4	5.2

出典）文科省：学校基本調査。

海外からの留学生は、高等教育機関に在籍している者が、1985年に1.5万人だったのが、2010年に14.2万人まで増えたものの、その後は停滞し続けている。日本語教育機関まで含めると、2013年にようやく16.8万人である。他方、日本から海外への留学者は、1985年の1.5万人から2004年の8.3万人にまで増加したもののその後は減少を続け、2012年で6.0万人ほどである。教育再生実行会議は2013年の第三次提言で、「日本人留学生を12万人に倍増し、外国人留学生を30万人に増やす」としている。

　社会人学生は、2010年の数字で見て、大学院入学者1.8万人、四年制大学入学者が1.3万人で、大学型高等教育機関への25歳以上の入学者数で見ると2005年に2.0%であり、OECD諸国平均20.6%の10分の1にも達していない。欧米先進諸国ばかりでなくメキシコやトルコに追いつくためにも、制度面からも意識面からも、今後急速な増加のための措置がとられなければならない。

　このような状況のなか、教員は学生に、何をどのように学習するよう働きかけ、学生は、それを受けてみずから何をどのように学習すれば良いのであろうか？

　もちろん、日本中の大学には現在、理科あり、文科あり、文理融合あり、新たな学部、学科、コースなどが毎年つくられ続けている。2016年度新増設予定の学部学科だけを見ても、理系では情報、生命、資源、防災関連など、文系ではグローバル、国際、

私立%	男%	女%	常勤教員数	男%	女%	教員一人当学生数
67.0	85.0	15.0	47,850	93.3	6.7	15
72.4	82.5	17.5	66,738	92.0	8.0	17
76.0	80.3	19.7	83,838	91.8	8.2	19
75.0	77.9	22.1	102,989	91.6	8.4	18
72.7	76.5	23.5	112,249	91.5	8.5	16
72.7	72.6	27.4	123,838	90.8	9.2	17
73.2	67.7	32.3	137,464	89.3	10.7	19
73.3	63.8	36.2	150,563	86.5	13.5	18
73.7	60.7	39.3	161,690	83.3	16.7	18
73.4	58.9	41.1	174,403	79.9	20.1	17
73.5	58.5	41.5	176,684	79.4	20.6	16
73.4	58.1	41.9	177,570	78.8	21.2	16
73.5	57.6	42.4	178,669	78.2	21.8	16
72.6	56.7	42.3	180,879	77.5	22.5	16
73.4	56.9	43.1	182,723	76.8	23.2	16

地域、コミュニケーション、デザイン関連など、文理融合では地域デザイン、社会共創、人間共生関連など、大学の生き残りを賭けた転身──と言うよりも展身──の動きは凄まじい。教員から見ると研究と教育、学生から見ると学習と研究の内容と方法はたえまなく多様化し続けている。

しかし同時に、共通して学習しなければならないことの重みも、ますます増している。共通して学習しなければならないこと──その一つは、**私たちが私たちの社会の主権者であり、私たちの社会を日々つくっているのだ**、ということである。

2016年からは主権者の投票開始年齢が引き下げられて18歳からとなり、すべての大学生が有権者となる。私たちは、日本国憲法にいう「正当な選挙」によって私たちの代表を選び、そうした代表たちが形成する政府をつうじて、わたしたちの社会をつくり運営しているだろうか？　民主主義は一人一票の原則を正しく実行し、誰が見ても民意を正しく反映している政府をつうじて社会をつくり、国会議席などの一時的な多数を絶対視せず、あくまでも対話をつうじて運営してこそ、真の民主主義である。

表3　大学生協組織事業規模推移

西暦	和暦	会員数	組合員数（人）	総供給高（千円）	一人利用高（円）	職員数（人）
1962	昭37	64	288,060	4,530,860	15,728	
1967	42	94	470,473	13,545,589	28,791	
1973	48	128	711,290	35,485,380	49,889	2,889
1980	55	147	778,793	90,562,714	116,286	2,556
1985	60	155	841,784	125,639,716	149,254	2,431
1990	平2	171	968,480	171,220,121	176,793	2,353
1995	7	197	1,219,085	209,693,830	172,009	2,213
2000	12	222	1,381,139	207,162,118	149,994	1,877
2005	17	230	1,468,674	201,065,217	136,903	1,621
2010	22	226	1,543,091	191,666,888	124,210	1,486
2011	23	226	1,558,426	184,458,159	118,362	1,489
2012	24	223	1,570,476	184,366,073	117,395	1,417
2013	25	220	1,543,086	185,996,948	120,536	1,238
2014	26	219	1,542,373	183,804,058	119,170	1,309

出典）大学生協連：経営概況調査。

そう思いながら大学生協にかかわっているうちに、私はもう一つ、たいへん大切なことに気がついた。

大学生協は、コンピュータを含む文具・食品・日用品などの購買、教養一般からあらゆる専門分野にかかわる書籍、食堂、住居や旅行の斡旋、いくつかの講座、学生総合保険などを経営し、学生ばかりでなく教職員の大学生活の基礎を維持している、学生と教職員の生活協同組合である。**大学生活の基礎を、大学の構成員である学生と教職員みずからが、協同組合をつくって協同行動で維持している。**

表3を見よう。大学生協は、第二次世界大戦前のいくつかの先駆例をふまえながら、戦後の窮乏期に、「メシとホン」を求める学生たちの必死の活動によってその基礎が築かれ、1958年の全日本大学生活協同組合連合会（大学生協連）の結成をふまえて、62年からみると、会員の単位大学生協数は64から21世紀にかけて急速に増大し、2000年代には230を超えたが、その後少し整理されて220前後を維持している。組合員数は1962年の28万人から1990年代に100万人を超え、その後も伸び続けて2010年代には150万人台を保って

(年は3月から2月までの会計年度)

パート数 (換算人)	職員合計 (人)	一人取扱高 (千円)	供給高		
			購買（千円）	書籍（千円）	食堂（千円）
			1,529,768	749,487	955,876
			4,186,350	2,649,234	2,665,529
			16,871,376	8,762,527	7,932,587
			49,325,156	20,653,693	19,053,150
4,195	6,626	18,962	74,424,616	25,750,098	24,131,184
4,795	7,148	23,954	107,018,794	31,525,101	28,647,977
5,245	7,458	28,117	130,693,408	42,855,149	31,362,148
5,966	7,843	26,413	128,629,412	45,953,387	31,311,774
7,423	9,044	22,232	132,826,197	39,629,873	28,608,772
8,459	9,945	19,273	124,220,758	36,496,751	30,949,093
8,321	9,810	18,803	120,112,017	34,757,288	29,588,723
8,163	9,580	19,245	122,953,610	36,003,923	29,743,552
8,690	9,928	18,735	124,145,387	35,391,613	29,835,634
8,065	9,374	19,607	122,668,831	34,249,683	30,117,773

いる。このなかには教職員も含まれているので、日本の学生・院生の約半分が大学生協の組合員というのが現実である。

　歴史的な経緯で、最初は国立大学や主要私立大学につくられたが、その後の私立大学の急速な伸びには追いついていけず、現在は国立大学の90%近く、公立大学の50%近く、私立大学の20%近くで活動している。総供給高は、1962年当時45.3億円ほどであったのが、80年代に1,000億円を超え、90年代半ばには2,000億円を超えた。2000年代の終わりから減少傾向が現れ始めたが、14年でなお1,800億円台を維持している。主な供給品は、コンピュータ、文房具などの一般購買、書籍、食堂であるが、21世紀に入って書籍の落ち込みに見舞われている。

　一人当たり利用高で見ると、1962年に1.5万円程度だったのが、1990年代には17万円台まで伸び、その後漸減を続けて11万円台を維持している。インターネット時代に入って書籍や旅行などの落ち込みが深刻であるが、学生層の貧困化も無視できない。大学生協側は1990年代以降、正規職員を減らしてパート職員を増やし、組合員数と供給高の増加に対応してきている。

　こうした経過でとくに重要なのは、**1970年代以降、学生運動が急速に落ち込むなか大学生協はむしろ急速に伸び続け、単位生協数も組合員数も増やし続けてきた**ということである。これには、1976年から89年まで大学生協連の会長を務めた福武直氏の「福武所感」が大きな役割を果たしてきている。この所感で大学生協は、生協活動が政治活動ではなく経済活動であること、学生だけの生協ではなく教職員も含む全大学構成員の生協であること、生協活動にはそれ自体、みずから協同行動で大学生活を支えていくことを経験し、その経験を社会づくりに生かしていく教育的機能があること、を明らかにしてきたからである。

　大学生協は、農協や日生協など日本の他の協同組合とも交流しつつ、国際協同組合同盟ICAにも加盟しているが、世界中の協同組合が認めているように、協同組合の運営原則は、株式会社の一株一票制とは異なって民主主義の原則と同じ一人一票制である。大学を一つの社会と見なすと、その構成員つまり**主権者**が、民主主義の原則で事業をおこない、社会の基礎を維持してい

るのである。

　こう考えてみて私は、今日の民主社会が、政治的に見て多かれ少なかれ不完全であるだけでなく、経済的にはなお圧倒的に不十分であることにあらためて気づかされた。

　今日の民主社会を経済の面からつくっているのは、いまだに圧倒的に、金持ち市民が一株一票の原則 ── つまりお金があり、株を持てばもつほど、決定権があるという原則 ── で始めた株式会社である。もちろん、それらのうち大きなものは例外なくコーポレーション（法人組織）となり、各国でさまざまな規制を受けて大幅に社会化しているが、たがいに厳しい競争状態にあるため、利益を上げて生き残るのに必死である。そのため、大きなものほど多国籍化するなどして不利な規制を逃れ、グローバルに活動している。リーマンショックのように世界経済に大きな打撃を与えるのは、このような多国籍企業あるいは世界企業の利益追求のための投機である。

　5世紀以上もまえからヨーロッパで頭角を現し始め、自分たちの事業で得た富をもとに社会を民主化してきた市民たちは、19世紀半ば以降、労働者、少数民族、女性などの要求に押されて、一人一票の原則を政治の世界に拡大してきた。しかし、社会を基礎からつくりあげる経済の世界では、いまだに圧倒的に、一株一票制の企業が力を持っているのである。

　大学ではそれでも、かつての大学闘争で確認された全構成員による自治が弱まってきている反面、学生と教職員の民主的事業である大学生協が健闘している。

　これからの社会が、欧米日市民社会による植民地化や従属地域化から自らを解放した諸国も含めて、本当の民主社会になっていくためには、主権者による政治の民主化さらには対話化と並んで、協同組合など主権者の事業による経済の民主化が不可欠なのである。**歴史の趨勢は民主化につぐ対話社会化であり、流れに沿う政治の目標は民意の正確な反映と徹底した対話であって、経済の目標は主権者自らの事業の拡大・充実による経済の民主化である。主権者による対話政治と主権者の協同行動を推し進めていくことこそが、私たちの務めである。**

この20年ほど大学生協の理事長や大学生協連の会長などを務めてきて、私はそのように教えられた。そしてそのことを、広く学生諸君にばかりでなく、大学教職員諸氏にも考えていただけないか、と思うようになった。
　私は社会学の研究者として45年間大学教員を勤めたが、上のことは、理系文系にかかわらず今日の大学教育にかかわる者にとって、きわめて重要なことなのではないか、――そう思って、大学生協連会長を務めてきたあいだに考えたことを、広い意味の大学人と大学に関心をもたざるをえない一般人にも、提供させていただくことにした。大学生協連会長として「あいさつ」――のちに述べるようにこれは、現代社会における大学生協のアイデンティティの追求であった――してきたことは、『大学改革と大学生協』（2009年）と『学生支援と大学生協』（2015年）として発表してきているが、この本にまとめたのは、それらを生み出した私のもっと基礎的な思考の歩みである。
　Ⅰでは、私が学生として大学生協の会員になった頃からの経験から、どのような経緯と思いで協同行動の先頭に立つようになったかを述べ、Ⅱでは、社会学者として現代社会とそのなかの大学をどのように見、協同行動の意義と課題をどのように考えているかを述べる。Ⅲでは、大学と大学生協がビジョンと行動計画を持つことの意味を、大きな時代背景のなかで考察し、Ⅳでは、そうしてみて初めて見えてきた大学教育の実態と課題を考察する。
　Ⅴでは、それらを前提に、教職員の立場から見た大学教育の課題と協同行動の意義に深入りし、Ⅵでは、それをふまえて、学生・院生と教職員が協同行動をつうじて、大学教育の改革に具体的にどのように取り組むことができるかを述べる。Ⅶ、Ⅷ、Ⅸは、以上に展開してきたことの背景を深くえぐる形で、新自由主義への対抗、グローバル化とポストコロニアルの意味の再定式化、危機と変革の時代における歴史観の根底的再建と、そのなかでの大学教育と協同行動の意味を述べたうえで、学生・院生と教職員がともに、いかにして萎縮社会を脱し、民主協同社会への展望を切り拓いていくことができるかを詳述する。
　Ⅹではそのうえで、東日本大震災と福島原発事故以後の新時代における大学教育の活性化に、協同行動をどのように生かしていくべきかを述べて、全

体の結びとする。要は、**すべての学生が有権者となり、大学構成員の全員が実効的な主権者となった**なかで、私たち自身の社会を、政治的にいかに民主主義と対話をつうじて運営し、経済的にいかに民主的で協同的な事業をつうじてつくっていくかである。その意味で本書は、全大学構成員に、**主権者の協同社会への行動**を呼びかける問題提起にほかならない。

　ご一読のうえ、遠慮なく叩いていただくことをつうじて、今日の大学教育の課題と協同行動の意義について、考えていただきたい。

　もちろん、上に述べたように、大学生協は、世界でもっとも普及している日本においても、すべての大学にあるわけではない。**大学生協のない大学の関係者は、この本などを手がかりに、大学生協の意義について考え、学生と教職員が一体となって大学と話し合いながら、新しくつくることを考えてほしい。**

　この本のもとをつくる過程で、全国の大学生協に関係する学生、院生、教職員の諸氏ばかりでなく、学長を初めとする大学運営者、そして全国の大学生協職員諸氏にも、ひとかたならずお世話になった。心から御礼を申し上げたい。

　日本の大学と大学教育が、対話と協同行動をつうじてますます発展し、新しい社会と世界を創ることに大きく貢献することこそが、この本の願いである。

I　学習・研究・教育から協同行動へ

　私は社会学を学習し、研究し、教育してきた。社会学は、いちおう社会科学の一部だが、所属は多くのばあい文学部である。私は、もともと文学をやろうと思って文学部に入ったが、社会に関心が出てきて、社会学のほうに滑り込んでしまった。そのため、社会を見るにあたって、経済学や政治学のようにもっぱら社会科学的にではなく、ときには文学的なトーンを入れながら少し視野を広げてみるということもでき、それが私の社会学の持ち味だと思っている。

　また、高校時代に文学に入れ込むまで、私は数学が得意で将来は物理学をやりたいと思っていた。文学から社会学に転じたあとも、宇宙生成論や生命発生論・進化論にはずっと興味を持ち続けてきている。大宇宙の進化のなかで社会発展を考え、そのなかで人間のあり方を考える、という基本の筋はいつも忘れたことはないつもりだ。

　全国大学生協連の会長理事も、そういう自分がやってきた学問の特徴をできるだけ生かしながら務めた。それもあって、私が言ったことをできるだけ言いっぱなしにせずに記録にとってもらい、それに手を加えて残すというようにしてきたが、そうするといつも同じことは話せないのでだんだんネタがなくなってくる。そんなある日、どうしたものかと思っていろいろ考えていて、いつも乗り降りしている地下鉄の階段を下りている途中で、ふとあることを思いついた。それがここにいう「懐かしい思い出」である。それを本書の発端としたい。

1　懐かしい思い出 ── ソ連・T大・大学生協

ソ連という国

　懐かしい思い出は三つあって、一つはソ連という国のことである。今では忘れたり、知らなかったりの人もいるとは思うが、かつてそういう国があった。私は、今の若者たちに比べれば年齢的にずっと遅れていたと思うが、1971年に初めて外国に出た。その初めての外国がソ連だった。モスクワとレニングラード（現在のサンクトペテルブルグ）をごく短期間見ただけで、そのあと東欧から西欧のほうに出てしまったが、ソ連が初めての外国だったせいで非常に強い印象を受けた。

　当時の日本は、まだ高度成長のさなかで、かなり豊かというか、消費物資があふれる状態になってきていたので、そういうところからいくと、ソ連は、消費物資は非常に乏しく、町の様子もきらびやかさはなかったが、逆に言うと、ある種の清潔感のようなものがあった。

　ちょうど8月の終わり近くだったので、まだまだ白夜のようで、夜遅くまで明るい日々だった。そこで遅くまで町の中を歩き回っていたが、それでも、なにか治安上の不安を感じたりすることはまったくなかった。それだけでなくて、当時日本は車が多くなりすぎて公害が問題になってすでに久しかったが、モスクワはまだまだ車が少なかったという印象が残っている。

　ある中心部の通りで、信号が赤だったが、右を見ても左を見ても車がぜんぜん来ないので、「行っちゃえ」と思って渡ってしまったことがある。かなり幅の広い道路だったが、渡り切ったところに人が待っていた。なにか制服のようなものを着ていて、バッチをしていたので、ひょっとしたら党員だったかもしれない。その人に捕まって、注意を受けた。

　赤信号で渡ってはいけないという意味だったと思うが、ロシア語でベラベラやられたのでよくわからなかった。覚えたてのロシア語で、「オーチニ・イズヴィニーチェ」とか、ごたごた言って、なんとか切り抜けた。そういう国が20年後に消えてなくなるとは、当時はまったく思いも及ばなかった。

T大という大学

　もう一つは、T大という大学についての思い出である。私はもともとこの大学で、先ほど言った社会学を学習し研究したのだが、その後、一度大学を出て、しばらくして「教官」―― と当時は呼んでいた ―― として戻ってきた。そしたらまたすぐ、いわゆる紛争があった。学部長室を占拠していた学生たちが火事を起こして大問題になった。教官たちが非常態勢を取り、何人かずつ組んで夜遅くまで控えたり、徹夜もした。そういうことをいきなりしなくてはならなかった、という記憶がある。

　そういうことをしていながら、さすがにT大の教官たちだなと思ったのだが、学問的には非常に高度な議論をしていたように思う。しかし、すでに全体としては、紛争はとっくに終わっていたのに、文学部というところにだけはそういう面が依然として残っていて、それにたいして収拾能力が弱い、自治能力が弱い、そういうのが要するに日本の大学の弱点なのだな、ということを身にしみて感じさせられた覚えがある。

　日本では、いわゆる1960年代末からの大学紛争とか学生反乱とか呼ばれるもの自体 ―― 私はかつてそういうことの国際比較研究をやったので、多少は根拠をもって言うのが（庄司, 1977, V）――、運動のほうも不十分だったし、それへの対応のほうもまた非常に不十分であった。アメリカやヨーロッパ諸国に比べても、きわだって不十分だったのではないかと思う。

T大生協・H大生協・T大生協

　3番目は、大学生協についての思い出である。私は学生の頃、生協というのは当然入らなくてはいけないものだと思って入り、利用しなくてはいけないものだと思って、大いに利用したと思うが、当時の生協の職員はすごく「立派」だったと今でも思う。カギカッコ付きの「立派」だ。何かについて、それを買いたいので聞いたのだが、「そんなことは自分で調べてわかれ」みたいな返事をされて、ろくに相手にしてもらえなかった、という記憶がある。

　それでやむをえずデパートに行き、同じことについて尋ねたら、若い店員さんが非常に親切丁寧に対応してくれた。私は、もう涙が出るほど感激して、

それ以後そういうものは、多少高くともデパートのほうで買うことにした。
　それからしばらくして、私はいちおう大学院の修士課程も終わって、H大という私大に就職したのだが、そこの生協は、その後のこともいろいろ聞いたが、私がいた頃はたいへん良かったと思う。職員食堂というのが非常においしかったし、生協でいちばん私が利用するのは書籍なのだが、それも「どんどん先生、持っていってください」という感じで、「後でまとめて払えばいいです」というやり方をしてくれた。
　だから生協は大いに気にいっていたのだが、T大に戻ってきて、当然同じことができるのだろうと思って、当時の書籍部に聞いたら、「いや、掛け売りはいたしません」と言われた。その後、M書店が研究室にやってきて、「先生、本はいくらでも」と言うから、「じゃあ、生協と同じように1割引で売るのか」と言ったら、最初はためらっていたが、「ほかの先生には言わないでください」とか言いながらけっきょく1割引ですべての本を売ってくれた。そこで、しばらくの間、私はM書店からあらゆる本を買っていた。
　その後、科研の関係で、やはり生協を使うことにしたのだが、T大の生協というのはすごいな、と何度か思わされた記憶がある。もちろん、現在はぜんぜん違うということはよく分かっている。昔の生協のことを言っているつもりだが、「T大」という虎の威を借りて威張っているような感じがして、そういう点では、大学生協というのは大事なものだと思っていたが、同時に非常に強い批判も持っていた。

2　サッチャー・レーガン・中曽根からブッシュ・ブレア・小泉へ

サッチャーの登場とカルチュラル・スタディーズ

　それとの関連で、その後、世界でどういうことが起こってきたのかということについて、私たちはどの程度まとまった共通の認識を持ちえているのか、私はずっと気にしている。そこで次にその話だが、ちょうど70年代の終わりぐらいから、先進諸国の政治にある新しい傾向がはっきりと出てきた。イギリスでサッチャーという首相が現れ、アメリカでレーガンという大統領が

現れて、しばらくして日本に中曽根康弘という首相が登場したが、その頃からである。

サッチャーは、これも周知のように、いわゆる「イギリス病」に陥って、ニッチもサッチもいかなくなっていたイギリスを非常な荒療治で立て直そうとし、かえって大混乱を巻き起こした人物であるが、そのやり方が結果的には全世界に広まっていった。

まずは、「ゆりかごから墓場まで」と言われたイギリスの福祉国家をたたきつぶす。ついでに、それに抵抗する労働組合もたたきつぶす。そういうことがやがて大学の研究や教育にも及んでいって、私に関係した分野だと、イギリスには戦後、新左翼（ニューレフト）という流れの人たちがいて、たいへん良い研究をしていたのだが、彼らが目の敵にされて、今まで自分のいたところにいられなくなって海外に押し出された。

皮肉なことに、その良い面もあった。かつての植民地に出ていったそれらの人たちが、ヨーロッパ世界とは違った観点から現代を見直すことを始めたのである。とくに文化的な視点から現代を見直すことを始め、カルチュラル・スタディーズが生まれた。カルチュラル・スタディーズは、現代思想および社会科学の視座の革新に非常に大きな役割を果たして現在に至っている。

レーガンと市場の潜在力

他方、アメリカではレーガンがいわゆるレーガノミクスを展開して、端的に言うと、それまで多くの資本主義が依拠していたケインズを見限って、フリードマンとか、さらにその基礎にあるハイエクとかという人たちの経済学に切り替えた。「サプライサイドの経済学」などと言われたが、減税したうえで規制を緩和して、民間の投資を促すというやり方である。

その基礎には、人間の能力はもともと限られているのだから、市場が自動的に調節してくれるのをもっと利用したほうがいい、という考え方がある。最小限、要するに通貨の調節だけでも相当なことができる。これはもうすでにサッチャーもやっていた、いわゆるマネタリズムである。これらのことが広まって、世界が急速に変わっていった。

中国もインドも乗ってくる

　さらにそういう傾向を加速した要因として、中国とインドという、途上国あるいは第三世界といわれた地域の巨大国が、それに乗ってきたということがある。中国は1978年にいわゆる改革開放を決議して以来、市場を外部に開放し始めた。そして経済が活性化してきた。そうすると、当然それが政治にも反映してきて、民主化要求が強くなるのだが、それ以前の中国は、もっぱら政治主義的で失敗したソ連に比べると、いわばたいへん「唯物論」的に動いていた。

　しかし1989年には、高まってきた民主化運動を政治的に弾圧する。これは非常に政治主義的な、ソ連に似たようなやり方である。そのうえで、そういう動きを抑えて、92年以降、いわゆる社会主義市場経済なるものを打ち出してくる。にもかかわらず、この間の政治主義は中国では必ずしも裏目に出ず、これがもとでその後はどんどん経済成長が続いていく。

　インドも、1991年に経済自由化を行い、成長路線に乗った。やがて南米の大国ブラジルとか、ソ連が崩壊したあとのロシアとかも、それに乗ってくる。当時ブリックスBRICsと呼ばれたが、ブラジルとロシアとインドとチャイナ、つまり中国のことだった。こういう成長の先頭に立つ人口大国が出てきて、現代世界が変わってきた。それをつうじて市場が外延的に一挙に拡大した。

　グローバルに、文字通り地球全域を覆うように拡大したというだけではなくて、内包的にも拡大して、私はこれを電子情報市場化と言ってきているが、従来の工業生産から先端技術の全分野にわたって、市場化が進んでいく。グローバル化が、こういう形で本格化してくるのである。

3　地方と大学——「自治」を誇った2つの「聖域」

ポピュリズム革命？

　そのなかでの日本であるが、80年代後半にバブルに突入して、その後それがはじけてしまい、しばらく戸惑っていたところに、21世紀に入って小

泉純一郎という特異な政治家が出てきた。いわゆるポピュリズムの政治家である。なんだかよくわからないが、とにかく人気がある。そういう政治家が人気に乗って政治をやり始めた。

中曽根康弘という人はまだ、いわゆる文字通りのデマゴーグ ── デマゴーグというのは必ずしも悪い意味ではなくて大衆煽動家という意味であるが ── の面があって、イデオロギー的にも日本を経済大国から政治大国にしていくのだというような、そういう考えがはっきりあった。しかし、小泉の場合には、そういうのがはっきりわからない。

私生活についていろいろなことが雑誌に書かれたりしたが、それもよくわからない。音楽が好きだというのは、私も音楽が好きだから結構だと思うが、それもどういうふうに影響するのかよくわからない。信長が好きだというのも、私もじつは信長という人物が非常に気になっているので、最近のベストセラーなど読んでみておもしろいとは思うが、信長好きと政治がどういう関係にあるのかよくわからない。そして突然、靖国に行く。だから何がなんだかわからない。

しかし、人気がある。ポピュリズム革命というのはそういうものなのかもしれないと思うが、実際にこの間の日本には、「革命」と呼んでもいいほどの大きな変化が起こった。

自衛隊の海外「派兵」はもちろんもっとも重大なことだが、それだけではなくて、いわゆる「骨太の方針」というか、それに基づく改革も重大である。これによって、地方と大学という、地方自治および大学の自治というかたちで、第二次世界大戦後、自治を誇ってきた2つの領域、その意味では「聖域」だったと思うのだが、それらが思い切って破壊された。

誰のための革命？

では、誰のための革命だったのか？ アメリカとの協力で、アメリカの大統領も「それでいいのか？」と言うほどアメリカ的なことを言ってみたり、財界にたいしても財界の意表を突くようなことを先取りして言ったり……しかし、かといって、日本の将来について確固としたビジョンがあるのかとい

うと、それはどうもはっきりわからない。

　そういう、いわば無思想時代の政治家である。しかし人気があるから、とにかく人気には勝てない。2005年秋の総選挙で、そういうことがはっきりする。結果として、国家を縮小し、自治領域を破壊して、民間企業の活躍の場である市場を拡大する。これは文字通り新自由主義にもっとも即した政治のやり方で、そういう政治を貫いた。

　誰のためなのか？　アメリカのためなのか、企業のためなのか、依然としてよくわからないが、そういう政治を行ってきて、その結果として二つの聖域が破壊された。

地方と大学の整理統廃合は不可避？
　地方の領域では、不可避といわれたが、不可避どころではなく、もう行われてしまった。私は、グローバル化という非常にマクロなことを一方でやりながら、地方というか地域の調査も丹念にやってきているつもりなのだが、地方自治体が今どういう状態になっているか。
　これは、いろいろな報道で良く知られているが、平成の大合併と呼ばれるものは凄まじいものだった。2001年当時、つまり小泉首相の誕生当時に比べると、自治体が3,200～3,300ぐらいから一挙に1,700～1,800ぐらい、すなわちほぼ半分に減った。そのために一つひとつの地方をとると、今まで一つの村として、町として、何とかやってきて、高齢者が多いので、そういう人たちの面倒を見るとか、そういうことをやってきたところが、ほとんどそういうのができなくなって、どうするかという問題が生じてきている。
　大学が今度はそういう波の影響を受ける。つまり少子化の影響に乗って、そういう波が大学にもやってくる。私は小泉内閣の頃、ある小さな私立大学に勤めていたが、次年度のために何度か入試をやり、終わりのほうになると、入試担当の部長が、「売り出しをやろうと思っても、もともと商店街そのものに人がいないという状態だ」と言っていた。つまり受験生そのものがいないという状態である。それでも都心にある大学はまだいい。地方とか、首都圏でも少し離れたところにある大学は、これからますます大変な状態に陥って

いくこと、それこそ不可避である。

　教職員もこれらの影響を受けるので、安穏としていられなくなって久しい。私の分野などでもなかなか就職口がなくて、けっこう良い研究をして論文を書いたりしているのに、ずっと非常勤でやっていくという人たちが増えていて、「非常勤プロレタリア」などと言われてきている。そういう人たちが増えてきて、これから日本はどうなっていくのか、というような状態になってきている。

4　生協は生き残れるか？

組合はどこに行った？

　そのなかで、大学のみならず大学生協もやっていかなくてはならない。生き残れるのかどうかという問題になってきつつある。

　まず、組合というものはどこへ行ってしまったのか？　そう言わざるをえないほど、今の日本では影が薄くなってしまったというか、どこにいるのかわからないという状態になっている。これは生協の組合ではなくて、一般的な企業の組合その他だが、中曽根時代のいわゆる国鉄分割民営化に始まった組合の解体から、ずっとずっと続いてきている道である。

　自治体のほうでは、自治労は一時は非常に強い組合だったわけだが、これも今ではあまり力がなくなってきている。大学になると、もともと教職員組合などあまり強くなかったところなので、ますます今ではどうにもならなくなっている。学生運動も、もう少し頑張ってくれれば良いのだが、これもかなり前にどこかに行ってしまっているという状態である。

生協も「資産」の一部か？

　そういうなかで、大学生協がどうしていくべきなのか。国立大学のいわゆる法人化とともに、大学の「改革開放」が始まった。だから、そこに外部からいろいろな事業体が利益を求めて入ってくる。大学としては、法人化とはどういうことかというと、大学が持っているはずの土地建物から教員の研究、

教育の内容や学生のレベルに至るまで、それらのものがすべて「資産」として再カウントされる、ということである。

そしてそのうえで、それを生かして、資金が必要ならば自分で稼いでみろ、それで実績を上げれば、その分だけ予算をつけてやるという話なので、まさに地方自治体について言っているのと同じことである。だから、資産をもともと持っていて、それで実績を上げられるところはますます予算がつくけれども、そうでない、もともと資産が乏しく必死でやってきたところは、ますます大変になっていく。

そういう状況だから、生協も大学としてはやはり資産の一部とみなしたり、あるいは資産の利用者の一部とみなしたりして、もし資産を利用するのであればある程度は大学にも貢献してくれ、あるいは、もし資産そのものならば、やはり大学に貢献してくれという態度に出てくる、というふうに変わってきている。それが具体的には、施設の使用料を払ってほしいとか、大学に寄付してほしいとかいう形で現れてきている。

「聖域」はもうなくなってしまった

だから、かつて私が学生のころ、あるいは若い教官のころに経験したたいへん「立派」な大学生協は、なにか「聖域」のようなものに便乗していた生協だが、そういうものはもうなくなってしまった。そう考えなくてはならない。そのなかで、協同行動をどうやっていったらいいのか。生協にとっての正念場である。

そのために、まずは、今まで国立大学がとくにそうだったと思うが、いわば国有財産に乗っからせてもらって、いわばゆとりを持ってやってきた、そういうある意味ではぜいたくなやり方がもうできなくなってしまった。

大学生協を全体として見た場合、今までラッキーなこともいろいろあって、こういうやり方が取れたということで、言ってみればかなり非効率なやり方もしてきている。いろいろな商品の調達その他にかんしても、そうである。それらを徹底して合理化するつもりでないと、もうこれからはとてもやっていけない。そういう話をしなければならない。そのうえでさらに、それだけ

やってもまだだめだろうということも言わなければならない。

5　初心に帰って協同行動を！

生協の初心に帰る

　その先まで言うと、できるだけの合理化をして生協が頑張ったとしても、生協をめぐる最近の事情を見ていると、生協内部の組織上の合理化、事業のやり方のうえでの合理化だけでは、まだだめであろう。

　最終的には、生協とはほんらい何であったのかということを思い出して、本来の生協がそうであったような協同行動を取れるかどうか、ということになってくる。ということは、生協というのはもともと組合員が乏しい資金を出し合って、それをもとに事業をして自分たちに必要なものを調達するということから始まったのだから、その初心に帰る。しかし、時代も組合員も変わっているから、貧しいから必要なものを調達するというだけではとても済まないので、新しい時代に応じたやり方でやらなくてはならない。要するに、組合員が「自分たちが生協をつくって運営しているのだ」という意識を持てるやり方を工夫し、それに生協の事業を乗っけるというふうにならなくてはならない。

　これはとくに大学生協との関連で言えば、多くの人にまだまだ強い記憶が残っていると思うが、福武直元会長が残された本の中でもしきりに言っていることである（福武, 1982）。つまり、生協は、戦後非常に苦しい状態のなかでつくられてやってきたはずなのだが、もう今の学生たちはそういう意識がない。入ると同時に組合費を払うけれども、それが生協を利用する資格を得ることだという、そういう程度にしか考えていない。生協を自分が運営していくのだ、生協をつうじて自分たちの生活を自分たちが良くしていくのだとか、今までなかったいろいろなサービスを含めて自分たちが必要なものを自分たちで供給、獲得していくのだというような、つまり協同行動についての意識が非常に弱いままできているのである。

仲間社会としての協同組合

　私が福武先生に教えられたことがもう一つある。それは学生のころ、社会学に入ると、当然社会学の歴史をいちおう勉強しなくてはならなくて、そういう単位を取らされたが、その先生が福武先生であった。そこで、福武先生からいろいろなことを教わった。そのなかに19世紀末から20世紀の初めにかけてドイツで活躍したフェルディナンド・テンニースという社会学者がいた。『ゲマインシャフトとゲゼルシャフト』という本で世界的に有名な人だ（テンニース, 1957）。ゲマインシャフトはいわゆる前近代的な共同体、ゲゼルシャフトは近代的な営利組織を意味するが、両者を乗り越えて新しい時代をつくっていくために、テンニースは「ゲノッセンシャフト」というアイデアを出した、と教えられた。

　その後、私も自分が社会学者になり、東大で福武先生のあとを継ぎ、学説史の講義を長いことやることになったので、そのへんのことをだいぶ研究した。テンニースがどういう意味でそれを言ったか。ここまでくると、福武先生の理解もそれほど深くはなかった面もあって、私はその分、もっとそれを一般の人に伝えていかなくてはならないと思っている。

　「ゲノッセ」というのはドイツ語で「仲間」という意味である。それが「ゲノッセンシャフト」になると、協同組合を意味する。「コオペラティブ cooperative」と英語ではいうが、ゲノッセンシャフトは「コオペラティブ・ソサイエティ」すなわち協同社会のことなのだ。その意味で、これは例えば、古くはワイマール憲法 ── 今日の日本国憲法やドイツ憲法の原型といって良いと思うが ── などのなかにも出てくる。

ビジョンとアクションプランにつなげていく

　協同組合とは、そういうふうに位置づけられるものなのだ。つまり、今までの多くの共同体はなくなってしまった。しかし、株式会社と市場に何もかも任せておいて良いのかという時に、もう一度私たちが、例えば大学に集う学生仲間、院生仲間、教職員仲間、そういう仲間をつうじて自分たちの生活を新しく基礎からつくり直していく。そういう協同行動のための組織なのだ

というか、そういう事業なのであるということを、もっと私たちは理解しなくてはならない。そして、それを具体的にどうやったらやれるのか、ということを考えていかなくてはならない。

　少し前、大変なベストセラーになった『生協の白石さん』の白石昌則さんが示してくれたやり方は、そういう方向に向かうやり方の一つだと思う（白石他, 2005）。しかし、それだけではたぶんだめなので、もう少し大きな視野も必要だということを私は言いたい。そういうことを含めて、非常に具体的に、私たちが新しい仲間組織のあり方、協同組合のあり方、協同行動のあり方、を見つけ出していかなくてはならない。つまり、大学における協同行動の意義とあり方を具体的に追求していかなくてはならない。そういう探求の努力が、大学生協連（全国大学生活協同組合連合会）のビジョンとアクションプランにもつながっていくのである。

II これからの社会と大学および協同行動

　私が全国大学生協連の仕事を始めたのは2004年末である。当時、全国には大学生協が事業連合も含めて230近くあり、150万人近くの組合員がいた。副会長当時からの私の主な仕事は、これからの大学生協のあり方について考えることであった。

　じつは1994年にも大学生協はビジョンを作っており、2005年当時でも大学生協の「ビジョンとアクションプラン」はあった。しかし、1994年以降、日本および世界の動きは非常に急激だったので、精神は生き続けているが、時代の環境変化に合わせてビジョンとアクションプランを変えていかなければならないということになり、私がそれを主に担当する副会長になり、さらにそのご2005年末に会長になったのである。

　そういうわけで、副会長になってから、1994年のビジョンとアクションプランを全面改定する仕事をした。そして、2006年12月の総会で、2年がかりで作り上げてきた全面改定案を、最終的に決定した。

　以下は、こうした経過と決定されたビジョンとアクションプランに基づく、協同行動についての問題提起である。

1　人はなぜビジョンとアクションプランを必要とするか？

言葉を使って進歩してきた人間

　まず私たち人間あるいは大学生協といった組織は、なぜビジョンとアクションプランを必要とするのか？　そういう抽象的なことはなるべく考えた

くないというのではなく、一度はきちんと考えておかなければならない。
　そこで、私は次のように言った。人間とは、生まれて以来、気が付いてみるといつのまにか言葉を使って生きていて、つねに言葉を使い、人にたいして自分のことを伝えようとしている。まわりの人たちもそれにいろいろ反応を返してきてくれるので、そういうことをつうじて私たちはいつも自分を意識しており、これは人間の宿命みたいなものだ。そんなことばかりやっていないで、のんびりボーっとしている方がいい場合もあるが、ずっとそうしているわけにもいかない。
　逆に自分のことをつねに意識し、実践することが、進歩の源泉にもなってきた。人間がどういうふうに進歩してきたのか、だいたいのことは誰でも知っている。例えば10万年前、人間は、新人として言葉を使用し始めていたものの、まだまだ原始的な生活をしていた。それが、1万年前に農耕を覚えて文明を築くようになり、それ以後は急激に進歩してきて、こういう文明のなかで生きるようになった。
　それもすべては、人が言葉を使い、自らを意識してきたからである。私たちは、自分の周りの世界や他人のことについていろいろなことを言うが、それらは必ず自分のところに跳ね返ってくる。そのようにして人間は、自らを意識せざるをえないという宿命を自覚し、意識的にそのように実践することをつうじて進歩してきたのである。
　現在、私たちが生きているこの状態は、この瞬間のものというだけではなく、ここまできた長いながい経過の集積であり、それが歴史である。現在は、だから歴史的にとらえられなければならない。私たちが自分を意識するということは、だから、歴史的な現在や状況を意識化し、それらについて考えることなのである。

使命と現状 ── 心理的距離を時間的距離に
　そうすると使命の自覚が出てくる。本来そうであったはずの自分や、そうでなければならない自分が見えてくるからである。そうであったはずの自分、そうでなければならない自分、しかし、現実にはなかなかそのとおりに生き

ることができないので、そういう自分になっていないのはなぜか、という問題である。

　こうして、歴史的現在である状況を冷静に分析しようと努めることになる。そうすることをつうじて、自分が本来そうでなくてはいけなかったのに、そうしてこなかったことなどが意識され、使命の自覚がますます強まってくる。本来そうあるべきなのに残念ながら現在そうなってない、あるいはそこから遠いと感じて、使命と現状との乖離に引き裂かれるような思いをする、──そういう経験を誰でもしたことがあるであろう。

　使命と現状との間に距離があり、両者の乖離に引き裂かれている自分を見いだすことは、たいへん辛いことである。自分が本来あるべき姿から現実の自分が遠く離れていると感じる、そういう、心で感じる距離が心理的距離であるが、そういうふうに心理的距離を感じることはたいへん辛いことである。

　しかし、幸いなことに、私たちにはこれからがあり、未来という時間がある。そこで、この心理的距離を未来に投げ出し、時間的距離にしてみようとする。そうすれば、何年かあるいは何十年か先に、自分が本来の自分に近づいていけるのではないかという気持ちになる。そういうふうに時間をかけて、本来そうであるべきはずの自分の姿になりたいと思い、想い描くイメージがビジョンなのである。ビジョンはだから、時間をかけてそうなろうと思う自分の姿である。

　私たちはこの意味で誰しもビジョンを持っているので、それを自覚し、どうしたらそうなれるかを考えて、言葉で表現してみることが大切である。いったん言葉で表現してしまうと、やらなければいけないという気になる。それをさらに具体化したものがアクションプランで、ビジョンに描かれた自分にいたる行動の計画である。大学生協連は、全国の大学生協に、そういう意味でのビジョンとアクションプランの原案を示し、いろいろな機会に議論してもらおうとしてきた。

2　ビジョンとアクションプランのための状況分析

状況は私たちの身体の延長

　そのうえで、ビジョンとアクションプランの中身をつくるためには、実際に現在の状況を分析しなければならない。状況というのは、現在の環境のなかに自分がいる状態をいう。クルト・レヴィンという心理学者の言い方を借りれば、状況Sは人Pと環境Eとの関数である（S=f (P, E)、レヴィン, 1979）。その状況をつかむためには、距離を置いてそれを見、客観的に分析してみなければならない。自分の生協について、自分は信念にもとづいて一所懸命にやっているつもりなのに、去年よりも業績が悪かったとか、赤字が増えてしまったとかいう状態であれば、まず状況を冷静に分析しなければならない。

　距離を置いて現在の状況を明らかにしていくわけであるが、分析している状況のなかにじつは自分がいる。だから、状況を分析していくと、良い場合は嬉しくなって踊り出したりするが、良くない場合にはそれこそ体で痛みを感じる。

　私たち一人ひとりを考えてみても、身体というのは、生物学的な頭や体や両手両足などだけではなく、実際にはその外側にかなり広がっている。私たちは誰しも、自分の家族が病気になって苦しんでいる時や、愛している人が何かに苦しんでいる時には、まるで自分の痛みのように感じることがある。そういうふうに私たちの身体は広がっているのであるが、これは組織も同じである。私たちの身体とか組織は、そういう意味では、自分から家族、職場、地域、さらには国、さらにはアジアなど国際地域から世界にまで広がっている。

　普通は、広がっていくにつれて、自分の身体に感じられる痛みは弱くなっていく。しかし、だんだんそうとは限らない状態になってきている。私たちの生きているこの社会が、地域から国をへて国際社会から地球全体にまで広がっていくにつれて、私たちの身体あるいは身体感覚も広がってきている。日本のなかで、例えば新潟で地震があったとき、被災地で非常に困っている人たちが大勢いるのを知って、放っては置けないと思った人は少なくないで

あろう。現代社会に見合う身体感覚である。

客観的・主観的・相互主観的な分析 ── 原点としての主権者

　また例えば、アフリカではいろいろなところでひどい飢饉がおこり、多くの子どもたちが餓死している。それだけでなく、内乱などさまざまな問題が絶えず、多くの人びとが犠牲になっている。アフリカは日本からもっとも遠い地域であるが、そうした社会で起こっている諸問題についても、敏感に自分の問題として感じて受け止めようとする人びとが増えている。そうした気持ちが人間にはあり、こうした気持ちを含めて現状を分析していかなければならない。

　だから、現状の分析は、客観的かつ主観的な分析でなくてはならない。さらに、相手の人も人間として自分のまわりを意識しているわけだから、お互いに理解しあうような相互主観的な分析でもなくてはならない。さらにいうと、人間の生きている世界の背後には、それを支えてくれている動植物の生態系がある。だから現状の分析は、人間同士だけではなくそういう背後の世界にいたるまで、私たちが自分の身体の痛みとして感じ取れるような分析になっていかなければならない。

　そういうことを原点に私たちの生きている社会を見るため、私はまず市民という言葉を使う。市民というのは、古代ギリシアを別にしても、1,000年ほどの歴史をもっている。市民とは何かを端的にいうと、自分の生きる社会のあり方や行き方を自分で決めていく人間、つまり主権者のことである。そういう主権者として、私たちの身体は、物理的身体や精神的身体だけではなく、社会的かつ歴史的に広がっている。そういう広がりをつうじて感じ取り、私たちは、地域民主社会から日本民主社会、さらにはアジア民主社会をへて世界民主社会や地球民主社会というところまで、感じ取っていかなければならない。そういう時代にだんだんなってきている。

　そういうことを前提に協同行動に話を戻し、生協がおかれている世界とはどういう世界なのかを考えてみよう。

3 グローバル化のなかで格差社会化する日本

グローバル化は電子情報市場化

　グローバル化という言葉を、私たちはさんざん聞いてきている。簡単にいうと地球が1つになってくるということで、まずは市場すなわちマーケットのグローバル化として進んだ。ものを売り買いする舞台が地球的規模に広がってきた。直接的には、1990年前後にソ連東欧が崩壊し、市場システムをとっていない社会が地球上にはなくなってしまったことに起因している。中国はもっと前から事実上市場経済を認めるやり方をしていたので、世界全体が市場経済を認めるやり方になってきて、市場が地球全体に広がったのである。

　市場のグローバル化が情報のやりとりすなわち情報化のグローバル化によって、さらにいっそう強化されてきた。情報のやりとりは、直接的にはテレビや新聞その他すなわちマスメディアをつうじて活発化する。それに加えて、米ソ冷戦が終わり、ソ連東欧社会が崩壊した頃から、コンピュータを利用したインターネットが世界中に広まり、それによってさらにものすごい量の情報がやりとりされるようになった。情報のやりとりが電子化されたからだ。

　コンピュータの原理は電子の動きを制御してさまざまな知的作業をこなすことで、いちばん単純なことはわれわれがやっている計算の処理である。それからさらに文章を書いたり、複雑な情報の内容を相手に伝えたりすることが、ものすごいスピードでできるようになってきた。それらを全部ひっくるめて考えると、グローバル化は地球的規模の電子情報市場化だ、ということになる。それがグローバル化のいちばん重要な内容である（庄司編, 2004, 序）。

　それによって規模も内容も急速に拡大する世界市場を舞台に、世界的な企業が利益を求めて争うようになってきた。そのために、できるだけ安く材料を仕入れて、できるだけ安い労働力を使って品物をつくり、世界中にできるだけたくさん売りたいと思うのが普通の企業の当然の考え方である。

植民地づくりとは？

　そういう企業の活動がじつは新たな植民地をつくることになる。これは、そういう話として聞いたことのない人が多いかもしれないが、現実にはそういうことがどんどん進んできている。植民地というのは、従来は、ある国がどんどん工業化をすすめて進歩していくために、まだ遅れている国ぐにを自分の属国として扱うことだった。属国から安く材料を仕入れてきたり、そこの安い労働力を使って競争力の強い商品をつくることなどが、もともと植民地に期待された役割であった。

　しかし、国ぐにに国外に属国をつくる可能性がなくなると、企業は国内に同じものをつくろうとする。例えば、第2次世界大戦後、日本経済は高度成長を遂げた。そのための材料は輸入するとして、労働力はどこから持ってきたか。日本は戦後すべての植民地を失ったから、どこから安い労働力をもってきたかというと、農村である。敗戦後の農村には多くの人びとが「帰還」したこともあり、高度成長開始時の日本の農村には多くの人びとが住んでいた。そこから、次三男や女子たちをまず引き出し、それで足りなくなると後継者の長男を、さらにそれでも足りなくなると農家の戸主までも出稼ぎに出るよう仕向けたのである。

　そういうことをやりながら、日本は高度経済成長をしてきた。農村をあたかも植民地のように扱って、経済成長をしてきたのである。しかし、今やそういう農村もない。出る人はみな出てしまって、農村は過疎化が進み、高齢社会になっている。

　では、どこから安い労働力を引き出すか。あらためて国外に出て行く手もあるが、出て行かなくともあるのである。例えば、男性に比べれば女性は安く使える。高齢者でも定年以後の人は、仕事がないものと思っているので、安く使うことができる。さらに、学生の大多数に関係してくることで言えば、若い人たちは「当面アルバイトでもいいや」としばらくはそれでつないでいって、少し稼いだらまた遊んで、と最初は考えていることが少なくない。いわゆるフリーターであるが、そういう人たちは大量に安く使うことができる。

さらにはそれだけでは足りなくなり、派遣労働が合法化された。派遣労働は、一ヵ所に固定されて働くのではなく、好きなときに好きなように働きたいという人にとっては、良い面もある。しかし企業の側からすると、必要なとき必要なだけ雇え、要らなくなると雇わないようにするという点で、はるかに良いのである。派遣労働については、しばらく前から世論も変化してきている。労働者の基本的権利を保障することはお金より価値のあることだが、それを中途半端にやるか、もしくはまったくやらずに安くすまそうとするシステムに、社会の眼が厳しくなってきている。

新しい植民地化 ── 内的植民地化

 それでも、こういったことをつうじて、新しい植民地といえるものが実質的につくられ続けている。植民地づくりの背景として、昔は先進国にたいして遅れた国ぐにが従属的な関係に置かれざるをえないということがあったが、今では、先進国同士のあいだにも、例えばアメリカと日本を比べるといろいろな面でアメリカのほうが強いので、先進国のあいだでも従属的な関係すなわち半植民地的な関係が生じやすいということもある。それだけでなく、それぞれの国の内部で、性の違いや世代の違いや学歴の違いなどを利用した従属的な関係が形成されることが多く、それを私は、社会学者マイケル・ヘクターの研究や哲学者ユルゲン・ハバマスの議論などをふまえて、内的な植民地化と呼んできている。

 例えば国鉄は、国営の組織であり、事業であったので、非能率だから民営化しようということになった。その意味での民営化自体には良かった面もあるが、ついでに国労という労働組合を潰すことも行われた。また、雇用機会均等法をつうじて、たしかに雇用の面での男女平等化がある程度進められた。しかしその過程で、女性の能力を活用するという名目で総合職と一般職とを区別し、一部では事実上、女性の内部を差別して都合のいいように使うシステムもつくりあげられた。

 さらに定年延長についてみると、定年が50歳とか55歳という時期もあったが、寿命が延びて60歳まで延ばすことになり、それでもまだ不充分な

で、現在は65歳まで延ばすことになっている。しかし、定年後も元気な人はたくさんいるので、そういう人たちを経済発展のためにどう使っていくかが検討されている。一方では、高齢者になり、介護を必要とする人たちも出てくる。そういう人たちのためには介護保険という制度をつくり、元気な人たちはできるだけ経済発展のために利用しようというシステムがつくられつつある。そうしたいろいろなことが重なってパートタイム労働の増大、派遣労働の合法化、フリーターの増大、ニートの出現などが起こってきたのである。

バブル崩壊以降の内的植民地化と格差社会化

　日本の高度成長は1950年代半ばに始まり、その後すごく高い成長率で発展する時期が約20年間続いた。その時期の蓄積のうえに1970年代末から80年代にかけて、日本では国民が全体として所得が増えて豊かになり、皆が中流の意識を持つようになってきたといわれた時代があった。「一億総中流の時代」とか「新中間大衆の社会」とかいう議論がいろいろおこなわれた時期のことである。その当時の日本の階層構造は、中間層が圧倒的に膨らんだ形のもので、アメリカでは幾何学的な表現でダイヤ型と言うが、日本ではもう少し柔らかくイメージし、提灯（ちょうちん）型と言ったりするような形になり、暮らし向き「中くらい」の人びとが圧倒的に多い社会が実現しそうに見えた。

　ところが、1980年代末から日本経済は調子にのってバブルに突入し、当然の報いで90年代初めにはバブルがはじけた。そして長い不況の時期に入り、その時期に新しい意味での内的な植民地化が進んだのである。その結果、階層構造は、アメリカの学者たちのいうアウアグラス（砂時計）型、日本語で分かりやすく言えば瓢箪（ひょうたん）型、の面を持つようになり、階層構造が上下に分かれてきて、上に残る人と下に落ちる人とが分かれてくるようになった。アメリカではすでに1980年代から進んでいたこの傾向が、日本では90年代のバブルがはじけたあとになって進んできて、格差社会化が進むようになってきたのである。

ワーキングプアと呼ばれるような人たちが増えてきて、テレビのドキュメンタリー番組などでも取り上げられている。大学を出て就職し、一所懸命やっていたつもりだったのが、仕事がきついので途中でやめてしまう。そして他の職につくが、またうまくいかない。そういうことを続けているうちに30代前半になってしまうが、悪い場合には年収が200万円にもならない。そういう人たちがけっこう増えてきている。年金や社会保険などとの関係まで考えると、これからどうなるか、不安になる。こうして、非常に悪い表現だが、「勝ち組」とか「負け組」とかいう言葉が使われるような社会になってきているのである。

これについて、かつての日本の首相は、一度そういう状態になってもまたやり直せるよう、チャンスを与える社会にしていこうと言った。それができれば、それにこしたことはないかもしれない。しかし、そう簡単にはいかない。なぜなら、こういう状態になったのは、日本の企業が地球的規模に広がってきた市場のなかで勝ち残るために、できるだけ安い労働力を求めざるをえなかったからなのである。地球的規模に広がった市場や、電子情報市場化がますます進む世界で生き残っていくためには、企業はこういうやり方を取らざるをえないのだ。

日本だけでこの問題を解決していくのは難しい、と思っていたほうがおそらく正確であろう。学生はこれから就職して日本の社会に出て行くわけだが、日本の社会がどういう状況におかれているのか、日本の運命は今や日本だけでは決めることができなくなっている、ということを覚悟しなくてはならない。それがグローバル化のなかで格差社会化する日本の現実なのである。

4 「自立」を迫られ、経営努力を強いられる大学

グローバル・スタンダードと大学

　大学であるが、これまで話してきたグローバル化の波が確実に大学にも及んできている。いわゆるグローバル・スタンダードということが、いろいろな方面で言われてきたが、大学にも直接求められるようになってきた。グ

ローバル・スタンダードからすると、例えば日本の一流大学を世界の標準と比較すると、どうなのか、というようなことが問題にされてきている。

　1990年代の前半以降、ちょうど米ソの冷戦が終わり、ソ連東欧が崩壊したあとの時期であるが、グローバル化の波に乗って、日本では超一流といわれる大学でも、世界の水準に比べたら何をやっているのか、それだけの研究や研究者養成や教育をやっているのか、という議論が巻き起こった。一流大学を大学院大学にして大学院に重点をおき、高度な研究や研究者養成やハイレベルの学生教育ができる大学にしていこう、というふうになったのはそのためである。

　1990年代の後半になると、日本のメジャーな大学で大学院大学でないところは少なくなってきた。さらに大学院では、これからの時代の要請に合わせて、専門的な職業人をもっと養成しなければならないし、そういう目的をしっかりもって大学院教育をする必要が叫ばれた。そうすると、一流大学はそういう方向に特化していくことになるので、大学そのものが上の方にいける大学といけない大学とに分かれてきて、格差化してくる。

　そういうことを前提にして、次に、国立大学も今や国家予算に寄りかかって適当にやっている時代ではないという話が出てきた。私立大学はもともと、国家予算ではなく自分自身で必死にがんばってやってきているわけだが、国立大学も国家予算でのんびりやっていられる時代ではなくなったのである。国立大学にもそれなりに独立の基盤はあるという前提で、キャンパスや建物や教職員など広い意味での資産をどれだけ持ち、それを活かしてどれだけの成果をあげているかが問われてきている。

大学の理念と中期計画 ── 求められる経営努力

　実際には、どういう研究をどれだけやっているか、どういった学生をどれだけ育てているか、ということが問われる。それをはっきりさせて、大学が漫然とやっているのではなく、「この大学はこういう研究をやります」とか、「こういう学生を育てます」という目標を作り、目に見える形で成果を上げないと、それだけの予算はつかないという仕組みに変わってきた。そういう

のが、国立大学法人化以降の日本の大学の特徴で、各大学はそのなかで生き残っていかなければならない。

　どういう大学なのか自分自身の理念を明確にし、そのなかで研究も教育もおこなわれていく。例えば、理系の大学であれば、エレクトロニクスの分野で非常に実践力のある学生をたくさん育てるとか、文系の大学であれば、国際化の時代にふさわしく、ある程度の外国語会話能力があって、商社などでバリバリ働けるような学生を多く育てる、などの目標をはっきりさせなければならない。そういうのが理念で、それに向かって実現していくための計画が中期計画なのである。

　大学は理念と中期計画を作成しなければならず、これらは生協のビジョンとアクションプランのようなもので、大学は皆、それに従ってやることをきちんとやっていこうということになった。生協の場合は、ビジョンとアクションプランに従ってやっていなかったからといって、外部評価があって予算が来ないとかいうことはないが、ビジョンとアクションプランにしたがって頑張らず、赤字を出しすぎたり問題を起こしたりすると潰れてしまう。

　大学の場合にはとくに外部評価で査定され、それに応じて予算を割り振られる。だから理念と中期計画にしたがって成果を上げるためには、並みならぬ経営努力が必要になってくる。ある大学では、教員が研究や教育をそっちのけにして経営者になっている。また、私立大学の一部では、職員が経営者として敏腕を発揮し、教員を将棋のコマのように扱っているという話も聞く。こうして、大学の経営が非常に重視されるようになってきた。

　経営というのは、大学全体で無駄な費用をはぶいて、必要な経費で有効に運営し、教育や研究をおこない、ふさわしい成果をあげることで、そのなかには当然福利厚生も含まれる。大学に来る学生や院生や教職員はみんな人間だから、食べなければいけないし、教育や研究をしなければいけないので、そのための食堂・書籍・研究教育機器・文具・旅行・保険などが、ことごとく経営の対象になるようになってきた。大学がいろいろと今までやらなかったような事業などもやり始めたのは、そういう流れのなかでのことである。

5　少子高齢化で内部構成を変える学生・院生・留学生・教職員

少子高齢化から社会人入学まで

　それでは、大学の構成員である学生、院生、留学生、および教職員はどうか。大学で実際に学習や教育や研究をして成果を出そうとがんばっている人たちは、学生や院生や留学生や教職員であるわけだが、そういう人たちがこれまで述べてきたのとは別の要因で大きく変わってきている。

　大きな要因は少子高齢化で、これは一見、グローバル化とは直接関係ないことのように見える。第二次世界大戦後の世界的な発展のなかで、先進国と途上国つまり南北間に巨大な格差ができるという南北問題が深刻化した。地球の北の方に位置する先進国が経済的にますます豊かになり、南の方の途上国が這い上がろうと思ってもなかなか這い上がれないという状態が続いた。

　そのなかの北の先進国で、衛生状態や医療がよくなって寿命が伸び、子どもをそんなに産まなくてもいいのではないかと考える人や、子どもを産みたくないという人、あるいは生みたくてもいろいろな事情で生めない人が増えてきて、少子高齢化が進んだのである。だから、広い意味では関係ないとは言い切れず、少子高齢化は、大きな流れとしてはグローバル化のなかで、まずは先進国から起こってきた問題だと言えよう。

　その結果として、大学に来る人たちの数や内容が少しずつ変わってきた。序で見たように、四年制大学の学生数は、18歳人口の減少にもかかわらず進学率向上のため、2011年までは増大してきた。その後は緩やかに減少してきていて、長期的には、少子化の影響を受けざるをえないので、絶対数は減少していかざるをえないであろう。最近の実績だと、私立大学の4割以上で入学者が定員に達してないという事態がすでに起きている。

　大学院生も、2011年までは増え続けてきたが、緩やかな減少傾向に入っている。**表4**に示すとおり、大学院を設置している大学の国立、公立、私立の比率は、大学全体のそれとあまり変わらないのだが、院生の6割は国立に籍を置いている。いろいろな事情から学部だけではダメだという人が増えているから、これからも相対的には増えていくであろう。留学生も、序で見た

表4　大学院学校数・院生（修士＋博士＋専門職）数

西暦	和暦	大学計	国立%	公立%	私立%	院生計	国立%	公立%	私立%	男%	女%
1962	昭37	95	26.3	16.8	56.8	18,062	57.3	6.8	35.9	92.6	7.4
1967	42	162	32.7	11.7	55.6	36,469	59.3	6.4	34.3	92.3	7.7
1973	48	197	31.0	9.6	59.4	46,146	56.6	5.2	38.2	91.1	8.9
1980	55	257	30.0	8.2	61.9	53,992	60.6	4.4	35.0	88.4	11.6
1985	60	281	31.3	7.8	60.9	69,688	61.8	4.3	33.9	86.8	13.2
1990	平2	313	30.4	7.3	62.3	90,238	64.1	4.3	31.5	83.9	16.1
1995	7	385	25.5	8.1	66.5	153,423	63.7	4.3	32.0	78.5	21.5
2000	12	479	20.7	10.4	68.9	205,311	62.6	4.7	32.6	73.6	26.4
2005	17	569	15.3	13.0	71.7	254,480	59.3	5.5	35.3	70.2	29.8
2010	22	616	14.0	13.0	73.1	271,451	57.9	6.0	36.1	69.7	30.3
2011	23	617	13.9	12.2	73.9	272,566	57.9	6.1	36.0	69.7	30.3
2012	24	621	13.8	12.1	74.1	263,289	58.8	6.2	35.0	69.4	30.6
2013	25	624	13.8	11.9	74.4	255,386	59.7	6.3	34.0	69.3	30.7
2014	26	623	13.8	12.4	73.8	251,013	59.9	6.4	33.7	69.1	30.9
2015	27	628	13.7	12.4	73.9	249,478	60.2	6.4	33.4	68.8	31.2

出典）文科省：学校基本調査。

ように、政府が増やそうとする基本政策を持っているし、アジアの国ぐにを中心に呼び込もうとする働きかけが続けられているから、それなりに増えていくであろう。しかし、こうした傾向がいつまで続くのかは分からない。

　他方、これも序で見たように、日本の大学など高等教育機関への社会人の入学率は、欧米先進諸国はもとよりメキシコやトルコなどと比べても、極端に低い。しかし、社会も大きく変わってきていて、大学で勉強したことだけではやっていけない社会人が増えているので、そういう人たちのなかから、大学でもう一度勉強したいと思う人たちはこれから増えていくであろう。

　さらに男女比でいうと、女性はずっと増えてきていて、今や、短大などを含む高等教育進学率では女性の方が男性を上回っている状態である。これからどうなるかはさまざまな要因に左右されるが、18歳人口が減っていくなかで、院生や留学生や社会人は増えていく可能性があるので、大学構成員の内部構成は変わってくるであろう。

大学の合理化・整理統廃合・教職員の失業問題

　研究し教育していく教員の側は、大学の理念と計画にもとづく成果をあげるために、なるべく少ない費用でということになり、基本的には削減の方向に向かっている。その影響はすでにいろいろな面に現れており、例えば文系の分野では、若くて優秀な人で博士号までとっているのになかなか就職先がみつからず、非常勤をたくさんやって食いつなぐような生活をしている人たちが増えている。前にも言及した「非常勤プロレタリアート」である。そういう意味で、非常に厳しい状況が教員についても起こり始めている。

　職員も、大学が生き残るためにとにかく費用を減らさなければならず、どの大学でも非常に負担になってきている。人員を減らせなければ経費を減らせという方向で動いてきているので、人員削減までいかなくても給料を減らすなどの問題がますます多くなっていくであろう。

　大学間の統廃合も進んでいる。少し前の動きとして、都内のもっとも有名な私立大学が私立の薬科大学を統合し、もともと薬学部がない大学だったので、大きな大学の薬学部にするという構想が進められた。そういう形で併合されて両方ともうまくいく場合はいいのだが、併合するにあたって教員や事務員はそんなに要らないという問題がでてきて、失業問題が起こってくる可能性はつねにある。

　大学の教員は、最近まで失業保険に入っていなかった。入らなくても良いということになっていた。しかし、そんな例外は認められないということになり、2004年から一律に雇用保険加入が強制された。今さら入っても失業保険をもらうことなどないと思った人も少なくないと思うが、そういう人たちも含めて、一律に入らなければいけないことになった。逆に言うと、今後教員も失業することが大いにありうるので、失業保険に入っておかざるをえないという人たちがおおぜい出てくるということである。

　企業の整理統廃合や大型合併を私たちは今まで見てきている。最初は製造業中心だったのが、保険会社や銀行や証券会社などにまで広がり、今や日本にメジャーな銀行は二三しかない。それと同じような事態が大学でも起きている。大学が全国に二三しかないということにはならないと思うが、統廃合

が進んでメジャーな大学だけが残り、小さな大学は併合してもらえなければ、もうなくなってもいいのではないかという話が、今後いろいろなところで出てくることになるであろう。

6　新しい生き方を模索する協同行動の課題

「聖域」を失った大学生協

　最後に、「聖域」を失い、新しい生き方を模索する大学生協について、語らなければならない。こうした時代のなかで、大学生協はどういうふうにしていかなければならないか。

　国立大学の多くのなかで、今まで生協は、学生、院生、教職員に食事や書籍や文房具などを供給するということで、場所を与えられ独占的に営業してきた。しかし、国立大学の法人化にともない、そうも言っていられなくなった。大学全体の経営からして、利益をあげられるところはどこでも利益をあげなくてはならなくなり、また逆に経費削減ができるところはどこでもしなければならなくなってきた。

　例えば、これまで、本来は大学がやるべきことをやってきたのだから、場所の使用料などは取らないはずだったのに、生協はそれなりの使用料を払うべきだとか、新しい業者を入れるから生協はもういい、というようなことが起こるようになってきた。そういう意味で、「聖域」が消滅したのである。私立大学ではそういうところもあったが、国立大学では今までなかったことだ。そればかりでなく、各地の大学で、民間の食堂や店舗やコンビニを導入するなどのことが、しきりにおこなわれるようになってきた。

　それに加えて、大学生協は、学生や院生や留学生や教職員のお互いの助け合いで、商売ではないというつもりで共済をやってきたが、そこにまで競争相手が出てくるという事態になっている。

協同・協力・自立・参加の使命

　そういう状況のなかで、大学での協同行動はどうおこなわれるべきか。

大学生協連のビジョンとアクションプランをつくるために議論した結果、大学生協には、つぎの4つの、大きな理念すなわち使命があることが分かった。

　第1は、「協同」である。生協というのは生活協同組合であるから、協同という言葉の意味をもう一度見直さなければならない。前に触れたように、協同組合をイギリスではコオペラティブと言い、ドイツではゲノッセンシャフトと言う。ゲノッセは仲間という意味で、ゲノッセンシャフトは仲間社会という意味になり、それがすなわち協同組合なのである。

　さらに、スペイン、イタリア、フランスなどラテン系ヨーロッパでは、社会的経済と呼ばれるものが非常に活発になってきている。いくら資本主義社会でも、資本主義経済ふうの利益のやりとりだけでは済まない問題がたくさんあり、それらを社会的経済としてやっていく動きが盛んになってきているのである。グローバルな市場化が進んだなかでも、目的を同じくする人たちが集まって、自分たちで自分たちに必要なことはやっていくことが協同である。そういう協同行動がいいのか、グローバル化が進んできたからいたるところ市場に任せればいいのか、そういうことが試される時代になってきたのである。

　そういう意味で、各大学の大学生協は、協同組合の協同の意味、協同行動の意味をあらためて考えなければならない。

　第2に「協力」。いろいろ述べてきたが、大学は今、大変な事態になっている。これから生き残るためにどうしたらいいか、どの大学も必死である。それにたいして生協は、大学のなかの協同組合なのだから、まず協力しなければならない。協力して、どの大学も良い大学にしていくよう、一丸となって行動しなければならない。

　ただし、大学の方針がいつも正しいとはかぎらない。例えば、生協が「学生のためにこのような食堂にしたほうがいい」とか、「こういう購買を維持していったほうがいい」というのにたいして、大学が、外から民間の企業を入れた方がいいと言ってきたりしている。そういう場合、本当の協力とは何か、大学の言うとおりになるのではなく、きちんと話し合っていくべきである。

みんなのために本当に何がいいのか、話し合って決めていくことが大事であろう。

　第3に「自立」。そういうことをやるためには、生協は、きちんと自分の足で立って、自立していなければならない。生協は、組合員の出資金でいろいろな商品を仕入れ、組合員に供給している。そうしたなかで、赤字が続いたりすると、苦しくなり、自分で立っていることができなくなる。そうならないよう、頑張らなくてはならない。組織としてきちんと自立したうえで、赤字をつくらないように、赤字があるところではなるべく早くそれを克服するよう頑張っていくために、生協職員だけでなく組合員全員で創意工夫をこらしていくことが大切である。

　第4は「参加」。まず、組合員の参加である。これは当たり前のことで、大学生協も含めて協同組合というのは、組合員の出資によって成り立っているのだから。しかし実際には、生協を利用するために使用料を支払わなければならず、それが出資金だと思っている人も少なくない。出資金というのはそういうものではなく、どこかの会費のように、支払って使わせてもらっているというものではない。皆が出し合ったお金で、皆が必要とするいろいろなものを仕入れ、皆に適切な価格で供給する事業をやっているわけだから、自分たちの事業としてしっかりとらえてもらうことが必要なのである。

　そのために生協は、学生委員会を初めとしていろいろなことをやり、学生の興味を引いたり、集まって話し合ってもらったりしている。そういう流れにできるだけ多くの組合員に加わってもらい、生協のことを考えるとともに、これからの社会をどうしていったらいいか、生協と一緒に考えてもらわなければならない。

　以上の4つが協同・協力・自立・参加で、大学生協連がビジョンとアクションプランに使命として掲げている基本的な理念である。4つをまとめて協同行動といっても良い。協同行動をつうじて、私たちは、現在の社会はどうなってきているのか、そのなかで大学はどうなっていくのか、大学に来る人たちはどう変わっていくのか、そのなかで大学生協は何をしていかなければならないのか、を真剣に考えていかなくてはならないのである。

Ⅲ 大学と大学生協の21世紀ビジョンと背後仮説

　日本の大学生協は、いろいろな角度から世界の類似の事業体などと比較してみても、ますますユニークな、ある意味では非常に貴重な存在であるということが分かってきている。それを知って、組合員は、これからますます大学生協を盛り立てていかなくてはならない。そのためにも、日本のなかだけではなく、できるだけ世界にたいしても、大学生協のことを発信していくべきである。

　そういう意味で、「ビジョンとアクションプラン」とそれをふまえた各年の「(大学生協)Report」の英語バージョンも、大いに利用しなければならない。学生たちのなかにも国際派というか、国際交流に熱心な人たちがいるので、教職員もそういう人たちと一緒になって、海外にも日本の大学生協の姿を伝えていかなければならない。

　他方、大学生協の「ビジョンとアクションプラン」をどういうつもりで作ったのか、作っている時には必ずしも自分でもわかっていないことも多い。人間というのは、自分ではわかっているつもりでも、全部をわかって動いているわけではない。それを、後からいろいろ反省をしてみると、「ああ、これはこうだったのだ」ということがわかってくることもある。

　「背後仮説」とは、何か？　社会学で、1960年代末から全世界的に学生運動などが起こり、学問の在り方が問われた。その時に、「それぞれの学問の背後にある仮説を、やっている学者たちは必ずしも意識していない」という意味で使われた言葉である。だから、われわれは反省を繰り返して、意識していないことをできるだけ明るみに出し、それが現実の動きに合っているかど

うか、それにわれわれの日々の行動が合致しているかどうか、などをくり返し問い続けていかなければならない。

1　ビジョンとアクションプランを持って生きる

人間とは？

　私は、大学に入ってどういう勉強をしようかと迷いながら自分の方向を決めていく過程で、「人間とは何か」を一生懸命に考えた。その時に読んだ本のなかで今でも非常に良く頭に残っているのは、エルンスト・カッシーラーの『人間』という本である（カッシーラー, 1953）。カッシーラーは、いわゆる新カント派の哲学者で、『シンボル形式の哲学』という分厚い本を書いた人であるが、『人間』のなかでそれを非常にわかりやすく、大衆向けに書き直している。戦後の日本で、宮城音彌氏が訳してかなり読まれた。

　そのなかでカッシーラーは、「人間はアニマル・シンボリクムである」と言っている。「象徴を操る動物」と訳されていたが、「シンボル」はわかりやすくいえば言語などのことで、「人間は言語などのシンボルを操る動物である」ということだ。こういう考え方は、19世紀のヨーロッパの、いわゆる生の哲学から始まり、現象学、解釈学、その後の構造主義、ポスト構造主義などにずっと引き継がれてきた。そういうことを踏まえて「脱構築」という主張も出、それを用いてヨーロッパの現代思想を批判する形で出てきたポストコロニアリズムなどという流れのなかにも、一貫して追究されてきた人間のあり方である。

　そういう意味で人間は「シンボルを操って生きていく動物」であるが、シンボルを操るために必要なのがメディアだ。人間にとってもっとも身近なメディアは、自分自身の身体である。人は身ぶり・手ぶりでもいろいろなことを伝える。しかし、それは本当にプリミティヴなメディアで、それに加えて道具を使うようになり、さらに言語を使うようになった。これらに加えてさらに画期的なのがグーテンベルグ以来の活字メディアで、これによって人間の構想する世界はほとんど無限大に広がり始めた。マクルーハンが「グーテ

ンベルクの銀河系」と言ったのは、こうして無限大に広がり始めた人間的世界のことである（マクルーハン，1986）。

　19世紀の半ばくらいから、それに加えて電気メディアが出現した。最初はモールス信号のようなものだったのが、やがて音声を直接伝える電話になった。個人から個人に音声を伝えるのが電話であるが、個人が放送機関のようなものになって不特定多数の人びとに向けて音声を伝えるようになり、ラジオが出現する。さらに、音声だけでなくて映像も電気メディアによって伝えられることになり、テレビが現れた。それからさらに、第二次世界大戦の最中からコンピュータの開発が行われ、電子メディアが出てきた。これによってわれわれがシンボルを操るさいのメディアがさらに拡張し、スピードも驚異的なまでに速くなって現在に至っている。

　人間は、それらを使って世界のなかにある存在、哲学者マルティン・ハイデッガーのいう「世界内存在」になる。もっと正確に言えば、「世界観内存在」である。われわれは生きているわけだが、「生きている」ということは「生きる意欲がある」ということで、これをヨーロッパの哲学者たちは「意志」という言葉で表現しようとしてきた。盲目の意志、権力への意志、集合意志、本質意志、選択意志などについて論じられてきた。こういう生きる意志にもとづく世界の解釈によって初めて世界が誕生する、あるいは構築される。だから、それ以前に世界があらかじめあるわけではなくて、われわれによる世界の構築と同時に世界があり始めるのである。

　世界はこういう意味で、「世界」というよりは「世界観」なのだ。そしてこの世界観こそが、すなわち「ビジョン」なのである。「アクションプラン」とは、それを行動に移しやすいようにしたコロラリー（系）の束といってよいであろう。

人は意識しないでもビジョンとアクションプランを持って生きている

　そういう意味では、われわれは意識しないでもビジョンとアクションプランを持って生きている。そうでないと生きてはいけない動物が人間である。

　しかし、20世紀の最初から第3四半期くらいまでは、ビジョンとアクショ

ンプランを持つことを意識し過ぎて困る人たちがたくさんいた。教条主義者たちである。そういうビジョンやアクションプランがいろいろなことで破綻して、今度は逆に意識しないで困る人たちが増えてきた。また、生きるためにそんなものは必要ないと言ったり、あるとかえって邪魔になるという考え方が増えてきた。これはいわば、逆の教条主義である。実際には、人がビジョンとアクションプランを持って生きざるをえない動物なのだということをくり返し反省し、くり返し再構築していくことが必要である。

　これをもう少し具体的に、20世紀の経験につなげて言おう。20世紀の初めから70年代くらいまでは、マルクス主義、あるいはその流れを引き継いだロシアの人びとのいうマルクス・レーニン主義というビジョンとアクションプランが、非常に強い力を持っていた。ファシズムは、それを盗み取って、もっと別の方向に社会をもっていこうとして、失敗した。そのファシズムを倒した後、マルクス・レーニン主義はさらに大きな力を持つようになり、社会主義の世界システムができたのだという考え方すら広まった時期があった。

　それと並んで他方では、植民地の解放と独立が進み、民族解放運動がこれからの世界を決めていくのだという、いわゆる第三世界論、一時の中国がそれを自己流に利用して出したものでいうと「三つの世界論」などが、展開された（庄司, 1980）。また、資本主義の側では、修正資本主義論、人民資本主義論、産業社会論、脱産業社会論、情報社会論などが展開された。これらはすべて、それなりに、人類社会がこうなってきたからこのように進むのだということを示す、いわば大きな物語であった。そういうものが、20世紀の最後の四半世紀、つまり1970年代の半ば過ぎくらいから、次々に崩壊したのである。そしてそれらの代わりに出てきたのが、いわゆるネオリベラリズム（新自由主義）という流れであった。

　新自由主義は「ビジョンとアクションプランなどというのはナンセンスだ」と言っているように見える。しかし、じつはそれ自体が、そういう形で、ビジョンとアクションプランのようなものを出しているのだ、ということを私たちは見抜かねばならない。新自由主義が出てきたのは、どういうきっかけからか。1970年代までに、途上国の一部がある程度力を付けてきて、石

油などの資源を使った対抗戦略を取るようになった。それにたいして、先進国はサミットなどを組織し、それを抑え込む手段を見つけ出した。それによって、先進国に自信が出てくる。それと並行して、社会主義が行き詰まり、それに対抗してきた修正資本主義も行き詰まってきた、ということが感知されていた。それらをふまえて出てきたのが、新自由主義なのである。

その新自由主義を、社会主義の自己変革の失敗が大いに助けることになった。中国は文化大革命に失敗し、70年代の終わりから改革開放路線を取るようになって、今日の事態につながる動きを始めていた。ソ連・東欧は、それより少し遅れてペレストロイカ（改革）を始める。しかしこれがうまくいかず、東欧が解体し、やがてソ連も解体した。

それらのことが、新自由主義あるいはネオリベラリズム —— 実際には「ネオコンサーバティズム」—— が世界に広がるきっかけになったのである。この結果、ビジョンとアクションプランが一見無意味に見えるような時代がやって来て、われわれはまさにその渦中にいる。

2　グローバル化の時代

市場経済化（市場化）から電子情報市場化へ

では、そういう時代とは実際にはどういう時代なのか。端的にいうと、グローバル化（グローバリゼーション）の時代である。「グローバル化」を広い意味で使えば、どこから始まったかについてだいぶ前までさかのぼることもできるが、私は、実質的には米ソ冷戦が終結して以後、東欧社会主義が崩壊し、ソ連が崩壊して、それらをつうじて世界に広がってきた動きあるいは趨勢だといっていいと思う。その基本は市場経済化（市場化）である。

ソ連・東欧圏は、最後まである種の通貨管理を基にして独自経済圏を守ろうとする動きを続けていたが、それがなくなった。中国はもっと前から、改革開放をつうじて、大幅に不自然な通貨管理を改める方向に進んできていた。その結果、地球上に、市場経済化に抵抗するような勢力、あるいは社会経済システムがなくなってしまったのが基本である。

そのうえに、これはもうずっと前から進んできていたことだが、情報化が重なった。情報化は、もともと市場経済化が進む以前から、ソ連・東欧圏や中国にも浸透していたが、市場化とともに大っぴらに進むようになった。その基本はいうまでもなくマスメディアの普及であった。

　テレビは第二次世界大戦後、先進国から始まり、急速に世界に普及した。その過程で、見えにくいところも見えるようにするために、ケーブルテレビが発達した。そういう難視聴対策がケーブルテレビの発端だったのだが、やがてそれらをネットワークでつなぐというやり方が普及した。さらに、BS（放送衛星）放送やCS（通信衛星）放送が普及すると、それらを使ってケーブルテレビのネットワークを相互につなぐやり方が可能になり、一挙に多チャンネル化が可能になるとともに、世界中至るところに電波を送ることができるようになった。今の日本のテレビも完全にそのようになっている。

　このうえにさらに電子化が進んだ。基礎はもちろん、コンピュータの普及である。コンピュータも、最初は真空管で動いていた、大きなぶざまなものだったが、やがて集積回路で電子をコントロールすることによって、性能を急速に上げるとともに小型化してきた。コンピュータ同士のつなげ方については、ある時まで、大型に端末をつなげるというやり方が取られていたが、これだと、大型が故障すると全部が駄目になってしまう。そこで、パソコンを主体にして、至るところにサーバーを置き、いくつかのサーバーが駄目になってもどこかで必ずつながっていく、というやり方がとられるようになった。

　周知のように、このやり方は、最初は軍事目的で開発されたが、米ソ冷戦の終結とともに ── 力の差からアメリカは開放してもいいと判断したのだと思うが ── 、一般に開放されるようになり、インターネットの普及になった。こうして、マスメディアに電子技術を使ったコミュニケーション手段が結びつくことになってきた。それが市場化を加速していくことになった。グローバル化の本質が電子情報市場化だというのは、そういうことである。そういう認識が、「ビジョンとアクションプラン」の基礎にもある。

資本主義が息を吹き返す

　電子情報市場化によって、資本主義が息を吹き返した。ハードウェア産業とソフトウェア産業とがあるが、ソフトウェアのほうが主導する形で息を吹き返してきた。その象徴は、いうまでもなくマイクロソフトである。現代資本主義をフォーディズムとしてとらえる考え方があって、これは、周知のように、20世紀の10～20年代に自動車メーカーのフォードが取りだしたやり方に起因している。それに基づく消費文化がアメリカにまず広がり、それから世界中に広がった。そういう意味で、現代資本主義をマイコンやパソコンを利用して再編する動きが進んできている。

　フォーディズムには、他方では労働を細かく分析し、管理を徹底するという面もあって、それはやがて人間の感情面にまで及び、ヒューマン・リレーションズ（HR）として展開された面もあった。しかし、その面とともに、じつは労働者も消費者なのだ──考えてみれば当たり前だが──、労働者も消費者として生活しているのだから、給料を抑えて生産性を上げるだけでなく、ある場合には給料を上げてやって労働者の購買力を増大させ、それで拡大した市場に向けて商品を流すということも必要だ。いや、そうした方が良い場合の方が多い。今日ではまったく当たり前のことになっているのだが、そういうやり方が組織的に採用されたのがフォード以降なのである。したがって、のちにそれを「フォーディズム」と呼ぶようになった。

　社会主義者のほうを見ると、レーニンという人は、フォーディズムの基礎にあったテーラーという人の「科学的管理」という考え方を、労働者の労働の徹底的な効率化を追求するという点では評価して、ある意味では社会主義・共産主義もそれを学ばなくてはいけないというようなことを言っている。しかし、フォーディズムの、上に述べたような面には気づいていなかった。それに気がついて、現代経済をそういう角度からとらえようとするようになったのが、いわゆるレギュラシオン学派なのである。

ホモ・モーベンスと新帝国

　どちらにしても、フォーディズム以来の消費文化を、マイコン・パソコン

主導で再編することが行われ続けてきた。その結果、次のようなことが起こってきている。ファストフードが普及して、食生活が簡素化されてくる。フォーマルなスーツが既製服やイージーオーダーになり、インフォーマルな衣類がほとんどジーンズになって、衣生活も簡素化されてくる。住宅もパターン化されて、家電などをいちおう備えた典型的な住宅ができ、どれも多かれ少なかれ似通ってくるものだから、住宅を替えることも非常に簡単にできるようになってくる。そういうなかで性の解放が進み、性生活も自由化してきて、相手を相互に換えることも、今までに比べれば軽くできるようになってくる。移動の自由化——「交通の個人化」といってもいいが——も進む。さらに、電話、携帯、メールなどが普及してきて、コミュニケーションの自由化・個人化が加速される。こういうことをつうじて、われわれの身体がいわば軽く、動きの激しいものになってきている。軽くて、敏捷に動きまわる身体である。

　黒川紀章がかつて「ホモ・モーベンス」と言ったことがあった。「たえず移動し続ける人間」という意味である。これは、早い時期にこういう変化をとらえたものだったといえる。その後のかれを私は必ずしも評価しないが、この点は認める必要がある。グローバル化によって、われわれがホモ・モーベンス化してきているのである。われわれの身体をそうすることによって、何ものかがわれわれの生きる世界を操作している。そうすることによって、社会組織をも変えてきている。こういうふうに、われわれの身体を変えることによって社会組織そのものまで変えていくやり方を、ミシェル・フーコーいらいの議論のなかで出てきた言葉であるが、生政治的生産 bio-political production という。軽く動きやすい身体に電子情報市場的に働きかけて、思うように社会組織を動かしていくことが可能になってきたのである。

　主要な多国籍企業と主要国家とが、意識的に結託しているばかりではなくて、あまり意識しないでも一緒にやっているケースが多い。電子情報市場化していく世界のなかで、それを事実上支配する大企業や大国がそのように動いている。そしてそのために、人権とか民主主義とかいうシンボルが思うように用いられている。アメリカはよく、われわれはアメリカ憲法の精神で行

動しているのだというが、そういうものをうまく使って、私たちの身体を思うように管理し、動かす社会をつくり出してきているのだ。

　2000年にマイケル・ハートとアントニオ・ネグリの『帝国』という本が刊行されていらい、こういう世界支配の仕組を「帝国」と呼ぶことがはやるようになった（ハート＆ネグリ, 2003）。帝国というのは、皇帝の至上命令（インペリウム）で動いていて、その至上命令が及ぶ範囲のことである。「人権と民主主義」を至上命令とする「帝国」が、今や世界中に及んでいる。ただ私は、「帝国」というと古代のローマ帝国などと混同されて、あたかもそのような「帝国」が現代に再現してきたのだ、というふうにとられがちになるので、この世界支配システムのことは少なくとも「新帝国」と呼ぶべきだと思う。古代の帝国とはまったく違った生政治的生産にもとづく世界システムが、現代世界にできあがってきた。そういう新帝国ができてきたのが、われわれの時代、すなわちグローバル化の時代なのである。

日本の動き ── 後れてやってきた新自由主義

　日本は、そういうなかで、1980年代には世界経済をリードするようにさえ見えた。しかし、集まった金の使い方を知らず、あるいはもっと大きな力にそそのかされて、それらをもっぱら不動産などに投機した。そして、バブル経済になり、それが数年してはじけてみると、1990年代半ばにはいわゆる「失われた10年」に入り込んでいた。この間にグローバル化が急激に進み、「新帝国」が形成されてきたのだ。

　とっくに後れをとっていたのだが、これでは後れを取るというので慌てて新自由主義の徹底を行ったのが、小泉時代である。なりふり構わぬ「改革」の結果、格差が非常に激しくなってきた。そういうなかで、国立大学の法人化も行われ、それが公立大学にまで波及するようになって、大学もグローバル化のなかに巻き込まれた。国立大学は、他の業者がいないという意味で、生協にとって聖域のような面があったが、市場化が進んでそれも浸食されるようになってきた。それが現状なのである。

3 協同の意味の再考と再生

資本主義にたいして ── 三重の民主主義

　そういう時代のなかで、あらためて協同の意味を考え直し、生き返らせる、つまりそれを再考し、再興させていく必要性が高まってきている。

　これも常識であるが、資本主義に生産現場で対抗しようとしたのが労働組合であり、消費市場で対抗しようとしたのが生活協同組合であった。それらをふまえながら、労働者が資本家に政治の場で対抗しようとしたのが、チャーティスト運動以来の普通選挙運動の流れである。

　これらを併せていくと、産業民主主義あるいは生産者民主主義と、消費者民主主義と、政治的民主主義あるいは市民民主主義という3本の柱によって、社会を変革していこうとするやり方が出てくる。このやり方の登場とともに、市民社会の意味が、ブルジュワ社会からシヴィル・ソサイエティに変わってくる。こういう動きを典型的に示したのが、イギリス独自の社会主義として形成されたフェビアニズム（フェビアン社会主義）であった。そしてそれが、西ヨーロッパの社会主義や社会民主主義にも影響を与えていく、という動きが進みそうに見えた。

　しかし、20世紀に入ると、先ほどのマルクス・レーニン主義が出てきた。これは、前衛政党のリーダーシップを極度に強調する考え方で、結果として一党独裁に転化してしまった。その背景にツァーリズムの支配した歴史的伝統などがあることは、今日ではみんなが知っていることである。同じようなやり方が中国に伝えられて毛沢東主義になったが、これも、文化大革命という大混乱を引き起こして改革開放に進まざるをえなくなり、「市場社会主義」という、政治組織として一党独裁を残した独特の市場経済に変わった。

　日本の場合には、かつての社会党がソ連・東欧型と西欧型との中間で道を見失って矮小化してしまい、共産党は独自性を模索したまま隘路にはまってしまったように見え、結果として中道左派がなくなってしまった。その後の国政選挙は、自民党対民進党という、右派と中道〔右派〕の対決のような形になってしまっている。

1980年代いらいの新自由主義のもと、労働組合は日本的企業システムのなかにほぼ取り込まれて、体制内化されてしまったように見える。しかし地域生協は、そういうことを言えば、それ以前から市場内に取り込まれてしまっていて、そのなかで生きる道を模索してきた。しばらく前、コープとうきょうの50周年記念ということで、イギリス・スイス・イタリアなどのヨーロッパ諸国やシンガポールなど生協の盛んな国から何人かを呼んで話を聞く会があって、私も参加した。その文脈で見ると、今の日本の生協は、西南欧の生協あるいは社会的経済などをモデルにして、活路を開いていけるかどうか、という状態になっている。

　大学生協、とくに国立大学の生協は、ごく最近まで大学に守られてきた面があった。しかし、法人化とともに大学が自らをグローバル化に開く形になったので、生協もグローバルな市場化の流れに巻き込まれることになった。少し前に、K大学にセブン-イレブンが入ってきていて、どのようにやっているのかを見てきた。案内してくれた専務理事が、セブン-イレブンのなかに入って、憮然とした表情で、見せたくもないものを見せなくてはいけない、という感じで見せてくれた。問題は、そういうことにならざるをえない現実をどのように見るかなのであり、それが大切である。そのうえでないと、「協同」の意味の再考もできない。

協同の意味の再考 ── 「対抗レギュラシオン」を考える

　協同とは、消費者としてまとまり、主体性を発揮するということである。生産優位の時代には、フォーディズムが世界的に普及する過程で、どちらかというと二次的な立場に置かれていた。しかし、フォーディズムの普及とともに、生産にたいして消費の比重が上がってきた。労働者たちがそれなりの賃金を獲得するようになり、それによって自分たちの生活を設計するようになる。生産にたいして、消費が主導性を発揮するようになってきた。この動きは、しばしば「消費社会化」と呼ばれている。

　資本は、生産の場に加えて消費の場をも管理してきている。これを、レギュラシオン学派が「レギュラシオン」と言っているのである。したがって、

それを逆手に取る「対抗レギュラシオン」を考えなくてはならない。そのための協同を、われわれとしては考えていかなければならないのである。

　そういうことを、われわれが全然やってこなかったわけではない。商品や消費を意味づけ直して、その面から社会を変えていくということは、これまでもある程度やってきた。例えば、産直、地産地消、フェアトレードなどはそういうものの例である。書籍、文房具、コンピュータなどではそれがどういうことになるのか。読書マラソンをつうじて本を読むことの意味を考え直したり、生協独自の文房具を開発して組合員の要求に応えたり、パソコンも良いものを選んでまとめて発注し、学生の勉学を応援したり、いろいろとそれらしいことをやってきた。これからももっとできることはないか、考えていかなくてはならない。

　また、生産から消費への重点移行とともに、社会全体が非常に高度な技術に依存する状態になってきたので、その分だけいろいろな意味できわめてリスクの高い社会になってきた。ドイツの社会学者ウルリッヒ・ベックがこれを「リスク社会」と呼び、世界中にその用語が広がった。リスク社会のなかで消費者がお互いに助け合って自分たちを守っていくことを、大学生協は学生同士の助け合いとしての共済をつうじてやってきている。

　そういうことまで含めて、消費の意味づけをやり直し、内容を変えていく必要がある。それをグローバル化の時代に合わせて積極的に展開し、協同の意味の再考から再生へ、さらには再興につなげていく必要がある。そういう考え方が「ビジョンとアクションプラン」の底に流れている。その背後にこういう思想が流れていることを、理解しなくてはならない。

4　大学における協同行動の固有性と役割

　そのうえで最後に、大学における協同行動の固有性と役割についてふれよう。

　私は、副会長の時代から、今の大学生協連が実施してきている国際交流の流れなかで、いろいろな国の大学の実情、大学生協の実情、あるいは生協そ

のものの実情、そしてもっと広く、「学生サービス」と欧米では一般に言っているが、より正確には学生支援の実情を、いろいろと見てきた。そのなかで、日本の大学生協が果たしている役割はかなりユニークなものだ、ということがだんだん分かってきた。それはどういうことかを、簡単に説明したい。

大学・学生政策

　戦後の大学・学生政策をざっと振り返ってみると、こんなことが言える。
　政府は戦後、まず奨学金だけは何とかしようとした。しかし、寮は、学生運動の拠点になって手を着けるとかえってまずいという配慮もあって、ほとんど手を着けなかった。そして、食、書籍、文房具などは生協に任せるというやり方を、主に国立の大学では取ってきた。そのうえで、私立大学をつくりたいだけつくらせて叢生させ、大学教育を、国公立と私立の両方からなるものとして編成し、それらを予算や補助金その他によって直接間接にコントロールするというやり方をしてきた。
　ヨーロッパの場合は、全体を見るともっと複雑なのだが、ドイツ・フランスでは典型的に、大学は国家によって維持されてきた。だから、原則として授業料は不要である。学生サービスも、基本的にはそれに特化した準政府機関や政府機関がやってきていて、公的支援型である。アメリカの場合は、もともとイギリスから伝わったやり方だが、大学は原則として私立である。その後、州立が増えて、今日では州立の役割の方が大きいくらいだが、両者をつうじて、寮、食堂、奨学金などは大学が事業としてやってきている。そういうふうにやれるだけのいろいろな民間資金があるし、政府の補助もある。そういうのが英米のやり方で、いわば市場競争型である。
　日本のやり方は、生協のあるところでは協同組合型なのだが、大ざっぱに言うと、グローバル化の中で英米型に近づいてきているといえるかもしれない。しかし、それにしては国家のコントロールが強く、しかも民間資金も非常に不足しているのが実態である。そういう状態で、国家としてはかなり無責任なのだが、大学に卒業生の組織化などを促して、自らの基盤づくりをやらせようとしている。しかし大学としてはそれだけでは足りないので、それ

に加えて、キャンパスの魅力を高めつつ資金を集めるために、外部企業を導入し始めたりしているのが実態である。

それらの結果として、大学社会あるいはキャンパスは目に見えて消費社会化してきている。グローバル化のなかでの消費社会化である。そういう点を生協がどこまでリアルにとらえているかが問題なのだ。

協同の意味の更新 ── 高度情報化に対応して

協同の意味を、その意味であらためて考え直して、更新していくことが必要である。

かつて私も、ロッチデールという協同組合の聖地のようなところに、大学生協連の人たちと一緒に行ったことがある。協同組合がここから始まったという家が博物館のようになっていて、そこで係の女性が熱弁を振るって、どんなふうに協同組合ができたのかを説明してくれた。19世紀半ばの資本家がいかにひどかったか。食べ物に壁土を混ぜて売ったり、その他めちゃくちゃなことをやっていた。それに対抗して、協同組合をつくる必要があった。そういうことを説明してくれた。

もちろん、それ以前から資本主義はいろいろ勝手なことをやってきていて、最近に至るまでそういう事件が絶えない。かつてのミートホープ社の例などを見ても分かるように、そういうことが全然なくなったなどとはとても言えない。ただ、「粗悪品や危険品などを売る資本主義」というイメージだけで、現代の資本主義をとらえることができなくなっているのも事実である。むしろ基本的には、現代資本主義は、「高度に情報化された商品を売る資本主義」という性格のものになってきている。

情報化には、コンピュータが普及して、それによっていろいろな機械やシステムが改善されていくという面と並んで、消費生活が変わっていくという面が含まれている。これは例えば林雄二郎などが早い時期から言っていたことである。

それはどういうことか。一言でいうと、商品の選択性が高まるということだ。機能性よりも意味性の高い商品が売れるようになる。ファッション性が

必要になってくる。だから、同じものでも、「同じものなのだからどっちでもいい」というのではなく、カッコ（格好）悪いものは買わない。同じものでも、いや同じものなら、少しでもカッコの良いものの方がいい。そして、店の雰囲気や匂いまでが問題になるようになってくる。

　そういうことをきちんととらえて、協同の意味の更新をやっているか、どうか。われわれはそういうことを考えていく必要がある。それが、「ビジョンとアクションプラン」にいう大学生協の使命、およびそこから出てくるビジョンやアクションプランを確認していく過程で、ああいう形になったことの基礎に一貫してあるのである。

協力の意味 ── キャンパスの魅力を高めるために

　協力の意味は、基本的には、大学の理念、目標、実施計画に沿ってキャンパスの魅力を高める提案をしていくということである。大学教育の内容が拡大してきているのに対応して、大学生協が貢献できる部分を積極的に担っていく。学生、院生、教職員に大学の構想と計画を批判する動きがあれば、必要に応じてそれも支援していく。今は、学生運動や教職員組合がほとんどないも同然の状態になっているところが多いので、そういう面も生協はある程度やっていかなくてはならない。この意味で、協力は追随ではないということを、ビジョンとアクションプランをつくる過程で私はくり返し言った。協同を基礎にした協力のおのずからなる積極性があるはずであり、そういう協力をしていく必要があるのである。

組織としての自立

　さらに、その前提であり結果でもあるものとして、組織の自立が必要である。いうまでもなく、生協は大学そのものとは別組織なので、組合員の自発性に根差して、組合員の1人1票制に基づく民主主義をきちんと守って、組織を運営していかなくてはならない。また、財政的には、できるだけ赤字を出さないようにしていかないといけない。もちろん、赤字でなくて剰余が増えれば、それに越したことはない。

これが自立の基本的な意味である。そのために、総（代）会や理事会や学生委員会、院生委員会、教職員委員会、留学生委員会などのシステムがあり、日常的にも「一言カード」などのいろいろな工夫があるのである。

組合員の参加 —— 消費者民主主義から自分たちの事業へ

　さらにまた、そういう自立を維持していくためには、やはり組合員の参加を促すことがどうしても必要になってくる。そのためにも、ここで消費者民主主義の原則を強調しておく必要がある。それは、「購買は投票である」ということだ。われわれが買うものは、当然いいものだから伸びていく。悪いものは買う必要がない。生協も、そういう意味では、みんなに買ってもらえるものを供給しなければならない。しかも、「いいもの」とは、上で言ったように、たんに「機能的にいい」というだけでは駄目なのである。もはや、そういう時代ではない。情報的、意味的、ファッション的なことも含めて「いいもの」を提供していかなくてはならない。

　これと関連してもう1つ大事なことは、これは協同組合の大原則であるが、組合員は投資者であり、単なる利用者ではない、ということである。学生諸君の多くは、大学に入って生協の組合員になる時に金を払うのは、いわば利用料を払うのだというつもりでいて、自分が投資しているのだとは思っていない場合が多い。生協の意味をきちんと理解してもらい、これはみんなの事業なのだと思ってもらうことが必要である。その意味で、学生委員会その他をつうじて、組合員である学生にどんどん参加してほしいということを積極的に訴えていかなくてはならない。

　さらに、現代社会は先ほど言ったような意味でリスク社会である。日本の場合には、よく言われる意味での技術的なリスクだけではなく、最近も立て続けに起こっているが、地震や台風によるリスクも非常に高い。この間の台風や地震による被災者のなかに学生がどのくらいいるか、できるだけ正確に実態はつかむ努力をしなければならないが、そのために勉学が困難になったりしている者も相当いるはずである。そういう学生たちのためにも、助け合いの組織を生協がきちんと守って、発展させていかないといけない。それが

協同、とくに共済ということの、本当の意味だからである。

　そういうことを前提にして、大学生協をつうじての社会参加を、平和、環境、できれば格差の克服、世代間の協力などといったところまで、もっと広げていかなければならない。

協同・協力・自立・参加の好循環

　こういうふうにいろいろな形で参加を促していけば、参加することでいつのまにか協同しているということで、また最初に戻ってくる。協同・協力・自立・参加すなわち協同行動の好循環が生ずる。ビジョンとアクションプランでは「好循環」という言葉を使って生協の在り方を示し、英語版でも「virtuous cycle」という言葉を使っている。少し前、コープとうきょう50周年記念の講演会で、イギリスの生協から来た人が、ちょっと内容は違うが、やはりvirtuous cycleをつくり出すという話をしていた。私は、「わが意を得たり」と思い、元気づけられた。世界的にもそういう動きがあるのである。

　そういう意味で、最後に、協同・協力・自立・参加すなわち協同行動の好循環をつくり出すことが、われわれの「ビジョンとアクションプラン」の底に一貫して流れている考え方である。

IV 大学教育の再発見
——新帝国的身体形成と協同的身体形成

　京阪神教職員セミナーで、大学および大学生協の関係者が、学生の教育のためにおこなっている実践の話をしてくれた。3人のパネリストそれぞれの問題提起とそれらをめぐる議論は、非常に有意義で面白かった。そこでこの章では、前章でおこなった大学生協のビジョンとアクションプランについての話をふまえて、その文脈で、3人のパネリストの提起した問題を理解するとどういうことになるか、内容を展開してみたい。

1　教育のカウンセリング化？

『教職員のための学生対応ハンドブック』（K学院大学）

　まず、教育のカウンセリング化か？　これについては、教職員セミナーで、K学院大学の学生部課長が話をしてくれた。その要点は、K学院大学学生部学生支援センターが『教職員のための学生対応ハンドブック』をつくった、というものであった。配られた資料を見て、かなりショックを受けた先生もいたようだ。私もある意味ではたいへんショックを受けた。K学院大学1万8千人の学生のうち、1千名くらいがカウンセリングを受けざるをえない状態にある。それを担当している人たちが、学生部や学生課の依頼を受けて、カウンセリングとはどういうものなのか、じつはそれは、今の大学で学生に対応するときに大学教員が誰でもやらなくてはいけないことなのだ、ということを言っている。

　まず、カウンセリング・マインドを持たなくてはいけない。学生にたいし

てカウンセリングをするときには、そういう精神を持たなくてはいけない。それを具体化する意味で、相談にあたるポイントがあげられている。これもたいへん適切だと思う。相手を尊重する、共感する、聞き手に徹して聞き上手になる、問題を確認しながらゆっくりと対応していく、解決法の提案は細かく丁寧かつ具体的にやっていく、そういうことをつうじて、原因に気づかせて分析させる、そのうえで自己決定を促す、そのためにほどよい距離を維持する。また、カウンセラー自体が対象学生を一人で抱え込まない。カウンセラーが特定の学生と対応する時に、自分だけで問題を抱え込んでしまい、かえって共倒れのようになってしまう可能性もある。これは避けなくてはならないから、カウンセラーの限界を自覚してお互いに連携する必要がある。── このようなことが書かれている。

精神分析の民主化ともいえるような大学教育の変化

　これは素晴らしいことだ。私たちが学生に対応するときの基本的な心構えを教えてくれていると言ってもいい。例えば、私は社会学が専門で、現代に至る社会理論の発展を、自分の専門分野の1つにしてきた。そのなかで非常に大きな役割を占めざるをえないものに精神分析があり、これは学問であると同時に人間治療の方法でもある。それには、セックスのことばかり考えるとか、権威主義的であるとかいう限界がつきまとっていたが、それを大きく民主化するようなやり方である。考えてみると、こういうふうに教育ができたら理想なのではないか、と思われるようなことを言っている。

　これは例えば、何百人もを相手にする大教室、あるいは何十人であっても、講義の形ではかなり難しいことであろう。しかし、もしゼミの人数がそれほど多くなければ ── といっても、私も、10人以内に抑えたいところを、どうしても20人くらい引き受けさせられてしまう場合が多かったが ──、ゼミの人数が適度であれば、そういう教育のやり方が非常に良いのではないか、というようなやり方である。

　多くの人が感じていると思うが、この数十年の過程で、大学教育の意味が大きく変わってきた。私の学生の頃の大学教育は、専門知識を教えながら、

自ら考え、問題を解決していく方法を身につけさせていく、というものだった。私が学んだ大学では、先生たちはそれぞれ自分の研究しているテーマについて、最先端のことを話す。学生が分かろうがわかるまいが、話す。分からなかったら質問に来い、という姿勢である。あとは、学生がそれに刺激を受けたり、あるいは先生に甘く見られたくないので勉強をして、先生に食いついていったりして、どんどん成長していく。そういうやり方だった。

　今の大学は、良くも悪くも、もはやそういうところではない。その代わりに、大人になりきれていない学生たちに、自らを発見させ、問題に気づかせて、主体的に解決していく、というやり方を身につけさせる。一生続けられるようなやり方で身につけさせることが、じつは本当のキャリア形成というものであろう。文部科学省が言い出して生協もそれなりに協力しているキャリア形成は、会社などの選び方とか就職活動の仕方などを教えるという面だけが強調されているきらいがある。しかし、その前提として、主体性を養うキャリア形成をやらざるをえない状態になってきているのである。

少子高齢化による成熟の緩慢化に大学が対応しきれていない

　なぜ、このようなことが必要になってきたか。私は前から言っているが、長寿化の結果の1つとして、人間の発達過程が長い人生に合わせてスローダウンしてきた。だから、例えば50年前の学生と今の学生とでは、同じ年齢でも発達段階が違う。しかも、社会がそれに対応したシステムをつくっていないので、スローなペースでやろうとして社会の教育システムとうまく合わず、脇道にそれてしまって、先を見失ってしまう学生が非常に多くなってきている。

　それが基本にあって、日本では学歴社会と少子化の相乗作用が1980年代以降急速に進んだ。その結果、例えば教育ママとマザコン学生の相互作用で、学生が自立できず、萎縮してしまっている。それから、共働き夫婦も増加して、良い意味で学生が自立していけばいいのだが、自立しかねていろんな問題を起してしまう場合も多くなっている。さらには、大学進学率が上昇して、大学教育がユニバーサル化してきた。いろいろな学生が入学してくる。それ

に社会あるいは大学のシステムが対応しきれていない。こういうことから生じてきた現象である。

　これは根本的には、社会の世代更新の機能不全である。社会は、世代更新をしっかりと行なわないと、いつか消えてしまう。すべての人間に寿命があるから、世代更新は不可欠である。その世代更新が機能不全に陥っている。これを世界的に見ると、早熟的に豊かになりすぎた社会の矛盾の1つと言っていいであろう。

　典型的には、パラサイトシングル問題がある。これはどうも日本だけではなく、一部イタリアなどの南欧社会、あるいは韓国にもありそうな話なので、日本独自の現象だと思い込むのはよくなさそうだ。親に経済力があるものだから、子どもを手元から離したがらない。そのために、子どもが就職して働いているのに自立しない。途上国ではそんなことはないだろうと思っていたが、一人っ子政策を取ってきた中国などではやはり同じような問題が起こっている。

グローバル化を経済から社会文化の諸領域に広げていく

　そういうことを踏まえて、学生世代が教育というよりもカウンセリングの対象になるような事態が、出てきている。これに対抗する1つの方法は、グローバル化を経済から社会や文化に広げていくことである。つまり、先進国の若者の問題を先進国だけで解決しようとしても限界があるので、途上国の若者たちともっとミックスさせる。若者の世界的な交流をこれからは考えていかざるをえない。

　日本もそうで、ドイツは典型的にそうであるが、外国から若い世代を入れないと社会が回転していかない、という状態になってきている。だから、入れざるをえない。そういう形で、つまりある国民を基礎に国民国家をつくって、そのなかで相互連関的に教育や福祉のシステムなどをつくろうとしてきた今までのやり方が、通じなくなってきている。だから、日本を思いきって世界に解放し、外国の若者をどんどん入れなくてはいけない。それと同時に、日本の若者もどんどん外に出す。そういうことをこれからはやっていかなく

てはならない。

　ただ、その前に学生がもっときちんと身体をつくっていてくれないと、外にも出て行けないし、外部からやってきたいろいろな国、いろいろな人種や民族の学生にも対応しきれないだろう。それで、私はつぎに、身体形成、英語で表現すると body building、つまりボディビルに言及しようと思う。一般的なボディビルとは意味がずいぶん違うので、よく読んでほしい。

2　食の面から身体形成を革新する

食生活管理・生活管理のできない学生たち

　2番目のパネリストのIさんが、「大学生協の食生活相談から」というたいへん面白い問題提起をしてくれた。これはもう、私などがくり返さなくても、多くの教職員や生協職員は気がついていることである。今の学生たちの多くは自分の食生活管理ができない。その原因に、規則正しく就寝して起床することもできないということがある。つまり生活管理ができていない。そういう学生たちが増えている。Iさんが、そのことを、非常に具体的なケースをあげて説明してくれた。私自身は、そういう具体例についてはあまり得意でないので、Iさんの話のパワーポイントを見て驚いた。そんなところまでいっているのか、と思うような話がいろいろとあった。

　私の頭に残っている例を1つだけあげると、例えば300円以内でその夕の食事をしなくてはいけないとき、とにかくお腹をいっぱいにすることだけを考えて、栄養のことはまるで考えない。だから、牛乳とパンならまだしも、量が多いからと2リットルの水を買ってしまう。結果として、それで腹が膨れて、そのときは何とかなっているのだろうが、身体をつくることにはなっていない。──このような話をいろいろとしてくれた。

電子情報市場化にともなう相対的貧困化

　これはどういうことなのか。自分が基調講演をやった責任上、その文脈ではどういう意味を持つのか、いろいろ考えさせられた。まずこれは、電子情

報市場化といったが、それに伴う相対的貧困化といっていいと思う。どういうことかというと、前章で述べたように、電子情報市場化を基礎にして世界に広がった生政治的生産のシステムが、簡便な食、簡便な衣、簡便な住、簡便なセックス、安易な移動、安易なコミュニケーションで私たちの身体を軽くしている。

そこに、学生の側からする資金配分の問題が関わってくる。学生にとっていちばん重要なのは何か。ケータイが大切で、持っているだけではなくて、使うとお金がかかるわけだから、それを維持し続けるということが非常に重要である。つまり食、衣、住、性、移動、コミュニケーションという順番で資金を割いていかなくてはいけないはずなのが、逆になってしまっていて、コミュニケーション手段のためにお金をかけなくてはいけないから、食にたいするお金が不足するという結果になっている。

ケータイ、旅行、交際、ファッションなどといった、序列からいうとむしろあとに回されるべきもの、ミクロ経済学的にいうと限界効用の低いものにさきにお金が回されて、高いものが後回しにされるため、結果として食が疎かになるという事態が起きている。だから、エンゲル係数などというものがあまり意味を持たなくなってきており、空洞化してきている。

つまり、学生たちは、栄養計算ができないだけでなく、長期的なパースペクティブで身体形成ができていない。若いから今は多少無理してもすぐに影響は現れないが、もっと長い展望で見て、今身体をちゃんとつくっておくことがいかに重要かということを理解していない。その背景としては、もともと長期的展望などないか、意味を持たない、ということがあるのかもしれない。つまり、ビジョンとアクションプランなどというものを持っていない。前章でも言ったように、持たなくてもいいのだと思い込まされて育ってきているのかもしれない。

戦前ファシズムの身体形成から現在の新帝国的身体形成にいたるまで

そういうものを自分で持っていないとうことは、実際には、何か、誰かが用意したものに乗っかっているということである。そのことに気がついてい

ないだけだ。どうしてこんなことになってきたのかを考えると、私はあらためて、新帝国的身体形成ということを強調せざるをえない。電子情報市場化によって消費文化が再編され、グローバル化してくると言った。それを具体的にいうと、今言ったように、食、衣、住、性、動、信——コミュニケーション——をつうじた軽い身体形成がおこなわれてきている、ということである。くり返すが、軽いという意味は電子情報市場的に操作しやすいという意味で、自分は体重があるから軽くはないということで済まされる話ではない。

これに関連して、日本とアメリカを中心に、どういう経過でそういうことが進んできたのかを、少したどっておきたい。1920-30年代のファシズムは、まだ古く、伝統主義的で家族主義的で権威主義的であるような身体を、出始めたばかりのマスメディア、つまりラジオとか映画とか大衆集会とかいうもので情報操作して成り立ったものであった。例えば、ドイツのナチズムは、ドイツに根付いていた家族主義的権威主義を、このようなマスメディアでうまく操作しつつヒトラーの独裁を受け入れさせて成り立ったものであった。そういう社会学的研究がいろいろとある。

第二次世界大戦後1950-60年代の大衆社会における身体形成は、アメリカの場合には私のいう意味での軽い身体にかなり近づいていたが、日本ではまだ半ば以上古い身体をめぐって行われていた。高度成長のプロセスである。それが70-80年代の豊かな社会になってくると、日本にもアメリカ的な消費文化が浸透してくる。そのさいの先兵はつねにコカコーラだ。これは世界中どこでもそうだった。そこにやがてマクドナルドに代表されるようなファストフードが入ってくる。その刺激を受けて日本的にもファミレス文化のようなものが広がる。これはアメリカ的なものと日本的なものとの折衷で、それなりにいい面もあって、生協もそこからいろいろ学んだ面もある。

それから90年代、さらに2000年代になり、格差社会に向かってくる途中で、一時は日本経済の調子が良かったこともあり、グルメブームなどが広まった。しかし、バブルが崩壊するといわゆる価格破壊が起きて、それが一般商品だけではなく労働力にまで広まっていった。「賃金破壊」が起こり、雇

用システムが破壊されてくる。両性間の雇用機会均等化は法律である程度進んだが、並行してパート労働が増加し、フリーターが増加し、派遣労働が増加するという具合になってきた。

年齢格差を利用した内的植民地づくりと食文化の脱コード化

　この過程で、いわば最新版の内的植民地主義が現れた。内的植民地主義（インターナル・コロニアリズム）というのは、すでに述べたように、1960-70年代から世界的に学会で用いられてきている言葉である。グローバル化にともなう激しい国際競争のなか、国外に植民地をつくるなどということはもちろん今では不可能である。しかも、日本のような社会では、アメリカなどの場合と違って、その内部に人種・民族的な対立というのがはっきり目に見える形であるわけではないので、それらを利用することも困難である。そこで、年齢格差を利用した植民地づくりが行われてきた。

　中高年にたいしては、いわゆる「窓際族」という言葉がはやりだした時期から、やがてあらゆる企業でリストラ旋風が吹き荒れていく過程で、行われてきたことである。また、青年にたいしては、若者文化が普及してきて、フリーターなどは最初は若者文化の1つであった。豊かな社会では若者文化ですんだことが、やがてそういうものに乗っかって雇用形態を自由化するということがおこなわれるようになった。派遣労働が典型的にそうである。「失われた10年」という事態のなかで、日本は、日本的雇用システムなどにこだわっているからだめなのだ、若者も望んでいることなのだから、雇用形態をもっと自由にしなくてはだめなのだ、というふうに利用されたのである。

　その結果として、しばらく前から問題になっているが、一生懸命働いているのに年収200万にもならないような、しかももう30歳をすぎているような人たちが増えてきた。ワーキングプアと呼ばれたりしているが、そういう人びとが増える社会になってきた。

　こうした過程で、食文化も変わってきた。食生活の面からする文化の脱コード化が行われ、アメリカ的な食文化が植え付けられ始めた。戦後になっても、日本はまだ、日本なりのまとまった食事の伝統を持っていた。それに

たいして、「牛乳は栄養があるから」というあたりまではまだよかったのだが、やがてコカコーラがやってきた。コカコーラが日本に侵入してきたときの宣伝文句を、私はいまだに忘れえないでいる。「ドリンク・コカコーラ！」。英語の特徴で、命令形だからといってとくに威張っているというわけでもないのであるが、私たちが聞くと「コカコーラを飲め！」と言っているように聞こえる。そのように、アメリカ的食文化は入ってきたのである。

食・衣・住・性・動・信の逆転に食の再位置づけで対抗する

　それに続いてマクドナルドも入ってきた。それらが、食生活の面からする文化の脱コード化のきっかけである。それらの浸透にたいして日本の食文化も抵抗してきているから、そう簡単に乗っ取られたわけではないが、しかし内部構成から見ると、もうかなり深いところまで浸透してきてしまっていて、日本の食文化のバランスは崩されてしまっている。こうして、ファストフード文化が広がってきた。

　ファストフード文化が広がると、多くの人は肥満になる。アメリカではその状況が今でも続いている。日本でもその状況が現れた。しかし、ここがポイントなのだが、日本では肥満が広がり、定着するまえに、情報化が進み、とくに若者たちのあいだではそれがケータイ文化として普及してきて、先ほど述べたように食・衣・住・性・動・信の序列の転倒が起こり、ケータイ文化に巻き込まれて食生活管理や生活管理のできない学生たちが増えてきてしまった。

　その意味で、食生活管理およびそれを基礎にした生活管理をしっかりと行い、バランスの取れた、体力ある身体を形成していくことは、それ自体で、今の世界を覆っている新帝国的身体支配システム、およびそれによる生政治的生産（バイオポリティカル・プロダクション）に対抗する最大の活動なのである。だから生協、とくに大学生協としては、食の重要性をもっとしっかりと位置づけ、力を入れて取り組んでいかなくてはいけない。Iさんの話はそのことを証明している。

　大学生協のトップレベルの職員のなかにも、食堂はじつはあまり儲からな

い、ということを言う人がいる。それはそうかもしれない。手をかけるわりには、利益が上がるという部門ではないかもしれない。しかしそこにやはり、第二次世界大戦後、生協が大学のなかで根をすえてやってきた一番の基礎があったはずなので、大学生協はそこを大事にしていかなくてはいけない。それを中心にして協同を考え、その基礎のうえにより大きな協同、さらに協同・協力・自立・参加すなわち協同行動の好循環を乗せていくことが必要なのである。

3　チームづくりとしての協同を手がかりに

マジメだがアタマは硬い最近の学生

　その手がかりとして、つぎに、チームづくりとしての協同ということを考えたい。3番目のパネリストWさんの報告に即して、今述べたような事態をどう乗り越えていったらいいかを考えたい。食の話からはちょっと離れるが、WさんはPC総合サポートという事業の指導をしていて、その面から学生を見ていて、つぎのように言う。

　「最近の学生は、とてもまじめだけれど、頭が硬い。発想が貧困だ」が第1点。そのうえで2番目に、「人との関わりでいくと、仲良しではあるが、深入りはしない。本音は別のところ」と。非常に鋭い観察である。どうしてそうなってきたのか。

　私の理論に引き寄せていうと、これも電子情報市場化の影響である。電卓の普及の結果、計算、とくに暗算はしない。私たち自身もそうなってしまった。すぐに電卓に頼る。そういう傾向が子供だけではなく、大人にも広がっている。また、コンピュータや電子辞書の普及の結果、文字、とくに漢字や横文字を手書きしない。これも大人にも広まってしまっている。何かというとすぐにパソコンに頼って、ポンと叩けば漢字が出てくる。そしてしばしば、漢字の種類を間違えたりしている。

　それから辞書についても、私の大学教育現場での体験からしてもそうだが、ほとんどの学生が使うのは電子辞書である。だから、本の形になっている辞

書の使い方を知らない。「アイウ順」とはどういうことか、「ABC順」とはどういうことか、正確には分かっていない。正直にいって私も、ロシア語や韓国語の辞書のひき方は、しばらく間があくと手間取ったりしている。ロシア語のアルファベットや韓国語のカナダラマバサなどを、しばらくやらないと忘れてしまっていたりするからである。学生も、少なくともアイウ順やABC順については、大学に来るまえに教えられているはずなのだが、ほとんど使えないという状態になっている。

　また、調べものはすべて、インターネットで機械的に検索する。パッと出てきた画面を誰が出しているのか、そういうことには関心を払わない。したがって、情報の信憑性にも関心がない。私はゼミのときに、その画面を誰が出しているのか、いちいち必ず確認しろと言った。でも、なかなかそれができない。たしかに、うまくできない場合が多くなってきているのも事実である。だからそういう意味では、いわゆるメディア・リテラシー教育がもっと必要なのだ。メディア・リテラシー教育は、もともとは、テレビなどを見て、それに簡単に振り回されないように、ということで始まったのだが、今やパソコンでのインターネットの使い方などまで含めて、バッチリやらないとだめな状態になっている。

ブリコラージュができず、本音のあるなしが不明な大学生

　要するに、何ができないかというと、本当にクリエイティブなことができないのである。周知のように、レヴィ‐ストロースという人類学者がブリコラージュというのを強調した（レヴィ‐ストロース, 1976）。アマゾンの森林地帯に住んでいる、未開とか原始とかいわれるような人たちが、何か問題が生じたとき、自分の知恵で何とかする。知恵を用いてあり合わせのもので何とかしてしまうのがブリコラージュだ。だから日曜大工などもブリコラージュという。私たちの生活のなかでは、そういうことをすることが非常に大事な役割を果たしてきた。ところが、そういうことをしなくなっているのである。必要なものは何でもコンビニやスーパーで買える。実際には買えないものがたくさんあるのだが、何でも買えると思っていて工夫をしない。そういう時

代になってしまっている。

　それからWさんが言ったもう1つのこと、つまり「仲良しではあるが深入りはしない、本音は別のところ」というのも、なかなか深刻な話である。電子情報市場化によって、ある意味ではアメリカ的な個人主義が普及してきた。戦後まもない時期、私が学生で社会学を学び始めたころ、ベストセラーの1つとして、もう亡くなったがリースマンという社会学者の、『孤独な群衆』というたいへん魅力的なタイトルの本があった（リースマン, 2013）。第二次世界大戦後1940年代の後半から50年代にかけて、アメリカの一般の人たちがどんな生き方をしていたのかを、扱った本である。

　「孤独な群衆」とは巧みな表現である。アメリカ人は、行ってみて感じた人も多いと思うが、何も知らないで歩いていると「ハーイ」などと声をかけてくる。たいへん人懐っこくて、表面のあたりはいい。しかし、実際にもっと深く人間関係を築こうとすると、閉ざしてしまう人が多いといわれている。本音は別のところにある？　本当に別のところにあるのだろうか。あればまだいい、と思う。じつはないのかもしれない、ということが心配なのである。

　同じことが心配になるほど、今の学生の文化は、食文化に限らず、深刻な事態になっている。そういうなかで、WさんたちがPC総合サポート（PCSS）をつうじて協同を起こす。彼女はそれを協同とは呼んでなくて、そう思ってもいないのかもしれないが、私は話を聞いて、これこそ協同なのではないかと思った。例えば、彼女は、仲良し集団はただの仲良し集団ではだめなので、それを本当のチームにしていかなくてはいけないという。そのためには、目的を共有してお互いの存在価値を尊重しあわないといけない。そのうえで、それをチームにしていくときの、契機というかモーメントがいくつかあって、他人事、人ごととしてではなくて自分ごととして考えて、つまり人の問題であっても人ごととしてではなくて自分ごととして考えて、全員で解決する。そのためにみんなで必死に考える。――これぞ本当の社会的ブリコラージュでなくて何だろうか？

社会的ブリコラージュを復活させて本音を創りだしていく

　Wさんたちは、社会的ブリコラージュを大学のなかで復活しようとしている。しかもそれを、就職活動やOBとの関係をつうじて、大学の外にも広げようとしている。協同行動を広げるということである。その過程で彼女は、何事かを進めるためにみんなを引っぱっていくときには、バランス感覚が非常に大事だと言っている。リーダーは最初からいるものではなくて、育てるものだとも言っている。これも素晴らしいことである。社会学者としての私には、一言もない。それぐらい大事なことだ。

　バランス感覚が必要とか、リーダーは育てるものとかいうのは、これからの生協の専従職員にとっても非常に耳の痛い話であろう。いろいろなところでいろいろな問題が起こっているのを聞いているが、大学生協のなかでもそんなにうまくいっているようなことではない。人間の社会だからやむをえない場合もあるが、そういうことを、学生たちを、PC総合サポートをつうじて育てながら、言っている。これは素晴らしい試みなのではないだろうか。白石さんの話がベストセラーになって全国的に有名になったが、内容的にはそれをはるかに超えるような試みである。

　さきほど本音は本当にあるのだろうかと言ったが、本音というものは在るものではなくて作るものなのであろう。これも、私たちの社会理論や哲学の分野でいうと、ちょっと難しい言葉になるが、本質主義ではなくて、実践を踏まえた構築主義が本当のあり方なのである。つまり、人間とはこういうものであるというのがまずどこかにあって、そのとおりにすればそうなるというものではなくて、私たちが現在の事態で活動しながら、人間とは何かを自ら創り出していくのだ。

　そういう意味で、最近は17世紀のスピノザという哲学者の汎神論や、梅原猛が普及に力を尽した日本的なアニミズムなどが、再評価されている。言い出すといろいろ長くなるが、要するに、何か超越的なものというか、つまり神の意思とか何かそういう遠くにあるものではなくて、日常的なもの、日常生活のなかにいちばん大事なものはあるのだ。だから、青い鳥の話で、さんざんいろいろなところを探し回って、じつはいちばん身近なところにあっ

たというもの、それが、人間が探しているものなのだということである。もっとも大切なものは、もっとも身近なところにある。そういうことをわからせてくれている、たいへん良い例なのではないであろうか。

現代における人への愛と協同・協力・自立・参加の好循環

　こういう協同行動をいろいろな分野に広げていけないか。さっきの食の分野にも広げていけそうだし、それから読書マラソンなどに結びつければ、読書の分野にも広げていけそうな気がする。学習、研究の分野、学生同士の助け合い、相互扶助としての共済の分野などに広げていけないか。そういう意味で、もう1人の基調講演者が禁煙の話をして、これも生協関係者のなかで耳の痛い人もおおぜいいたと思うが、自分は禁煙することが大事だということだけを言ったつもりではない、そうではなくて、自分の話を聞いて禁煙をした人が他の人に禁煙をさせる、つまりほかの人の身になって考えて「やっぱりタバコはやめたほうがいいんじゃないか」といって親身になってやめさせる、そっちのほうが大事なのだと言った。

　それはまさに人にたいする愛であろう。愛というのは非常にきざな言葉だが、それが実感をおびてくる。私のかかわったある大学が「知と愛 veritas et caritas」をモットーにしていたが、その意味が少しわかってくる。そういう意味の活動である。こうして協同の輪を広げていくことによって、最初に述べたように教育のカウンセリング化ともいうべき事態に直面している大学のなかで、生協は何ができるのか、どういう教育ができるのか、を考えていく。

　そのためにも、生協は自立しなくてはいけない。食の問題をやってくれたIさんも、そのタイトルで「組合員1人ひとりの食の自立」といっている。食の自立から始めて一人ひとりが自立すると同時に、生協の組織もちゃんと自立することが必要である。生協としては、組織的財政的に原則を守って、自立していかなくてはいけない。そのためにも、組合員の人たちにもっともっと参加してもらう。そしてそれが、知らず知らずのうちに協同になっていく。それで、協同・協力・自立・参加すなわち協同行動の好循環へとつながっていく。そういうふうになっていかなければならない。

そういうことを、3人のパネリストの話を手がかりに、視野が広く論理一貫的な理論の、具体的展開として述べた。このようにして協同行動は展開していくのである。

V　教職員から見た大学教育と協同行動

1　グローバル化と大学教育および協同行動の課題

グローバル化と電子情報技術の発展

　私は社会学が専門で、マクロ社会学、すなわち現代社会論、国際社会論、地球社会論などを専門にしている。その関係でここ十数年、グローバル化について考えてきた。いろいろな機会に言っているが、私の考え方では、グローバル化とは、地球的規模で市場化と情報化と電子化あるいはコンピュータ化が重なって進行することで、つづめて言えば電子情報市場化である。

　地球的規模の市場化は、すでに500年前の大航海時代に始まった。そして、250年前にイギリスから始まった産業革命をつうじて本格的に進行し始めた。平行して、印刷技術と紙媒体による情報化が進んだ。19世紀に入り、電気の科学が発展し、電気技術を、情報通信すなわちコミュニケーションに応用する動きが始まった。モールス信号のようなものに始まり、19世紀の後半には電話が発明された。その電話を不特定多数の人びとにたいしていっせいに流すとラジオになるわけだが、それが実用化されたのは20世紀に入ってからである。アメリカの1920年の大統領選挙のときに、当選したハーディングが挨拶したのが、ラジオ放送の始まりだったとされている。

　その後、音声だけではなくて映像もいっしょに流す試みが続けられ、第二次世界大戦後、テレビが急速に普及した。新聞、ラジオに加えて、マスコミの主流がテレビとなった。さらに、第二次大戦中に開発が始まった電子技術がコンピュータの開発につながり、それが実用化されるとともに小型化され、

ネットワーク化されて、コミュニケーションに応用されるという過程が急速に進んだ。その結果、20世紀の終わりになって、地球上の全域を瞬時にカヴァーするようなコミュニケーション・ネットワークができてきた。そのような状況のなかに今、私たちはいる。このわずか20年ほどのあいだの発展である。

社会主義の失敗と地球的規模の市場化

　このような技術的発展に、「新しい社会をつくる」と言っていた20世紀の社会主義は、事実上ついていけなかった。中国はすでに1978年に、文化大革命という混乱を収束し、いわゆる改革開放に踏み切った。その後、ソ連はペレストロイカすなわち改革を試みるが、結果として成功せず、1989年から91年にかけて、ソ連および東欧の社会システムは崩壊してしまった。このような20世紀社会主義の資本主義市場への屈服が、私のいうグローバル化を決定的なものにしたことは明らかである。その意味で私は、狭い意味でのグローバル化は1991年以降のことだと主張してきた。

　これ以降の地球的規模の市場化はすさまじいものである。アメリカの社会学者で、国際社会学会の前会長を務めたマイケル・ブラウォイのアイデアを借りながらいうと、産業革命をつうじて商品化されたのは労働力であった。20世紀に入って、いわゆる金本位制が崩れ、主要資本主義国が管理通貨制度に移行し、修正資本主義のもとで貨幣が商品化された。さらに第二次世界大戦後、資本主義国を中心に地球全域の開発が進められ、1970年代以降、自然環境と人間身体そのものが商品化されてきた。地球的規模の環境だけでなくて、われわれの心身、つまり内臓が商品化されたり、われわれのアイデアとか心情までが商品化されるような事態になってきている。もはや市場経済の外側にあるものは何もないのではないか、といわれるような状態である。

人間を取り戻すために生活を協同する

　こうしてわれわれは不断に商品化され続けているが、そうでありながらそれを超えて、市場経済を制御する人間を取り戻せるかという、人類史的に見

ても大きな問題に今、直面している。それを考えるさいに私はあらためて、社会を支配する力は、必ず同時にそれを越える諸力を生み出していく、と考える。そういう発想をし続ける。それが、人間が人間であり続けるためのアイデンティティである、ということを強調したい。つまり人間は、たえず社会につくられながら、それを超えて自分および自分をつくっている社会をつくりかえしていく、という発想をし続けることが重要である。

　そのような観点から私が今非常に大切だと思っているのは、生活を取り戻すために協同することである。すさまじい商品化のなかで人間的な生活を取り戻すために、生活のために必要なものを自分たち自身で供給する。本当にグローバルな市場化の時代だから、地球的規模の市場を流れているものをある程度は仕入れざるをえない。しかしそれでもできることはたくさんあり、生協がやってきた産直とか、地産地消とかは、やろうと思えば、ある範囲では必ずできる。フードマイレージという言葉がはやっているが、それだけを絶対視せず、誰がどこでつくっているのか分かるような、生産と流通の過程が見える供給を増やしていくとことが大切である。

　地産地消といっても狭い地域に限定せず、例えば途上国の人びとが頑張って良いものをつくっていれば、その人たちのものを少し高くても買うことも重要である。いわゆるフェアトレードで、イギリスの生活協同組合は一時衰退してしまったものの、このような途上諸国などとの交流をつうじて復活してきている。この点は日本の生協はまだたいへん弱いので、日生協などにも働きかけて、できることはやっていかなければならない。各大学生協でも、産直や地産地消を進めると同時に、それを地域的に狭く限定せず、場合によっては国境を超えてでも広げていく必要がある。

事業を目的とする結社としての生協

　生協は、周知のように、第一に生活者としての人間の自発的結社 association である。しかし第二に、結社の目的からすれば、生活手段を供給するための事業 enterprise でもある。そのために、大学生協は、学生、院生、教職員でつくるものだが、それぞれが学習や研究や教育や事務などの仕事を

持っているので、生協の仕事を専門にやってくれる生協職員を雇って、日常の業務をしてもらうことになる。そこで、生協職員主導になると、ほかの企業と変わらない enterprise のような面も出てくる。そのように受け取られている大学生協がかなりある。だから、ほかの業者と同じレベルに並べて比較してみて、「生協より他の業者のほうが良いではないか」というようにみられることも少なくない。

　しかし、本来はそうではないので、生協という enterprise はそれを始めた元の association があり、これは、大学の場合には、そこで生活する学生、院生、教職員が自分たちの生活に必要なものと日頃の学習、研究、教育その他に必要なものを自分たちで供給する目的でつくったわけだから、それをやることの意義をたえず考えていく。そして、結社 association が事業 enterprise を日常的にチェックしていかないといけない。どの大学の生協も、1年に1回は総［代］会を開き、理事会あるいは学生委員会、教職員委員会などが日常的に活動している。きちんと活動しているかどうかを、それぞれの生協で確認しなくてはならない。

　教職員セミナーは、2004年のときに、教職員がそれぞれ自分の専門性を生かして、大学生協の活動にもっと貢献できないだろうかという問題提起をし、呼びかけた。それから4年たって、この間に大学も国立、公立の多くが法人化されて、非常に大変な状態になってきた。「大学淘汰時代」という言葉がテーマに出てくるが、そのような状況のなかで、大学を盛り立てていく。そのために、生協にできることはないだろうかともっと積極的に考えていく、それが重要である。

電子情報市場化の積極的逆用

　最初に、グローバル化は電子情報市場化だと言った。それがいやがおうでも進むので、それに乗りながら生協の良さを出していく以外にはない。だから電子情報化を、私たちはもっともっと積極的に利用していかなくてはいけない。教員の専門でいうと、コンピュータのことを専門にやっている人が各大学にいるし、もっと広く、今はコンピュータを使わずに学習や研究や教育

をやるのは事実上不可能になってきているので、それについていろいろな経験を蓄積してきている教員が多い。それらの知識や経験を、もっともっと大学生協の活動に結びつけていかなければならない。

　生協がたんなる enterprise におちいらず、association による規制を忘れなければ、グローバル化への下からの無数の対抗力になる。グローバル化のなか、地球規模の市場化のなかでも、産直や地産地消やフェアトレードなどをやりながら、電子情報技術を使っていくらでも独自性も出していくことができる。グローバルなマーケットに生協という協同組合が絡んでいけば、長い眼で見ると、グローバルなマーケットの質を下から変えてくことにもなる。そのためにも、電子情報化をもっともっと積極的に活用していかなくてはならない。

　生協がホームページをどれだけ利用しているかというと、まだまだである。大学生協連のホームページも、だいぶ変わってきているが、まだまだ改善の余地はある。ホームページを開くと、大学生協が日々どのようなことをやっているのか、生きいきと分かるように、くり返し変えていかなくてはならない。

ホームページその他の積極的活用を！

　日本の大学生協は非常にユニークで、アジア諸国の大学で生協づくりが進むなか影響力が出てきている。私は強く大学生協連のスタッフに働きかけ、英語のページをつくってもらった。2008年から始動している。ぜひ見ていただき、気づいたことがあったら、大学生協連の担当者に伝えてほしい。

　また例えば、私は、少し前の全国理事会で、パワーポイントを使い「協同を協同『する』こと」という話をした。その話の内容は、私のホームページに一度アップされたうえ、私の著書『大学改革と大学生協』に載せられている（庄司, 2009, p.158-）。こういうものをどんどん見てもらい、批判や意見を寄せてほしい。私もこのように、電子情報化を、大学生協連の発展のために積極的に利用しようとしてきている。各会員生協も、ぜひもっと意欲的にコンピュータ・ネットワークを活用し、大学生協の活動を生きいきと内外に伝え、それをつうじて大学生協の活動を活発化していってほしい。

共済の分離と連帯のあり方の効率化という課題

　現在大学生協は二つの大きな問題に直面している。その一つは、生協法の改正にともない共済の連合組織を分離しなくてはならなかったこと。もう一つは、大学生協間の連帯のあり方にかんするもので、連合のあり方にまだまだロスが多く、お金がかかっているわりに効率が悪いのを何とかしなくてはならないこと。とくにこのあとの面を早くすっきりさせ、最小のコストで最大の連帯あるいは連合ができるよう、考えていかなくてはならない。そのためにも、私たちのあいだで前向きに議論し、電子情報化の利用も含めて有効な手を打っていかなければならない。

　共済連は分離したが、それを逆にうまく生かして、各大学生協が組織的にも財政的にも良い意味での自立性を強め、そのうえに自発的で効率的な連合の組織をつくりだしていくこと、それが今後とも重要な課題になってきている。

世界に誇りうる日本の大学生協のユニークさ

　これまでくり返してきたが、日本の大学生協は、大学のキャンパスで、学生院生の支援だけではなくて、教職員の生活と教育研究をも支えてきている。そのやり方を客観視するため、世界の他の諸国の例をここ十数年以上にわたっていろいろ見てきた。

　その結果から言うと、例えばヨーロッパでは、国によってかなりの違いがあるが、主要国であるドイツやフランスには、ドイツ学生支援協会DSWとか全仏大学学校支援センターCNOUSとか、大学における学生支援を専門にやる準政府機関や政府機関があり、それらが寮、食堂、奨学金などを一手に引き受ける形になっている。公的支援型である。これと対照的にアメリカでは、大学それ自体が事業であるという意識が強いためか、大学が直接寮を経営し、食堂を経営し、また、民間にもたくさんある奨学金の斡旋などもおこなっている。いわば市場競争型である。

　それらと比較すると、日本では、大学生協が、奨学金は別であるが、食堂から、書籍、文房具、コンピュータ、旅行、さらには住宅問題なども手がけ

ている。そのうえ、運転免許取得の斡旋や、英語とか公務員試験などのための講座もやってきている。非常に多様な形で学生支援をやってきていて、その意味で日本の学生支援は協同組合型であるが、それだけでなく、教職員の生活、教育、研究などの支援もやってきている。序でふれたように、国立大学の80％以上、公立大学の50％近く、私立大学の20％近くでそうなのである。220ほどの大学生協が全国で150万人以上の組合員を擁して活動している。協同組合がこれだけ大きな規模で大学生活の支援をしているケースは、世界にも例がない。この意味で日本の大学生協は、歴史的に見ても60年以上も続く、たいへんユニークな協同組合なのだ。

アジアのモデルになれるよう前向きに議論と実践を！
　それが今、ポストコロニアル・アジア、つまり革命後の混乱や開発独裁の時期を乗り越え、本当に自分たちの国づくり社会づくりにいそしんでいるアジアの諸国から注目されている。社会がこのような状態に入ると、教育制度が非常に大切な意味を持ってくる。そして、大学はその教育制度の最上部に位置する機関なわけだから、そこをどう支援していくかが大きな問題になり、その意味で、日本の大学生協がアジアのモデルになる事態になってきているのだ。

　良い意味でのモデルになれるように、われわれ大学生協も、内部の組織問題、連合形態の整備の問題などを、うまく解決していかなければならない。そのために、柔らかい発想、機能的で柔軟な思考を維持しながら、もともと大学とは何であるのか、大学生協は何をどう支援したらいいのか、理念を大事にしながら考えていかなくてならない。

2　世界的民主化のなかでの大学教育と協同行動の意義

ある大学での思い出と私自身のこと
　ある思い出から始めよう。数年前、韓国の某有名大学でのことだ。その大学の生協の理事長先生に会った。その先生はどこかそわそわしていて、役割

上出てきたが、こんな仕事は自分の本来の仕事ではない、自分の本来の仕事は研究と教育で、一刻も早くそれに戻りたいのだ、という感じだった。私には、その先生の気持ちもよくわかり、長く引き留めることはできなかった。

日本の大学の教員にも、そういう人は少なくないと思う。私はそうではないと言いたいところだが、そう簡単ではない。

私は、大学入学と同時に生協の組合員になり、ずっとそうでありつづけていたが、生協のことをあまりまともに考えたことはなかった。1990年代になって、所属大学生協の顧問を頼まれ、理事になり、理事長を務めたが、それでもまだ、自分の学問と生協とのつながりをまともに考えるにはいたらなかった。

私が学生の頃、強い影響力をもっていたのはマルクス主義であり、それによれば、社会と歴史の基礎は労働であった。近代的資本の台頭とともに、労働者はそれに雇われるしかなくなったので、団結し、資本の支配を覆していくことが社会を変える基本だ、と先輩たちに教えられた。

資本の支配力の強さと社会主義の運命

労働が社会と歴史の基礎であり、雇われて働く労働者の団結が資本の支配を覆し、社会を変えていくのだ、という考えは疑いようもないもののように思われた。そのために、戦後民主主義とともに定着し始めていた選挙制度にも、疑いの目が向けられていた。強大な支配力を持つ資本は、たやすく票を買うことができるし、まんいち自分たちの意向に反する政権ができれば、いつでも実力でそれを転覆させることができるだろう、と言われていた。

たしかに、そういうことが、20世紀後半以降の世界でもくり返し起こりつづけていた。選挙違反、傀儡政権の樹立、などなど。そのひとつの頂点が1973年9.11のチリ・アジェンデ政権の転覆である。1970年に民主的な選挙でできた、この小さな国の社会主義政権を、アメリカは、進出していた大資本やこの国の軍部をそそのかし、武力で叩きつぶした。のちに2001年の9.11に、アメリカはニューヨークとワシントンに同時多発テロ攻撃を受けることになるが、28年前の同日にはこういうことがあったのである。

しかし、対抗してできた社会主義政権にも、大きな問題があった。1950年代の東欧の民主化運動の鎮圧から始まり、ソ連と中国との論争から対決へ、そして1968年のチェコの「プラハの春」の鎮圧。ソ連は、労働者の政権のはずなのに、なぜもっと民主化できないのか？　あとからできた中国の政権をなぜもっと助けることができないのか？

　中国も、毛沢東の意思に振りまわされ、やがて文化大革命の大混乱に陥っていった。ソ連東欧や中国だけでなく世界の動きについての知識人たちの意見は当てにならない。私は、自分の眼で確かめてみようと思い、1970年代以降、ソ連東欧を訪れ、アメリカを訪れ、そして中国を訪れた。

民主主義の再発見

　その結果、もっとも確かだと思われてきたのは、普通の民主主義であった。私が留学したのはアメリカの北東部、ボストンに隣接した町ケンブリッジにあるハーヴァード大学だったが、この町とこの大学での経験は今から考えても大きなものだった。私と妻は、まだ小学校入学前の二人の小さな娘を連れていて、大学に通うためにその子たちを保育園に預けなくてはならなかったが、その保育園の運営方式や雰囲気も驚くほどに民主的であった。

　親も、預けっぱなしではなく週に一日は先生たちといっしょに保育に加わるというので、私も何度かいったが、子どもたちの育て方そのものもあくまでも自主性を尊重するもので、まさに民主主義の草の根のようなやり方であった。大学での授業内容や授業のやり方 ── 「白熱教室」などといって日本では今頃もてはやしたりしているが、ああいうやり方がアメリカの大学教育の「普通」なのだ ── だけでなく、日常生活のなかでも人びとが自分たちで協議して、自分たちの社会をつくっていっている。

　「機会の平等だけでなく結果の平等を」といわれているのを聞いて、私はこっちの方がもっと社会主義的ではないか、と思ったりした。それに、よく見ると、社会主義運動もないわけではなく、選挙制度の矛盾も気づかれていないわけではない。それに何よりも、人種差別をはじめとする差別への徹底した批判がおこなわれていた。

こうした経験をへて、1980年代以降、私は世界観を修正しはじめたが、その行程はなかなか大変であった。

世界社会論・地球社会論から協同組合の見直しへ

他方、1980年代の日本は、経済が70年代の石油危機を克服し、好調をつづけていたことから、増長していた。そのため、日本人論、日本文化論、「文明としてのイエ社会」論など、きちんとした国際比較をしもしないで日本を自画自賛する、新日本主義ともいうべき潮流が生まれていた。同時期に世界では、新自由主義が台頭し、社会主義の限界を見越して、ボーダレス化論からグローバル化論へと展開していった。

私は、自画自賛はなにものをも生み出さないし、そんなに簡単に社会体制の問題をすっ飛ばしてもらっては困ると思い、新日本主義や新自由主義を批判しようとした。そのために、基本視座を拡張する必要を感じ、世界システム論の影響を受けつつ、自らの現代社会論を世界社会論へと展開した。しかし、ボーダレス化論的グローバル化論への警戒などから、ただちに地球社会論へと踏み込むことはできなかった。

1990年代に入って、冷戦構造が崩壊する。同時に、地球環境問題も危機的なまでに悪化する。私は、地球社会論がどうしても必要なのでは、と思い始めた。

他方で、大学生協に関わり、生協を見直さざるをえなくなった。そしてそれは、労働組合にたいする協同組合の見直しにまで進んでいった。しかし、学生の頃から、農協などにたいする良いとはいえないイメージも植え付けられていたので、思うようにはいかなかった。生協も、伸びてきているのはわかるが、スーパーなどとあまり変わらなくなってきているのではないか、という思いもあった。

そうした疑問が、市民概念の再検討とともに、少しずつ解けてくることになる。

市民・市民社会概念の見直し

　私が学生の頃、マルクス主義と並んで影響力が強かったのは、大塚久雄、丸山眞男などの市民社会論であった。社会学の清水幾太郎や日高六郎も基本的にはその流れのなかにあった。私は彼らの影響を強く受けたが、マルクス主義の影響から、市民社会論や市民運動論では生ぬるいと思っていた。

　しかし、アメリカでの体験と米ソ冷戦終焉以後、市民と市民社会の概念を深く考えるようになった。社会学あるいは広く社会科学に携わる者の最大の目標は、社会の発展方向を明らかにすることである。その文脈でいうと、市民の登場は、階級闘争よりももっと基本的な趨勢で、それを超えて社会のあり方を規定していくのではないか？

　私は、人類社会の展開を根本的に見直さなければならないと思った。マルクスの時代には、労働者はまだほとんど選挙権を持てていなかった。だからマルクスは、チャーティスト運動以来の選挙権獲得運動にたいして、そんなものよりは組合運動のほうが大事で、労働者が実力で政権を掌握することが重要なのだ、と思い続けていた。

　20世紀社会主義はこの考えの延長上に形成され、ソ連・中国等の社会主義政権を生んだが、民主主義の欠如から自縄自縛状態に陥り、けっきょく崩壊してしまった。そのあとに有力となってきたのは、旧社会主義諸国でも植民地解放後の途上諸国でも、平凡ながら簡明な民主主義である。

市民とは？ ── かけがえのない、しかし孤独な存在

　けっきょく人類社会の基本趨勢は、市民社会化につきるのではないか？

　市民とは、自分の生き方を自分で決め、自分たちの社会のあり方・行き方を自分たちで決めていく人間のことである、という定義が私の脳裏に生まれ、しだいにその重大さに気づくようになっていった。

　人類は、文明をもつようになって以降も、ずっと宗教に支配されつづけてきた。自らが生み出した神あるいはそれ相当の概念に支配されてきた。しかし市民は、そのような虚構の超自然概念を否定し、科学的に自然をとらえ、自らの社会をとらえていく。

これこそまさにマルクスの気づいていたことなのだが、彼には、歴史的な制約で、その具体的な方法と形態がまだ見えていなかった。ニーチェが現れ、その影響のもとに20世紀の現象学やポスト構造主義が現れてようやく、市民とは何であるかを本当に理解することができるようになってきた。

　人類は、ニーチェの「神は死んだ」とか、ドストエフスキーの「神がいないのであれば、すべては許される」などという言葉の意味を、真に社会的な意味で理解できるようになってきた。そういう意味を理解する人間こそが市民なのであり、だから彼は、自分で自分の生き方を決め、自分たちの社会のあり方・行き方を決めていかざるをえないのである。だから市民は、実存主義者たちが気づいていたように、かけがえのない、しかし孤独な存在なのだ。

市民民主主義の方式 ── 普通選挙の革命性と現段階

　だからこそ市民たちは、おたがいに対等な立場で、協議しながらものごとを決めていく。自由・平等・友愛と言い出した以上、それにはいい加減な条件はつけられない。それら3つがたがいに矛盾することをわかっていながら、私たちはそれらを3つとも追求せざるをえない。

　そのために、われわれは対等な立場で協議し、多くを協議で決め、やむをえない場合にかぎり多数決で決めていく。こういうやり方を人間の社会が採用するようになったのは、たかだかこの数世紀のことなのである。

　私たちが自明のものであるかのように考えている普通選挙について、考えてみよう。これは、そのとおりに実施されれば、真に驚くべき制度である。私たちは、私たちの社会のあり方・行き方を、財力、人種・民族、性別、一定以上の年齢、さらには学歴などにかかわらず、対等に一人一票制で決めていく。

　こういう制度が普及するようになってから、世界史的にみてもまだ数十年しかたっていないのである。だから私たちは、二大政党制や小選挙区制などにこだわりつづけていて、人びとの意思を文字どおりそのまま政治に反映することに、まだまだ成功しえていない。

市民の責任 ── 主権者の政府と地球民主社会へ

　だから、政党もまともに育たないし、若者たちを中心に、どうせ投票なんかしても、という意識が広がりつづけている。しかし、こういう制度、つまり民主主義がある以上、社会のあり方・行き方を決めていくのは私たちなのだから、東日本大震災からの復興が遅々として進まないのも、福島原発事故の解決とエネルギー政策の転換が進まないのも、福祉システム維持のためとして消費税増税しか考えられない等々も、すべて私たちの責任なのである。

　市民とは自分たちの社会のあり方・行き方に責任をもつ主権者のことなのであり、主権者としての私たちは、日本社会のあり方・行き方ばかりでなく、それをつうじて人類社会の未来にたいしても責任を負っている。私たちは、否が応でもこうした事実に気づいていかざるをえないし、それに応じて、選挙制度や政党制のあり方も変えていかざるをえないであろう。

　こうして、主権者としての私たちは、自分たちの政府をつくらざるをえず、それによって、私たちの社会のあり方・行き方を決めていかざるをえなくなっている。世界には単純民主主義のシステムをとっていない国がまだかなりあるが、それら諸国もこの原則を否定できないので、やがてはこのシステムに変わっていくであろう。

　国際連合も、世界社会さらには地球社会管理の有効性を高めるため、各国における単純民主主義のシステムを促進し、それらの連合組織としての性格を強めていかざるをえないであろう。世界民主社会さらには地球民主社会への移行は、いずれにしても進んでいかざるをえない。

大企業の世界化と民主的政府連合による統制

　私の議論は政治主義的に流れすぎているだろうか？

　そんなことはない。主権者の政府を生み出し、支えてきたのは、主権者の事業である。500年以上まえから展開してきた市民の事業のうち、生き残ってきたものは、今では国境をも越えた大組織となり、世界経済を動かしている。利潤動機を組織原理にして拡大してきたこれら大企業は、一株一票制で動いており、そのために、放置しておくと世界経済を混乱に導く可能性があ

る。

　マルクスが解明しようとしたのはそのメカニズムであり、その理論は、価値の情報化が極度に進んだ今日でも、それに合わせた展開を施せば成り立たないわけではない。しかし、当面重要なのは、これら大企業の暴走を、民主化の進んだ諸国の民主的政府の連合で抑えていくことである。大企業は、もともと市民の事業だったのだから、民主的政府の連合で抑えていくことができないはずはない。

　中小企業は、経済を混乱させたりすることも少なく、私たちの生活に役立っている場合が少なくない。そこで民主的政府は、これらを保護するため、中小企業憲章をつくったりしてきた。中小企業は、利潤動機に振りまわされないかぎり、良質な主権者の事業になることができる。

　また、大企業も中小企業も労働者を雇うので、雇われた労働者は自分たちの労働条件の改善のために活動する。主にこの可能性しか見えていなかったときに、この活動を社会的に拡大して、社会変革の可能性を拓こうとしたのが、19世紀から20世紀にかけての社会主義であった。

協同組合事業の出現 ── 協同組合概念の両面性

　これにたいして、19世紀の半ばから、労働者、農民、消費者などが自ら事業を起こす試みも現れ始めた。イギリスの消費生活協同組合、フランスの労働者協同組合などがそうである。

　協同組合という事業方式はその後、各国政府によって、農業、漁業、中小企業など、資本主義下で劣勢な企業を救済する方式として政策的に用いられるようにもなっていった。日本では、戦前からの生活協同組合、産業組合のほか、戦後になって農業協同組合、漁業協同組合などから、中小業者の信用組合、労働者の共済組合などに広がってきた。労働者や農民が選挙権を獲得して市民となる前からはじめられた協同組合という事業は、こうして、アムビヴァレントな性格を残しながら広がってきている。

　アムビヴァレントな性格とは、協同組合が、労働者が主権者化する前から始められたこと、および劣勢分野向けに政策的に用いられてきたことからく

る、両面的な性格のことである。すでに1895年に国際協同組合同盟ICAが結成されたが、その後も長くこの性格は続いてきた。

　ようやく20世紀の終わり近くになって、レイドロー報告（1980）やアイデンティティ声明（1995）によってその克服への指針が確立されたが、国際協同組合年の2012年になっても、協同組合のアイデンティティが異論なく確立されているとは言いがたいのが実情である。

　なぜか？　私見によれば、協同組合概念をしっかりと立地させるための史観、すなわち民主社会史観がまだ形成途上にあるからである。

帝国から市民社会、民主社会へ

　大胆に人類史を見直してみよう。

　文明を獲得して以降の人類の社会システムは、ユーラシアのみならず、アメリカでもアフリカでも、基本的に帝国だった。すなわち、宗教を背景に、超自然と自然とを媒介する者として立てられた皇帝への崇拝によって、社会を統合していくシステムである。文明以後の人類史は帝国間抗争の歴史にほかならない。

　しかし、それら帝国が、11世紀以降ヨーロッパに現れ、15世紀末以降世界に広まった市民社会によって、20世紀の前半までにほぼ完全に駆逐された。中華帝国とオスマン帝国が崩壊した時期と、主要国を先頭に無制限の普通選挙が定着し始めた時期とは、重なっている。人類史のもっとも基本的な趨勢は、帝国から市民社会へ、そして民主社会へ、なのである。

民主的政府と普通市民の事業 ── 主権者の事業としての協同組合

　そして、市民社会の世界化を実現させたのは市民の事業である。市民は、その事業をもとに、都市の自治を社会全体に及ぼし、市民政府による社会統治を始めて、その方式を世界に広めてきた。近現代をつくってきたのは、市民の事業と市民の政府である。

　市民の政府を世界に広めてくる過程で、市民の内実は、ブルジュワ（資本家）からシティズン（一般市民）に変わり、労働者、農民、少数民族、女性

などがまったく対等に、すなわち主権者として、一人一票制で政府形成にかかわるようになってきた。それと並行して、大金持ち市民や中小金持ち市民だけでなく、資本力のない普通の市民（オーディナリ・シティズン）も事業をおこなうようになってきた。

　すでに述べたように、大金持ち市民の事業すなわち大企業は国境を越えた組織体になっており、放置すると世界経済を混乱させるので、民主的政府は国際的に連携してこれを統制していかなければならない。民主的政府は他方で、良質の中小企業を保護し育成するばかりでなく、普通市民すなわち一般主権者の事業としての協同組合を守り育てていかなければならない。

　協同組合事業を、消費生活、農林漁業、中小信用、労働者共済などを超えて、住宅、医療、福祉、環境などから、その気になれば情報から中枢製造業にまで広めていくこともできる。すべては基本的に民主的政府の意思にかかっており、民主的政府の意思を決めていくのは、主権者であることを自覚した人びとの協議であるからである。

主権者の政府と主権者の事業との好循環

　主権者は、生きるために労働し、そのことをつうじて社会関係のなかに入り、それを統合する政治の主体になってきている。同時に主権者は、生きるために労働し、価値を生み出しつづけているが、それらが急速に情報化し、普遍化して、私有することの難しいものとなりつつある。情報化が急速に、民主社会の共同性を強めてきている。

　それに見合う事業の方式として、協同組合が急速に重要性を帯びてきている。主権者の政府が協同組合の活動領域を広げ、拡大していく協同組合がますます主権者の政府を強化していくような、主権者の政府と事業の好循環が形成されなければならない。

日本の大学生協と歴史の狡知

　日本の大学生協は、少数の、戦前からの、理念に基づく先駆例をもつものの、基本的には、戦後の窮乏期に、食糧と書籍（メシとホン）にたいするや

むにやまれぬ欲求からつくられた。戦後の社会運動や学生運動の影響はあったが、主権者の事業としての協同組合などについて議論している暇はなかったし、時代もまだそのような状況ではなかった。

周知のようにヘーゲルの歴史哲学は、「理性の狡知」という理念に導かれている。大文字の理性が、人びとの欲望や思惑をつうじて、大きな目的を実現していく、という理念である。今日ではもはや理性の狡知を信ずることはできないが、歴史の狡知なら、歴史考察からの帰納として考えられる。日本の大学生協は、歴史の狡知をつうじて生み出されたといえるのではないか？

もう少し社会科学的な議論をすると、マックス・ウェーバーは、人間の社会的行為は、利害関心Interesseによって下から突き動かされるとともに、理念Ideeによって上から嚮導される、と考えていた。パーソンズの行為理論は、これを、行為の動機志向と価値志向として取り込んだ。

これらの理論を用いていえば、日本の大学生協は、戦後学生の食糧や書籍にたいする利害関心を基礎に、マルクス主義などによって与えられた社会変革の理念に導かれて、歴史の必然であるかのように形成されたのである。

しかし、その後の高度成長をつうじて、日本社会は豊かになり、労働運動や学生運動の影響力も小さくなってきた。にもかかわらず、大学生協は、1970年代後半から事業連合の形成などをつうじて、むしろ伸び続けてきている。これには、大学生協を学生、院生、教職員全体の生協としてリセットする役割を果たした「福武所感」の影響も大きいが（福武, 1982）、それを生かして伸びていったのは、大学生協が事業としての生き残りと拡大を本気で追求していったからである。

事業としての生協の新しい課題 ── 大学生協にとってもキーは主権者

事業として生き残った大学生協は、しかし、新しい課題のまえに立たされている。民主社会の急速な情報化によって、あらゆる価値が急速に情報化し、内容も提供の仕方も変わってきているからだ。飲食物、書籍、文房具、ICT機器、旅行、講座、住居など、あらゆるものの質と量と提供方法を見直さなければならない。

他方では、民主社会化にともなって、「先進社会」と見なされてきた社会に発生する新しい貧困の問題もあり、その影響を受けやすい学生の保護も考えねばならない。こうした諸問題への対応を急速にしていかないと、せっかく生き残った大学生協の事業も行き詰まってしまう。

　こうした諸課題に対応するために、今、大学生協の新たな意味づけが必要である。

　今あらためて、大学生協とは何か、について考えなくてはならない。そのためのキーはやはり主権者である。

　現代の大学は、急速に情報化しつつ世界に広がる民主社会に、そのことを自覚した21世紀型市民を送り出すよう、迫られている。従来型の一般教養と専門知識を身につけるだけでは足りない。加えてICTを駆使する技能を身につけるだけでも、まだまだ足りない。

　肝心なのは、情報化民主社会に生き、そのなかで自分の生き方を決め、自分たちの社会のあり方・行き方を決めていく、現代的主権者としてのエートスである。ユニバーサル化してきた大学は、入学し、卒業していく全員に、そのようなエートスを植え付けていかなければならない。

若き主権者の事業としての大学生協 ── 大学教職員の自己再教育の必要性

　こうして教職員は、学生にとっての大学生協の意義についても、しっかりした考えをもたなければならない。大学生協は、とくに日本で、歴史の狡知ともいうべきものによって急速に増殖し、事業であることを本能的に自覚することをつうじて、経済成長終焉後も伸び続けてきたが、今や、世界に広がる民主社会化のなかで、主権者の事業の先駆として、新たに大きな意味をもってきているのである。

　戦後日本の歴史をつうじて学生たちが育ててきた主権者の事業の先駆的形態を、まず教職員が自覚し、学生たちに働きかけて、学生たち自身に自覚させなければならない。形成途上の、そして若い主権者たちによる事業は、広い意味での大学社会を支え、そのことをつうじて現代民主社会を発展させていくはずである。

そのために、まず教職員が、そのようなエートスを自らのなかに育成してきているか、が問われなければならない。多くの大学は、情報化にたいして、設備の更新をおこない、組織改革もしてきている。しかし、教職員の再教育は、必ずしも十分ではないのではないか？

　ICTを操る技能を身につけるだけでは不十分である。情報民主社会を内化して自らの研究の方法だけでなく内容を変え、それをふまえて教育の内容と方法を変えていかねばならない。虚心坦懐に自らを振り返り、協議しつつ、FDやSDをくり返して、自らの研究と教育の方法を更新していくべきである。そしてそれらをつうじて、自らのうちに現代的主権者のエートスが醸成されてきているかどうかを、確かめていくべきである。

大学の自治と民主社会化 ── **教職員にとっての協同行動**

　大学の教職員が主権者であることを自覚していけば、大学もまた小さな民主社会だから、その運営がそれにふさわしくおこなわれているかどうかが問われてくる。大学の自治は民主社会の自治のモデルであった。しかし、1990年代以降のあいつぐ大学「改革」をつうじて、大学組織の集権化が進み、大学の自治などどこかに行ってしまっているのではないか？

　教職員は、自分の大学の現実を直視し、その民主社会化を図ることをつうじて初めて、自分の研究と教育の内容も21世紀型民主社会にふさわしく、更新しつづけていくことができる。

　そのために、大学教職員にとっても重要なのは協同行動である。もちろん、大学生協は大学とは別組織であり、別法人であるから、いたずらに政治化して大学と対立するようなことがあってはならない。

　大学生協は、教職員が学生と一体となって協同組合をつくり、大学生活の基礎を維持する事業をおこなっている。大学の場で主権者として事業をおこない、大学を支え、盛り立てていくことは、現代民主社会を発展させていくうえで重要な意味を持っている。教職員が大学生協に参加し、その運営をしっかりと担っていくことは、大学の存立と発展のためにも重要な意味を持っているのである。

知のセンターにおける生協の役割 ── 学生たちの関心を協同組合へ

　大学生協について、教職員がまず自分たちのあいだで議論し、学生に働きかけて議論の輪を広げていかなくてはならない。大学生協は、大学という知の生産と分配の場に展開する、若き主権者主体の事業である。そのようなものとしてそれは、地域生協などに多くの人材を送り出し、文字どおり主権者の事業としての日本生協連の拡大などに大きく貢献してきた。

　だから大学生協は、日生協が「日本最大の流通業」などと自慢して、主権者の事業であることを忘れているようであれば、それを適切に批判しなければならない。また、農協や漁協などが、歴史的経過から協同組合としての十分な自覚に達していないようであれば、それも適切に批判し、協同組合としての自覚に協力していかなければならない。中小信用や労働者共済などについても、同様である。

　さらに大学生協は、知のセンターにおける協同組合として、医療、環境、介護などの分野での協同組合の意義を強調し、労働者協同組合などに協力して、現代民主社会で、必要性が高まりながら、利益が上がらない等々の理由で無視されがちな分野の協同行動を強化し、それらの分野に、理論と政策を示すばかりでなく、それらを実行していく、若くて有能な主権者たちを送り出していかなければならない。

　学生たちは最近まで、就活といえば、大企業への就職ばかりを考えてきた。大学がユニバーサル化した今、中小企業は見直すようになったが、協同組合への着目と働きかけはまだまだである。これも、教職員が、学生と一緒になって協同組合の意義を考えてこなかったせいではないか？

民主的政府への大学の問題提起 ── 学生支援のモデルとしての協同組合型

　現代日本の民主社会で、民主的政府のあり方をめぐる議論が続いているが、こうした問題に適切な解決の道を示していくのも大学の役割である。

　民主的政府とはどういうものであるべきか、それを実現させるために選挙や政党の制度はどうでなければならないか、などの問いにたいして、大学は適切な解答を示していかなければならない。大学が有効な問題提起をすれば、

主権者たちはそれをもとに運動を起こし、自らの手で、よりましな民主的政府を実現する道を拓いていく。

日本の大学はそれと並んで、民主的政府を支える主権者の事業のモデルを世界に示していくこともできる。歴史の狡知によって基礎がつくられ、事業としての自覚によって伸びてきた大学生協があるからである。

学生支援のモデルとしては、フランスやドイツの公的支援型にたいして、アメリカの市場競争型があるが、21世紀の、急速に情報化していく市民社会には、日本の協同組合型があるいはもっともふさわしいかもしれない。私たちはそれを意識して、日本型の協同組合モデルをアジアの大学に普及させるべく、国際交流活動を続けてきているし、ヨーロッパやアメリカの大学にもその意義を訴えつづけてきている。

教職員は、その意義を理解し、学生との対話をつうじて、大学生協の活動をバックアップするべきである。

学生支援と協同行動について語るために、大きな話をしてきた。これほど大きな視野で日本の大学生協を論じた議論は、これまでにないはずである。議論の大きさにひるまないで、目の前の大学生協と向き合わなければならない。以上述べてきたことこそが、大学における協同行動の教育的役割の根本にほかならないからである。

VI 大学教育改革における教職員・学生と協同行動

1 初心に帰って協同から

電子情報市場化としてのグローバル化

　ビジョンとアクションプランを持つことの意味だが、要点をいうと、われわれは現在、非常に大きな流れのなかにいる。そのなかで、自分が何であるかを問い、自分のあるべき姿をはっきりさせ、それに向かって進む具体的な道筋を描かなければ、大きな流れに流されてしまう。この場合の、自分が何であるかというのが「使命」であり、自分のあるべき姿というのが「ビジョン」であって、それへの具体的な道筋が「アクションプラン」なのである。
　では、その大きな流れとは何か。一言でいえばグローバル化である。中国では、グローバル化のことを「全球化」と訳している。これは、たいへん良くニュアンスの伝わる言葉だと思う。要するに、地球的規模に、ある動きが広まっているという意味である。
　その基礎は何かについて、私は電子情報市場化だと言ってきた。米ソ冷戦の終結、およびソ連・東欧の崩壊とともに、市場化が情報化に加速され、さらに電子技術化、あるいはコンピュータ化、エレクトロナイゼーションというものに加速されて、全地球的規模に広がっている。当然ながら、大学もそれに巻き込まれている。大学院重点化から国公立の法人化へと、この20年ほどの間に非常に大きな動きがあった。それに巻き込まれて、大学も変わらざるをえず、どんどん変わってきている。それが具体的にはキャンパスの市場化として、コンビニなどの進出として、現れている。

大学の経営目標のなかに生協も

その流れのなかで、大学は経営を重視せざるをえなくなっている。理念と中期計画を策定して、各大学が自らのビジョンを描き、それに到達するために、具体的に成果を上げていく必要がある。したがって、それぞれの大学がどのような大学として伸びていくかにかんして、今まで戦後日本の大学は原則として平等主義で動いてきたが、個性を出すためにはもう階層化もやむをえない、という感じになってきている。暗々裡に進められてきたものが公然化してきた、と言えるかもしれない。そのなかで、教育と研究のどこに、どのように重点を置くか。これは具体的には、どのような学生をどれだけ、あるいはどのような研究成果をどれだけ、どのように生み出していくか、ということで、具体的な成果が問われているのである。

その一環として、キャンパスづくり、キャンパス内の福利厚生も、大学経営の重要な環なので、重要な意味を帯びるようになってきた。キャンパスの見栄えそのものも問われ、さらにはもちろん利便性も問われる。したがって大学としては、学生・院生・留学生・教職員のための福利厚生を改善していかなくてはいけない。大学は、いわゆる全入時代に事実上入っている。これは、大学教育の普遍化、ユニバーシティのユニバーサル化ということだが、そのなかで各大学が魅力を高め、学生・院生・留学生・教職員を確保していなければ生き残れない。生協も、そのような方向から出てくる経営政策の対象となるのである。

大学生協の最小限綱領

したがって、生協としては、それを受けて、自分を見つめ直して、自分の使命を思い起こして、ビジョンとアクションプランを作って行動していかなくてはならない。そのために、連合会は「21世紀に生きる大学生協のビジョンとアクションプラン」を作った。各生協が動いていくための基礎になるものとして、作った。しかし、そのなかに、いろいろなことを書きすぎて、なかには難しい部分もあり、どう利用してよいか分からないという声も出た。

そこで今、そのポイントを述べよう。よく最大限綱領と最小限綱領と言わ

れる。その場合、大学生協連のビジョンとアクションプランは最大限綱領に近いものである。大学生協の基本的なあり方から、なしうる具体的な可能性までを、できるだけ多く盛り込んである。このなかから、基本的なアイデア――これが最小限綱領であり、最小限このようなことをしなければならない、していかないとやっていけない、というもの――を汲み取って、各生協に具体的に応用していかなければならない。では、基本的なアイデアは何かというと、使命・ビジョン・アクションプランを貫く、協同・協力・自立・参加であり、協同行動なのである。

協同をふまえて協力を

　順番に説明すると、「まず、初心に帰って協同をやろう」が第一である。生協は言うまでもなく生活協同組合であり、組合員が出資し、必要なもの・望むものを調達し、供給するための組織であり、事業である。何を供給しているか、どのようなやり方で供給しているか、もっと良いやり方はないか、もっとできることはないかを検討することが第一である。生協らしいやり方で協同の良さを示していかないと、「何のためにやるのか」と問われてしまう。そのさいに、生協だから組合員に依拠する。しかも日本の大学生協は、圧倒的に学生が中心の大学生協である。学生が中心になるのは日本の大学生協の最大の特徴なので、それを生かしいかなければならない。

　協同をつうじて、大学が今直面している事態のなかで生き延びていこうとしている、その動きにもっと協力できることはないか、と考える。大学生協は言うまでもなく大学の生活協同組合であるが、その大学はグローバル化のなかで生き残りに必死になっている。生協の組合員は大学の構成員でもあるから、生協として大学のためにできることはないか、を徹底して考えなければならない。そのために、食堂、書籍、購買、住居斡旋、旅行、コンピュータ、語学、公務員などの講座、共済などを一つひとつ点検してみる。そのほかに、なおできることはないか。もしあれば、大学に提案し、話し合って、やっていくべきである。

組織的財政的な自立と組合員の意識的参加

　次に、こうしたことをきちんとやるためには、組織と財政的基盤がしっかりしていなければならない。組織がきちんとしていなければ、活動の見直しの提案もできない。生協は生協らしい民主的なやり方で動いているか。総会あるいは総代会が、代議員の選出の段階からきちんと行われているか。恒常的には、学生委員会、院生委員会、留学生委員会、教職員委員会などがきちんと動いているか。そのようなことを点検しなければならない。さらに、その基礎として、生協の財政はどうなっているか。赤字もやむをえないというような考えがないか、どうか。もし、幸いにして剰余金が出た場合には、それを有効に生かしているか、どうか。そのようなことを点検しなければならない。そして、組織的・財政的に自立していることを確かめる。組織的・財政的な自立こそが、これからの大学生協の存立のカギであると言ってよい。

　その自立のために、組合員の参加を強めていかなければならない。組合員は出資者である。実際の組合員がそのような意識を持っているかどうか。出資金を、生協利用のための会費のように思っていないかどうか、多くの学生が、加入のときに、生協を利用するための会費だと思って払い、それで終わりになってしまっているというようなことがないかどうか、点検する必要がある。すべての組合員が、自分たちのために必要なものを、望ましいものを供給しているという意識を、持ち合わなくてはいけない。もっと良いものを、もっと良いやり方でと考えれば、いくらでも方法はあるはずである。

　そして、自分たちの大学のためにも、生協としてできることをどんどんやっていく。自分の生協への参加が社会参加につながっていく、という意識を組合員に持たせるような活動をしなければならない。

大きな流れに対抗する参加

　さらに話を広げると、最初から述べているグローバル化のなかで、協同組合が協同で事業をやっていくこと自体が、最大の社会参加である。大きな流れのなかで、大きな力が働いている。これは、今や地球をまたにかけて動いている、巨大な資金や組織の力である。それらのなかでただ動かされている

だけなのではないことを、われわれは示していかなくてはならない。自分たちの社会は自分たちでつくり、動かしていく。巨大な資金とか組織も、もとはわれわれのなかから立ち上がったものである。そのようなことを、協同行動をつうじて示していかなくてはならない。

　スペインのバスク地方に協同組合の大きな連合体がある。大学までが協同組合の経営であり、協同ですべてをという、世界的にも注目される大きな動きをつくり出した牧師アリスメンディ・アリエタ師に始まる協同組合運動である。そのような動きがヨーロッパでは広まっている。それを、われわれは、よく見なくてはならない。

上向する渦巻き状の協同の輪

　そのうえで、協同・協力・自立・参加の協同行動、それがいわば最小限綱領であって、いちばん基本的なことである。それをやっていくと、当然また最後に協同に戻ってくる。初心に帰って協同から始めると言ったが、協同から始めて、われわれ自身が協同組合として事業をするのである。その観点から、大学にどのような協力ができるかを考えていく。そのためには、われわれの組織、その財政的基盤を固めなくてはいけない。そのためには、組合員に参加してもらわなくてはいけない。その参加は、けっきょく社会参加までつながっていく。そうしていくとまた協同につながってくるので、良い意味での循環、つまり好循環になっていく。

　悪循環という言葉を私たちはよく使うが、好循環は、それと反対に、上向きにだんだん良くなっていく場合の循環、つまり良い意味での循環 virtuous cycle である。好循環は、拡大していく渦巻き状の行動の輪だ。大学生協は日本中にある。その数はおよそ220、組合員総数は150万人以上。その日本各地の大学生協から、今のような好循環、つまり上向する渦巻き状の協同の輪を作り出していく。それによって日本の社会も大学も活性化して、蘇生のきっかけをつかんでいく。そのように、協同行動していかなくてはならない。

学生支援における日本と欧米の違い

　日本の大学生協は、学生が組合員の中心であるところに特徴がある。その学生の力を生かすことを、考えなければならない。これをくり返し強調するのは、大学生協としてここ十数年いろいろな国際交流を続けてきて、日本の大学生協がどのような良い面を持っているか、と同時にどのような問題を持っているか、を感じているからである。

　課題は、端的に言って学生支援のやり方、欧米でいう学生サービスのやり方である。大学の学生が住むところを得て、食べられて、着るものを着て、そして勉強ができる。それだけの住居と食堂と、それから奨学金その他を保障していくシステムである。

　この点で、ヨーロッパやアメリカと、日本はだいぶ違う。すでに述べたように、ヨーロッパは、ドイツの学生支援協会DSWやフランスの全国大学学校支援センターCNOUSなどの準政府機関あるいは政府機関がおこなっていて、公的支援型である。それにたいしてアメリカの場合には、大学がもともと事業性を非常に強く持っているので、競争して寮、食堂、奨学金などを展開しており、市場競争型である。

大学生協のやり方をアジアに、そして少子高齢化にも対応

　それらにたいして日本では、戦後、奨学金は準政府組織の形でやってきたが、大学内の食堂とかその他の福利厚生施設は、ほとんど大学生協が担ってきた。しかもそれを、学生を中心にした協同組合型で担ってきた。このようなところは、極言すれば、世界に類例を見ない。今、東アジアからアジア一帯にそのような動きが広がる可能性が出てきているので、私たちとしてはそういうところと交流を持ちながら、日本の大学生協の良さを広めていけないかと努力している。そのためにも、世界にも例を見ない日本の大学生協の特徴を、もっともっと伸ばしていきたい。

　学生・院生が大学の生命である。学生・院生が来なくなれば、大学はもうやっていけない。したがって、今のグローバル化のなかで進んでいる日本の少子化、それによって学生・院生が少なくなれば、大学は留学生や社会人学

生を増やしていかざるをえなくなる。中長期的に見れば、その傾向がますます強まっていく。そうすると当然、留学生を迎え入れ、社会人学生を増やし、学生層の年齢幅がだんだん広がっていくことになるので、国際交流や世代間交流が当然進んでいかざるをえなくなる。

　少子高齢化は、このようにせざるをえないように大学を仕向けてきているので、その意味では、それは、ヘーゲル流の言い方をすると、歴史の狡知であると言ってもいいのではないか。そのような事態に、それじたい歴史の狡知の所産である大学生協が対応していかなくてはいけないのである。

大学生協事業の総合性・社会性・文化性

　ただ他方では、一般的に大きな流れのなかで、市場化、グローバル化が進み、それらが大学にも浸透してきているので、競争的な事態が日本中で起こっている。それにどう対応していくか。私はあえて、大学生協は競争を恐れる必要はないと言いたい。民間事業と違って、大学内事業の総合性・社会性・文化性を、日本の大学生協は持っている。それらによって競争力を補強しながら、堂々とやっていけばいい。大学生協が競争を恐れるのは、とくに国立大学で、長く学内の福利厚生を担当する唯一の事業体としてやってきて、必ずしも成功していなくともやむをえないのではないかという、安易な雰囲気に慣れすぎてしまっているからである。

　あらためてこのような事態にあたり、大学生協とは何なのかを問い直し、そのうえで事業をやらなくてはならない。そして、競争力をまず強化しなければならない。そのために、いくらでも、やれることはある。今までやってきたことよりも、もっと安い費用で良いものを供給することができる。あるいは、無駄なことをやってきたのであれば、それはきっぱりとやめて、もっと大学との話し合いでできること、良いことをやっていく。大学生協がそれ自体として強めなくてはいけない競争力をさらに、今言った総合性・社会性・文化性 ── あるいは総合力・社会力・文化力 ── で強めていかなければならない。

　大学生協は、キャンパス生活の下支えを、食堂、購買、書籍、文房具、コ

ンピュータ、旅行、各種講座、それから共済にいたるまで、総合的におこなってきた。しかも、その総合性を、事業と活動を大学内部だけで閉ざさず、つねに社会的な視野をもって、例えば、戦後以来の例であれば平和との絡み、それから経済発展が進むことにより深刻化してきた環境問題との絡み、最近ではフェアトレードの活動などをはじめとする途上国支援との絡み、などでもおこなってきた。そういう意味での社会性である。さらにそれをつうじて、生協活動をする学生たちが協同の意味を理解し、協同を一つの文化として広げていく、そのような文化性、文化力としてもおこなってきた。外から入ってくる事業体には、そのようなものはない。だから、競争力そのものを強めながら、さらにそれを補強していけば、大学生協は競争を恐れなくてもよいのである。

2 アジアのモデル・世界のモデルに！

国内外の動きをふまえて

ヨーロッパ、アメリカ、アジアの大学における学生支援および協同組合の視察を続けてきた。視察をつうじて、アメリカやヨーロッパの事情もわかってきたが、とくにアジアでは大学生協づくりが進んでいる。そしてそのなかで、日本の大学生協がたいへん注目されてきている。シンガポールで行われた国際協同組合同盟ICU総会の場でも、大学生協は、大学キャンパス生協のワークショップを初めて実施し、成功させることができた。

ポストコロニアル・アジアの大学と大学生協 ── 日本の大学生協のユニークさ

アジアは、いわゆるポストコロニアルな状態に入っている。一部に問題を残しているところはあるが、全体としてはポストコロニアルな状態に入っている。具体的には、植民地解放後の混乱や開発独裁などを基本的には克服して、各国の実情に合わせた経済成長、それを踏まえた社会づくり、国づくりを進めつつある。

そのために、人材育成のための教育がたいへん重要になってきている。そ

して大学は、どこでも教育制度のいちばん上に位置づけられているので、それだけ大きな重要性を与えられるようになってきている。大学で、先生たちが研究し教育し、学生たちが学習し研究して育っていくために、大学キャンパスへの支援が絶対に必要なわけで、それをどのようにやるかということに、多くの国が多大な関心と労力を払うようになってきている。インドネシアの大学生協が「協同の協同」、つまり生協間の連携を良くするためのセミナーをやり、それに参加してきたが、インドネシアにかぎらず、韓国からマレーシア、フィリピン、さらにはインドに至るまで、いろいろな国で大学生協づくりが進んでいて、そのような点から日本の大学生協が注目されてようになってきている。

　前にふれたように、アメリカでは、大学そのものが事業であるという意識が強いので、寮や食堂などを大学自身が経営している場合が多く、学生たちには、政府だけでなく民間の奨学金もかなり豊富にある。私たちから見ると、いちばん近い役割を果たしているのは大学店舗協会NACSといい、大学にお店を出して書籍や文房具などを販売している人たちなので、そのような人びととの交流も続けてきた。ヨーロッパの場合は、国によっていろいろ違うが、前節でふれたように、ドイツの学生支援協会やフランスの全国大学学校事業センターなどの準政府機関や政府機関が、学生の寮、食堂、奨学金などを一括管理しているケースが主である。

　それらに比べると、食堂、書籍、購買から住居、旅行、講習会などにいたるまで手広く担ってきている日本の大学生協のような組織は、世界でも非常に珍しいし、歴史的にも60年以上続いている。そういう意味でも、日本の大学生協の成功にアジアの眼が注がれている。今や日本の大学生協がアジアのモデル・世界のモデルになれるかどうかという状況になっているのである。

生協職員の考案した解決策 ── 機能統合した運営へ

　そのために、大学生協の性格をもう一度振り返ってみる必要がある。大学生協は、学生、院生、教職員でつくる協同組合だ。しかし、学生も院生も教職員もそれぞれの学習、研究、教育の仕事を持っているから、生協が動きだ

し、さらに大きくなると、当然のこととして専門の生協職員が必要になってくる。したがって、生協活動の経験者などを雇用して、大学生協は生協職員として育ててきた。

　歴史的に見ると、大学生協が育てた、あるいは大学生協を経験した活動家や生協職員が各地域に出ていって地域生協を立ち上げ、今日、大学生協などとは比較にならぬほど大規模な日本生活協同組合連合会、いわゆる日生協の形成に貢献してきた。大学生協としても誇りにしていいことだが、その後も大学生協はもちろん生協職員を育て続けてきている。

　その職員たちが、大学生協が全国的にどう連合していくかという連合問題にかんして、機能統合を推進し、機能統合した運営へ、というような方向を示してきた。現在の、一部で非常に複雑な事業連合の在り方を機能的に統合し、組織もそれに合わせてすっきりした形にしていく、という案であった。私たちがビジョンとアクションプランづくりなどをとおして、苦労して明確にしてきた大学生協の理念を非常にはっきりと把握しているから、このような案ができた。理念と現実との関係を身体で感じているからこそ、このような案ができたのである。

実体概念と機能概念 ── 属性本位から業績本位へ

　理念と現実との関係について考えてみよう。「理念的なものは現実的であり、現実的なものは理念的である」というのは、ドイツの哲学者ヘーゲルの有名な言葉である。これは、そのようにあるべきだ、つまり当為として言われているのか、あるいはあってほしい、つまり願望として言われているのか、どちらであろうか？　私は、どちらでもないと思う。ヘーゲルが言いたかったのは、考えに考え抜けば、つまり全身体で考え、実践的に考えれば、そのようにならざるをえない、ということだったのだと思う。私たちは、生協職員が考えに考え抜いて出してきている案を、そのようなものとして受け止めたい。

　それからさらに、その具体的な案の過程で、「機能」という言葉がキーワードとして使用されているのを見て、私は感心した。というのは、機能概念と

いうのは、われわれの組織、社会などを近代化していくうえで非常に大事なものだからである。機能概念というのは、物事を、それ自体としてよりもその現れ方、働きにおいて見る。例えば、西洋中世ではすべてが神の被造物であり、神こそが実体であった。実体というのは機能の対概念であるが、実体こそが神であった。

それから解放されるために人びとは、その現れ、その働き方、すなわち機能をとらえ始めた。自然の働きを機能的にとらえる。機能的というのはファンクショナルにということで、ファンクションは数学では関数を意味する。機能的にとらえるというのは、数学的にいうと現象を関数関係としてとらえていくということで、それが近代自然科学の出発点であった。

機能的関数的なとらえ方は、やがて社会にも及ぼされていく。そうするとどうなるか。人びとは、互いに何であるか、つまり典型的には身分などによってではなく、何をするか、した結果として何が生まれたか、つまり業績によって評価するようになっていった。そういう方向に社会が変わっていった。社会学の用語でいうと、属性ascription本位にではなく、業績achievement本位に物事をとらえる社会に移ってきた。

この業績本位の考え方に、判断基準の普遍主義universalismが結びつく。身分によって適用する判断基準を変えるのではなく、すべての人間は自由・平等であるという前提に基づいて、同一基準をあらゆる場合に適用していく。それが普遍主義であるが、業績本位と普遍主義とが結びついて社会のいわば軸を成していくようになっていった。それがつまり近代化であった。

「である」ことと「する」こと ── 機能主義と理念の問題

こういう文脈で考えているうちに、私はもう一つのことを思い出した。「であることとすること」という対比である。丸山眞男が1961年に出した『日本の思想』の最終章のタイトルは「『である』ことと『する』こと」であった（丸山, 1961）。

ここで丸山が言っているのは、上と基本的に同じことである。つまり、「であること」というのは属性本位のことで、それよりも「すること」を重視する

というのは業績本位にふるまうことだ。丸山は、第二次世界大戦で近代化に失敗したことが明らかになった日本にたいして、立ち直るために課題の意義を見極めて正しく「する」方向に向かうように訴えた。しかも、強烈な理念主義者であった彼は、機能主義が行きすぎると空転してどうなるかということについても、警鐘を鳴らすことを忘れなかった。

　機能主義の行き過ぎとはどのようなことか。20世紀の社会主義は、本来の理念に反して非常に属性本位的になってしまった。一党独裁とそのもとでの党官僚の特権階級化などがその典型的な現れであった。そこで、1980年代以降の新自由主義つまりネオリベラリズムは、市場化を進め、機能化を徹底しようとしてきた。米ソ冷戦終結後のグローバル化は、まさにそのように機能化を徹底させるものであった。

　けれども、それが歯止めを失って、空回りしてきている。機能の尺度としての貨幣の操作で何ごとでもできるかのように考えるのが、いわゆるマネタリズムである。ヘッジファンドなどが世界中でやってきているのは、そういうことだ。営為を機能化していく必要はあるが、機能主義を空転させてはならない。学生同士の助け合いやキャンパス生活の維持の仕方などを協同組合に任せないで、いろいろな企業を導入してやっていくなどというのも、言ってみれば機能主義の行き過ぎの現れである。機能主義の空転は大学での協同行動にも大きな影響を及ぼしてきている。

　それを抑えるには理念の力がどうしても必要になる。しかも、神のごとき実体としての理念ではなくて、組織の目標と実現方法、すなわちビジョンとアクションプランとしての理念の力が必要である。理念に即して組織の実態realityを把握し、しかもそれを実体entity視せずに、つまり絶対視せずに、機能的に対処していくことが必要なのである。

協同主義と連合主義の相乗関係 ── 大学生協を「する」方向に

　では、その理念とは何か。ビジョンとアクションプランをつくる過程でもくり返し述べたし、前節でも述べたので、基本的にくり返す必要はないと思う。もう一度だけ簡単に言うと、協同主義と連合主義の相乗関係をつくりだ

すということである。それこそが、ビジョンとアクションプランに掲げている理念のエキスなのである。

　どういうことか。共済連分離はすでに述べたように進めたが、それと生協の日常活動を踏まえて、各単位すなわち会員生協がそれぞれの場で確実に協同を実践していく。そして、協同・協力・自立・参加の好循環をつくりだしていく。それがビジョンとアクションプランの精神であるが、それを具体化しながら互いに連合を形成して、連合から得たほうがよいものはそこから得ながら、しかも各単位すなわち会員生協が、地産地消などいろいろな形をつうじて個性を出していく。

　大きな円が連合会であるとすると、それにそれぞれ最適にかみ合った多数の小さな円があって、小さな円が回転することで大きな円も回転していくような、そういう構造である。それこそが、いわば協同主義と連合主義との相乗関係のモデルなのだ。そういうモデルを目指して、現存の中間的な連合の機能的な統合を進めていき、機能的に統合した運営を進めながら連合の形をすっきりさせていかなければならない。

　これをもう一度要約すると、「である」ことにこだわらず「する」ことをしていく。共済連分離は、すでに法改正をふまえて実施されているので、「である」ことにこだわって対応が遅れてはいけない。また、連合問題のほうも、これは法改正に強制されているわけではないが、グローバル化という大きな力のもとで大学生協が生き残り、強くなっていくために、できるだけ早く解決していかなければいけない。

　そういう意味で、日本の大学における協同行動を前向きに「する」方向に生かしていく。そういうことをつうじて、アジアのモデル・世界のモデルにふさわしい形態と内容のものに変えていかなければならない。

電子情報市場化の逆用 ── ホームページの活用を！

　最後に、くり返すが、グローバル化とは電子情報市場化である。その電子情報化の要がインターネットなのであるが、それの使い方がまだまだ弱い。大学生協連のホームページも、どんどん変わってきているが、まだ十分では

ない。毎日更新するのは、新聞社などと違って大変であるが、大学生協の動きをもっと生きいきと伝えていかなくてはならない。

　こういう時代だから、学生たちも、新聞などよりもはるかによくネットを見る。そういう学生たちに、大学生協の日々の活動がもっともっと生きいきと伝わるようにしていかなくてはいけない。各会員生協のホームページも大学生協連のホームページもそうであろう。そうしてこそ、日本の大学生協がアジアのモデル・世界のモデルになる道が拓かれていくのである。

3　大学生協の情報的自立と学官産連携の方向

協同・協力・自立・参加の自立の意味

　私が会長に就任してから、2006年には、ビジョンとアクションプランを提起し、議論のうえ全国総会で採択した。2007年には、ビジョンとアクションプランをふまえて、「初心に帰り協同から」と問題を提起した。並行して、欧米やアジアの学生支援と協同組合の様子を視察してきた。2008年には、インドネシア、韓国、ヴェトナムの大学生協を視察し、国際協同組合同盟アジア太平洋ICA-APの総会で、大学生協の意義を強調しつつ、大学キャンパス生協委員会を自立させた。2009年には、タイで自立後最初のワークショップを開き、第1回の大学キャンパス生協委員会をおこなった。そのうえで、これまでの活動と発言を振り返り、『大学改革と大学生協』を編集し、出版した（庄司, 2009）。PCカンファレンス等にも積極的に参加してきている。

　これまでの活動を振り返りつつ、とくに本をつくりながら考えたのは、ビジョンとアクションプランに4つの使命として掲げた協同・協力・自立・参加のうちの、とくに自立の意味についてである。自立には、組織的な自立と財政的な自立とに並んで、情報的な自立がある。電子情報市場化時代の大学生協と言いながら、情報的自立の強調が十分ではなかった。

組織的自立と財政的自立の重要性

　もう一度言うが、組織的な自立とは、定款をふまえた民主的な運営で、大

学生協の組織を維持し、発展させることである。大学生協は協同組合だから、一人一票制の民主主義で運営していく。生協法の改正で、それがあらためて重要になってきている。大学生協の発展とともに活動の範囲は広がったが、それにともなってコンプライアンスすなわち法令遵守が重要になってきた。理事会もスリム化して効率的に運営して行かなくてはならないし、監事会の役割も重要になってきた。具体的には、とくに理事会が、大きな動きのなかでつねに適切な方針や指令を出し、良い意味でも悪い意味でも専従職員を孤立させないことである。専従職員を独走させてもいけないが、どうにもならないような状態に追い込んでもならない。

　次にもちろん、大学生協は事業なのだから、赤字を出してはならない。会員生協は、赤字が出そうになったら、あるいは出てしまったら、自らをオープンにして原因を早く突き止め、直していく。そのために、連帯の組織である連合を生かさなくてはならない。事業連合も全国連合も、両方生かさなくてはならない。協同と連合とを統一していく、そして協同主義と連合主義の相乗作用を生み出していくことが必要である。

　商品の仕入れや開発、事業方式の開発や相互点検、事業内容の相互点検などばかりでなく、経営上の問題を早期に発見し、早期に解決していく財政的自立が、これまでにもまして必要になってきている。

情報的自立を基礎にして大学生協らしい情報発信を！

　問題なのは、これらに加えてさらに情報的自立が必要である、ということだ。まず、基本的な情報管理を徹底しなくてはならない。最近の事例としては、共済関係や不動産の斡旋関係などで、個人情報の漏洩を許してしまったいくつかのケースがあった。個人情報の安全管理はあらゆる事業の基礎である。

　この意味ではなによりもまず、自分自身の情報化を徹底することが必要だ。明朗な会計がすべての事業の基礎であることは言うまでもないが、その理由は会計こそが自己認識の基礎であるからである。自分が何をしているのかを日々、また定期的に、確かめるのが会計だ。大学生協としては、そのために、

できるだけ早く、全国統一会計システムを実現していかなくてはならない。統一システムこそは、すべての会員生協や事業連合が自分自身を振り返る鏡である。

そのうえで私たちは、ホームページの積極的利用などによって、積極的な情報発信をおこなっていかなくてはならない。自分が何をしているのかを、不断に、組合員に、大学に、そして社会に訴えていく。そのうえで、電子情報市場化との関連で、事業全体をくりかえし見直していく。

最近私の所に二人の社会人学生がやってきて、大学生協などに設置してあるビデオモニターが、有効に生かされていないのではないか、と訴えた。それらに、現在の学生、院生、留学生、さらには教職員などが欲している情報をもっと流していけば、すべての人びとの役に立つばかりでなく、生協としても利益になるはずだ、というのである。

聞いているうちに、その話が、営利企業のコマーシャルのようなものを生協内に導入し、自分たちも利益を上げる計画だということがわかってきたので、私は、非営利事業としての大学生協の意味と意義を説明し、学生たちに協同組合事業の歴史と社会性を考えるよう説得して帰した。社会人学生の先走りも問題であるが、かれらの、生協があまりにも大きなビジネスチャンスを放置しているのではないか、という訴えも理解できる。生協ほんらいの使命を忘れずに、情報化時代の生協のそれらしい事業の拡大を考えていく必要がある。

そのために、PCカンファレンスなどを積極的に活用してみたらどうか。大学生協連は、それに財政的にも人的にも多大な投資してきているのだから、その場で、情報化を教育に生かすばかりでなく、生協の事業のそれらしい発展の可能性を検討し、議論していくのもおかしくない。そういう議論は必ずまた、大学教育の吟味と発展可能性の検討につながっていく。

大学生協の大学その他との関係

自立の問題はまた、大学生協は大学の内部なのか外部なのかという問題にもつながる。この問題が直接に浮上してきたのは、いわゆる土地建物使用料

問題を契機としてであった。法人化して以降の大学で、大学生協は大学の土地や建物を使用しているのだから使用料を払うべきだ、という動きが出てきたのが発端であった。

　大学生協としては、もともとは大学がやるべきことをやっていないため、学生、院生、教職員、つまり大学構成員が、土地建物を借りて協同行動で事業を始め、やってきているのだから、それらの無償供与は当然だという立場である。大学は生協が別法人として外部から入ってきたかのように言うが、大学生協が法人格を取得したのはそれにふさわしい事業をおこなうためで、別法人という意味では大学の外部となったかのように見えるとしても、大学構成員の組織と事業という意味ではもともとこちらこそが内部なのである。

　それを前提に大学と積極的に協力していくのが大学生協の立場である。それこそが、協同・協力・自立・参加すなわち協同行動を使命とする大学生協の立場なのだ。

　このことはまた、大学生協の大学その他との関係における自己表現にもかかわってくる。最近のPCカンファレンスが、「変わる社会、変わる学び、変わるコンピュータ：産官学民際ネットワークの探求」という統一テーマを掲げて、「産官学民際ネットワーク」という表現を用い、コンピュータ利用教育学会CIECそれ自身にたいしてばかりでなく、大学生協にも大きな問題を提起した。

　大学生協としてはまず、CIECに、大学生協にもっと関心と敬意をはらってほしい。生協関係者も、この学会の年次大会であるPCカンファレンスなどに出ていって、発表し、発言し、討論に参加するなど、もっと積極的に参加するべきである。そのうえで、なぜ「産官学民際」なのか、と問うべきである。

産学協同から学産連携へ

　まず産学協同について言うと、それに1970年代までの学生は強く反対していた。なぜか？　なぜなら、「産学協同」とは、もともと産業界が言いだしたもので、産業の目的（利潤追求）に学問が歪められることを恐れていたか

らである。

　産学協同が産軍学協同となっていることが多いのも事実であった。主要な産業が産軍複合体に絡め取られていたからである。産軍複合体の原語はMilitary-Industrial Complexで、アメリカの1950年代の大統領アイゼンハワーが退任時に、その肥大がアメリカの経済、政治、社会などに深刻な影響を及ぼし始めているのを自覚して、警告を発したさいの言葉である。

　日本人は、意識的にか無意識的にか、どんな場合でも産を先に出すのが好きだが、こうした歴史的背景を考えるべきある。

　そのうえでさらに、国やそれを構成する部分や組織などの相互関係を表現するときのルールに思いをいたすべきであろう。たとえば、日本と中国との関係を言うとき、日本は日中関係と言うが、中国は中日関係と言う。日本とアメリカとの関係でも、日本は日米関係と言い、アメリカは米日関係と言う。アメリカに従属しがちな日本でも、外交上はこの順序だ。これは、それぞれの国が自分の国益や理念を重視するからである。

　この原則からすれば、産業界が産学協同というのは当然だが、大学は、少なくとも学問の研究と教育の場であることを自覚して、学産連携と言うべきである。イデオロギーの時代は終わり、大学と産業との連携は積極的に追求されるべき価値となったが、この場合でも、いやこうなってきたからこそ、この原則は守られるべきである。まして大学生協は、自らの立場を貫かなくてはならない。

大学生協は大学のなかの民として自己主張を！

　大学生協は、学生、院生、留学生、教職員という大学構成員が自発的に組織しておこなう事業なのだから、大学のなかの民というべきである。この場合の民は、大学の真の構成員という意味で、民間企業の民ではない。大学の真の構成員としての民の事業の理念と行動指針を示したものが、協同・協力・自立・参加のビジョンとアクションプランである。それを前提に大学生協は、大学と協力していかなくてはならない。土地建物使用料問題にも、この立場で望んでいく。

文部科学省は、この文脈では、官の一部である。かつての国立大学には官立大学のような面があったが、それも法人化して変わってきている。しかも、政権交代などで官のあり方も変わってくる可能性が大きいと言わねばならない。学と官との関係も、大きな社会の変化のなかで変わっていくのである。学の立場からすると、学官産連携なのか、学産官連携なのか、がこれからは大きな問題になっていく。そのなかに大学生協も真の民として絡んでいくのである。

　大学生協は、真の民としての主体性を失わず、学と協力し、官とも連携して、協力しあっていくべきである。もちろん産とも、同じようにしていかなければならない。PCカンファレンスなどはその代表的な例であろう。その過程で、柔軟に言葉（の順序）を変えていくべきである。言葉（の順序）の問題はたんにそれだけではなく、学と官と産とが、たがいに理念と利害 Idee und Interesse を主張しあいながら、新しい関係性を構築していく問題なのであるから。

　産が産学連携というのは当然だが、学は学産連携と言うべきである、と言った。大学生協は学のなかの真の民として、学官連携に協力しながら、学産連携にも協力していくことになる。そのうえで、従来と言い方が異なることが問題になる場合には、主体性を失わずに丁寧に説明していくことが必要である。とくに、大学生協が学のなかの真の民として積極的に自己主張していく場合にはそうであろう。こうしたことを前提に、官や産とのあいだに積極的な関係性を構築していかなくてはならない。

4　高度市民の育成と協同行動の意義

地球民主社会へ

　世界は、地球民主社会へ向かっている。米ソ冷戦終結、ソ連東欧崩壊、ドイツ統一など大きな変動があってから20年以上経って、あらためて世界史の趨勢が見えてきている。

　いわゆる「前期的」社会主義は失敗したが、世界の多くの国で普通選挙制

が敷かれ、主権者によってコントロールされた政府が、主要国ばかりでなく新興国をも含む多くの国を、そして世界を、動かすようになってきている。しかし、地球民主社会はいまだに、大金持ち市民の起こした事業、すなわち法人としての巨大企業と、とりわけその金融的変種に振り回されている。いまだに2008年秋以降の巨大不況が世界を覆っている。これにたいしては、民主的にコントロールされた政府がお互い連合して規制していくことが必要である。

　この意味では、まだはなはだ不十分だが、廃れたとされるケインズ主義が、国際的に甦ってきているといってよい。第二次世界大戦後のケインズ主義は各国でばらばらに行なわれ、1970年代までにほとんど廃れてしまった。その代わり市場原理主義とマネタリズムでいくという、いわゆる新自由主義が台頭したが、その結果がこういう状態になっているのだから、あらためて世界経済は、民主的にコントロールされた国家連合で、再構成されなければならなくなってきている。その証拠に、G7、G8と呼ばれていたものがG20へと拡大してきている。そしてこの拡大された国家連携が、まだまだ不十分ではあるが、それなりの働きをするようになってきている。私はこれを、国際ケインズ主義と呼んできている。

国際協同組合年と日本の協同組合

　それに並行して、普通の市民ordinary citizensすなわち主権者による民主的な事業の発展と拡大も重要になってきている。協同組合は19世紀半ばに金持ち市民の事業にいじめられた労働者たちが、自分たちの必要な物資を自分たちで供給しようとして始めたものであった。その後、労働者たちが選挙権を獲得するようになるとともに、それは主権者の事業として発展・拡大してきている。そういった形態の事業が、資本主義社会では不利だといわれている農業、漁業、各種中小零細企業などに波及してきた。この過程で、1895年には国際協同組合同盟 International Alliance of Cooperativesも結成された。

　そのICAなどの働きかけにより、国連が、2009年12月、2012年を国際協同組合年 International Year of Cooperativesとするよう、決定した。日本でも、

2010年8月、日本協同組合連絡協議会 Japan Joint Committee of Cooperatives が中心になり、実行委員会を結成した。そして、2012年の協同組合年に向けていろいろなことを実行した。JJCにはJA全中、JA全農、JA共済連、農林中金、家の光協会、日本農業新聞、日生協、全漁連、全労済、全森連、日本労働者協同組合連合会、大学生協連の12団体が参加している。しかし、現実には、これらの多くは、「協同組合は主権者の事業である」という意識で形成され、発展してきたものではなかった。

大学生協の生い立ちと地域生協への貢献

　大学生協も「主権者の事業」という意識で形成されたものでは必ずしもない。第二次世界大戦後、焼け野原の何もない大学で、食うために、ノートと本を確保するために、自然発生的につくられたものだった。そして、伸びてくる成長途上では、学生運動の影響も多く受けたし、階級闘争思想の影響も受けた。この過程で「闘う大学生協」というスローガンが、当時、大学生協の活動をしていた人たちのなかに広がった。こんにち、この性格が失われたことを慨嘆する先輩たちも少なくない。大学生協連は、2008年に法人化して50周年を迎えたので、『大学生協の歴史と未来：法人化50周年想い出集』という本を刊行したが、そのなかにもそういう発言がかなり見られる（全国大学生活協同組合連合会, 2009）。

　もちろん、今日の大学生協は、本当の意味での闘う性格をなくしているわけではない。1960年代以降は、大学生協で活躍した人びとが地域生協づくりに参加し、世界に冠たる今日の日生協づくりに貢献した。その日生協傘下の生協には、独自思想をもつ生協も出現し、「協同組合は主権者の事業である」という意識をもつ人びとも現れるようになってきている。しかしまだ、この意識の理論的裏づけや歴史観による下支えは成長途上である。

「福武所感」以降の大学生協と地球社会化のなかの大学

　大学生協自身は、1970年代末の「福武所感」以降、全大学構成員の生協をめざして変わり始めた。そのため、70年代いこう学生運動が衰退して

いったあとも、事業連合などを中核とする全国的連帯のシステムをつくりながら、発展してきている。大学生協はむしろ、協同組合という事業に徹することによって、生き延びてきた。そして今、あらためてその意義と役割が問われているのである。

他方、地球社会化とともに、大学の役割も大きく変わってきている。1960年代前半までは、エリート養成機関であった大学は、70年前後の大学闘争前後から進学率がどの国でも伸び続け、序でみたように、今や日本では、ユニバーシティがユニバーサル化つまり普遍化している。そのため、各種専門家の前提であり、かつ基礎としての、高度市民すなわち自覚した主権者の育成が、全世界的に大学の共通課題となってきている。

主権者の育成は、これまで高校までの「公民」などの役割とされてきたが、地球社会化の進展にともない、それではすまなくなってきているのである。

高度市民すなわち主権者育成の場での生協と協同組合事業

地球民主社会化を視野に入れて、地球上のどこでも主権者として活躍していけるのが高度市民である。世界平和、地球環境保護、多文化共生、格差解消などについての、基本知識を身に着け、それらと絡ませながら自らの労働や事業を行っていけるのが高度市民にほかならない。そういう自覚的主権者を、現代の大学は養成しなければならず、高度市民を育成する場における生活協同組合が大学生協なのである。

別の言い方をすれば、高度市民への途上にある学生・院生と彼らを教育する教職員の生活協同組合が大学生協である。その意味で、大学生協は、大学生活の基礎を豊かにするとともに、学生・院生に、主権者の事業としての協同組合を体験させ、将来的には自ら新しい協同行動を起こしていけるような、高度市民の育成に貢献していかなくてはならない。ビジョンとアクションプランで協同・協力・自立・参加と言ってきたが、これが協同しながら大学に協力していく新しい形なのである。

ヨーロッパの動きに学び就職活動から起業活動へ

　この点では、ヨーロッパで先進的な動きが起こっている。大学時代に協同組合運動を体験した学生が、環境保護や保育、高齢者介護、障害者補助など社会性のある事業を協同組合方式で起こしていく動きが、ヨーロッパの一部に広がっている。これが社会的協同組合などと呼ばれて、社会的経済と呼ばれるものの実質をなしている。日本でこういう方向へ進んでいくためには、労働者協同組合の法制化をはじめ、そのための法整備が必要だが、こうした方向への動きを大学生協としても準備していかなくてはならない。大学生協活動のなかで学生に協同組合活動を体験させ、各種生協や協同組合に就職していくことを促進するばかりでなく、新たな協同組合を起こしていく協同行動に眼を向けさせることも必要なのである。

　今の学生の大半は、就活を一生懸命やっていて、多かれ少なかれ厳しい状況だが、就職というのは雇われて働くものだと思いこまされている。コンピュータ関連で起業して、まぐれのような経過で成功し、一躍大企業に成長した例などばかりが取りあげられてきたが、もっと地道に起業することを奨励しなくてはならない。そのためにはコンピュータ関連ばかりでなく、環境とか平和とか、少子高齢化に伴いいろいろな社会性のある諸事業に、眼を向けさせることが必要である。その意味で学生がまず、就活ばかりでなく自分たちの力で新しい事業活動が出来るような方向に、これからの大学の、あるいは大学と社会の、関係性を切り開いていかなくてはならない。

協同意識を持って成功例をアジアに、世界に！

　そのために、まず大学生協の組合員に、初歩的な組合員意識をはっきりもたせなくてはならない。学生をはじめとする組合員の大半は、いまだに、出資金は生協利用料であり、生協は利用するものとしか考えていない場合が多い。

　この意識を変えさせるために、まず、教職員と生協職員自身が、協同組合の新たな意味、先ほどから述べている文脈で、協同組合および生協の新しい意味が強まっているなかでの大学生協の新しい意味を自覚し、協同組合は主

権者の事業であるという協同意識を明確にもたなくてはならない。

　日本の大学生協は、運動および事業では世界でも稀な成功例である。くり返し述べてきたが、アメリカ、ヨーロッパばかりでなく、アジアの近隣諸国を見ても、そのことが非常に良く分かる。戦後日本史の特殊な諸条件が重なってこの成功がもたらされたのだが、今やその意味を歴史観の再編成のなかで確認し、理論的に普遍化していくことが必要である。これはアジア諸国に日本のような大学生協を広めていく、あるいはそのために交流していく、という場合にもぜひとも必要なことだ。

　大学教員には文科系も理科系もいるが、それにもかかわらず新しい歴史観の形成とそれをふまえた広義の社会理論の創出は、さまざまな分野の研究者に共通して要求されている課題である。そのなかで、協同行動とは何か、大学生協とは何か、日本の大学生協の特殊性を生かしてこれから何をしていくか、を考えていかなければならない。大学生協はこの課題を達成していくための、重要な戦略的要衝となってきているのである。

生協職員もあらためて自己教育を！

　そのために、生協職員にも、目前の課題解決に追い回されているだけでなく、大きくダイナミックな視野のなかで、自分の仕事を見直してもらわねばならない。全国各地に生協の専務をはじめとする職員がいるが、大変なところが多いので、当面の赤字をどうするか、これからの生協をどうしていったらよいのか、などという実務的な課題で頭がいっぱいの人が少なくない。もっともなことだ。しかしそれを、もっと広い視野をもって、自分たちが何をどういうふうにやっていけばよいのか、という方向に転換させると、もっと元気が出てくるのではないか。

　その意味で、理事長をはじめとする大学教員、および生協職員の要としての専務が、一般の生協職員の意識改革を刺激し、助けていくことが必要である。大学教職員と生協職員の真摯な協同行動の努力こそが、これからの事態を変えていく。

5　若き主権者の事業としての大学生協

ますます重要になる大学生協

　国立大学法人化以後の厳しい情勢のなかで、大学生協の役割がますます重要になってきている。そのなかで理事長・専務理事の役割もいよいよ重要になってきている。高等教育と震災後の活動にかんしても、学習し研究し教育しなければならない。学習と研究と教育の成果を心の奥深くに刻み込んで、これからの活動をますます活発化していかなければならない。

　2011年は3.11以後非常に大変な年だったので、それ以降の経過をふまえて、「東日本大震災・福島原発事故と大学生協の役割：2012国際協同組合年に寄せて」という論文を執筆した。これは、拙著『学生支援と大学生協』の1つの章の基にもなっている（庄司, 2015）。

　私は、会員生協の理事長を4年務め、少し休んだあと、連合会の副会長、および会長理事を務めてきて、たいへん多くのことを学んだ。学生支援、大学生活の基礎維持を、教職員と学生・院生・留学生の生活協同組合の形でやっている国、しかもその規模が事業単位数220ほど、組合員総数150万以上というような規模でやっている国、やれている国は、日本だけである。

　ヨーロッパ主要国のフランスやドイツなどでは、政府機関や準政府機関が寮・食堂・奨学金を一括管理運営して学生支援を行なう公的支援型である。他方、アメリカでは寮・食堂・奨学金の管理運営を各大学がおこない、競争していて、市場競争型である。

協同組合型学生支援と国際協同組合年の意味

　これらにたいして、日本では、奨学金の場合を除いて、政府にも大学にもそのような力はなく、教職員と学生・院生・留学生の生活協同組合が食堂、書籍、購買、旅行、住居さがし、各種講座等をやってきている。公的支援型、市場競争型にたいして、協同組合型である。

　理事長をはじめ教職員の多くが身体で理解しているように、これは日本の大学、というよりその教職員・院生・学生・留学生が、世界に誇りにして良

いことだ。理事長・会長理事の経験をつうじて、このことを私は、全身に染み渡るほどよく理解させられた。

　2012年は、国際協同組合年であった。日本でも協同組合憲章をつくろうとする動きがあり、大学生協も日生協、農協などとともに主導的な役割を果たした。これが現在、『協同組合憲章［草案］がめざすもの』という形で小冊子になっている（2012年国際協同組合年実行委員会, 2012）。これを見ても分かるように、大学生協は、日本における協同組合の誇るべき源流の一つである。

　協同組合には、資本力のない普通の主権者の事業という意味のほかに、農漁業や中小企業など弱い立場の事業を政策的に援助する形式という面もあるので、これからはすべての協同組合が自覚した主権者の事業となるように、大学生協はとくに知的な側面からリードしていかなくてはならない。

歴史の趨勢としての人間と社会の民主化

　私は社会学という学問をやってきた一研究者であるが、大学生協の仕事をつうじて、自分の理論の完成にも目途をつけることができた。

　19、20、21世紀と世界的に大きな混乱もあったが、社会発展の趨勢は明らかになってきている。世界中の社会が、自分の生き方を自分で決め、自分たちの社会のあり方・行き方を自分たちで決めていく人間、そういう意味での主権者たちの社会、すなわち民主社会になってきている。

　今、民主主義の産みの苦しみを経験している中東諸国も、20世紀社会主義の主な担い手であった諸国も、さまざまな困難を乗り越えて、最終的にはこのような社会になっていくであろう。そういう意味で、歴史の趨勢は人間と社会の深い意味での民主化である。

　民主社会は、主権者の政府と事業によって、維持発展させられていく。

　主権者の政府は、選挙制度、政党制度等がいまだにどの国でも不十分なので、「先進国」ですら今なお不完全なのであるが、主権者たちの努力により、主権者たちの意思をより正確に反映するものに変えられていくことになるであろう。

　その民主社会を、下から支えていくのが主権者の事業である。大金持ち市

民の事業すなわち大企業は、当然のことながら世界でもっとも有力であるが、利益本位で動き、暴走して世界経済を混乱させる可能性がある。リーマンショックなど最近にもそういうことがあった。そうした恐れにたいしては、主権者のつくる民主的な政府が国際的に連携して抑えていかなくてはならない。

　中小企業は、これにたいして、良質のものであれば保護されなければならない。しかし、それと並んで、というかそれ以上に、資本力のない普通の主権者の事業としての協同組合は、これからはますます重要になっていく。

大学の新しい役割と協同行動の意義

　大学はどの国でもユニバーサル化して、民主社会に自覚的主権者を送り出す重要な機関となってきている。専門知識・専門技能だけでは、自分の国と世界の国ぐにを見つめながら、自分の生き方を自分で決め、自分たちの社会のあり方・行き方を自分たちで決めていく人間にはなれない。専門知識・専門技能に加えて、自覚的主権者らしい教養も含めた広い視野を形成していかなければならない。そういう人間を、大学は社会に送り出していかなくてはならないのである。

　日本の大学生協は、戦後の窮乏期にやむにやまれずつくられた面が強いが、高度成長後、学生・院生・留学生と教職員の協同組合として発展してきた。学生たちに、大学生協の歴史と、その、民主化しつつある現代社会での意義を理解させれば、大学生協はもっともっと大きな力を発揮できる。

　こういうことは、理事長その他の役割を引き受けている教員たちには、とっくに理解されていることだと思うので、そういう教員たちにぜひ、学生・院生・留学生に働きかけ、現代社会のなかでの大学と、そのなかでの大学生協の役割にかんする議論を巻き起こしてほしい。

　生協には学生委員会、院生委員会、留学生委員会などがあり、活発に活動している。学生・院生・留学生たちも自分たちの活動の意義について議論したがっているので、教員たち、および広く教職員たちが、そうした議論の火付け役やまとめ役になると、生協はまちがいなく活性化する。

若き主権者の事業としての大学生協

　生協職員、大学生協を支えている生協職員たちにも、考えてもらわなければならない。

　生協職員たちは、熱心であり、優秀であればあるほど、時に、生協が学生・院生・留学生と教職員の事業であり、自分がそのために働いているのだ、ということを忘れてしまうことがある。事業を預けてもらっているのだから、できるだけの成果を上げていくので、任せてほしいという気持ちを、皆、持っている。それは、良く理解できる。

　しかし、日本の大学生協は、学生中心の、その意味で日本と世界の将来を担う若き主権者たちの事業である。事業の詳細を熟知し、事業を維持発展させていく自信があるのはよくわかるが、生協は、一人一票制の民主的事業として、理事会中心に運営していくものだから、どんな企画も、理事長や学生委員等々とよく相談して進めていかなければならない。

大学の市場化に巻き込まれず、日本型大学生協をアジアに、そして世界に

　大学側に、生協が専務理事中心に進めている事業、民間事業の一種であるかのような印象を与えてはならない。そういう印象を与えると、大学のほうは、他の業者と競争させてみたら、もっとサービスが良くなるのではないか、などとつい考えてしまう。大学生協は、そういう、いわば営利企業の競争の一端に並ぶものではないということを、しっかりと示していかなければならない。

　そのためにも、大学生協は、民主化の進む現代社会のなかの、大学という場における、将来性ある若き主権者たちの事業なのだ、ということを強く念頭において、それにくり返し思いを致すべきである。

　国際交流をつうじて、大学生協連は、学生中心の日本型大学生協をアジアに、そして世界に、広められないかと思い、努力を続けてきている。いろいろな国で情勢はけっして甘くはないが、世界の民主化のなかで努力しつづける意味はある。

　そのためにも、日本の大学生協は、だれよりも学生自身がその意義を理解

し、協同の精神をもって他の協同組合をも刺激しつつ、自覚的主権者としての21世紀型市民を社会に送り出していくものになっていかなくてはならない。その方向に向けて、生協にかかわっている教職員と生協職員が、学生・院生・留学生に働きかけて、日本型大学生協の意義についての議論を巻き起こしていくことが必要である。

6　大学教育改革と協同行動の積極的意義

日本の大学の安易さと良い面のオンライン化

　日本の大学の現状をどう考えたら良いか？　2012年の大学生協の調査で、学生一人あたりの、一日あたりの授業外勉強時間が1時間にも満たないという結果が出ている。日本の大学は、入るのは難しいけれども出るのはやさしい、と言われてきた。

　しかし、学生候補数の減少傾向にたいして大学の数は多く、最近では入るのも難しくはなくなってきている。とくにアジアからの留学生には、日本の大学は入るのも出るのもやさしく、遊びもアルバイトも思い切りできる楽園であるかのように思われている。日本の大学は世界の大学の「滑り止め」になるのではないか、という声もある。

　他方、インターネットの発達によって、大学の良い面はどんどんそのうえに吸い上げられていく傾向が出てきた。大学生協は、PCの利用によって大学教育が改善されていくことを願い、1994年以来PCカンファレンスを支援してきている。

　その2012年の基調講演で、「EからOをへてCへ」と言われた。1990年代から始まったEラーニングは急速に大学教育のオープン化（O）を進め、今やコモンズ（C）ができてきている、という。2013年の基調講演ではさらに、MOOCs（Massive Open Online Courses, 大規模公開オンライン講座）がどんどん展開されてきていることが報告された。今や大学の講義などのうち旧式なものは、どんどん無効化しつつあるのである。

学生に勉強を促すのは大学教員の責任

　こうした状況のなかで、あらためて大学とは何か、とりわけ大学教育とは何か、が問われている。大学教員は、真摯に学生に向き合い、何をどう勉強してもらうのか、単位の取得とはどういうことなのか、大学の課程を修了して学士、修士、博士などの学位を取ることがどういう意味をもつのか、を考えてもらうべきである。

　ほとんどの若者が大学やそれに近い教育機関で学ぶこの時代、大学にそれぞれの専門やレベルがあるのは当然である。問題は、それぞれの専門やレベルに応じて、学生が現代社会の要求している学習と研究をめいっぱい行ない、学位にふさわしい知識と倫理と実践能力を持って、社会に出ていくことだ。学生にそうすることを促す責任は、大学教員にある。

　学生たちの多くが大学での勉学を安易に考える一方、すぐれた講義など大学の良い面がどんどんネット上に吸い上げられていくなかで、大半の大学は遅かれ早かれ消えていくのではないか、などと言われている。こうしたなか、必要なのは、大学教員が、社会形成の基礎である対面関係・対面コミュニケーションに立ち戻り、学生との真摯なつきあいから現代社会にふさわしい知の形成への実績を積み上げていくことである。アクティブラーニングの意味もそこにある。

　地球上を覆うにいたった巨大なヴァーチャル空間のなかで、確実に手応えのある人間関係から大学を、さらには社会をつくり直していくのは大学教育の役割である。この意味で、知的コミュニケーション技術ICT発達の結果、私たちは、大学と社会の初心に降り戻されているのではないか。

Cはコオペラティブでもある！

　ICTの発達、それによる大学のインターネット化は、教育の方法ばかりでなく、内容にかかわる動きをも示唆している。「EからOをへてCへ」のCはコモンズであった。コモンズの共有をつうじてコミュニティが成立する。しかもこのコミュニティは旧式の共同体ではない。協同（コオペレーション）をつうじて成り立つコミュニティである。

何度かふれてきたように、ゲマインシャフトとゲゼルシャフト（共同社会と利益社会）という対語を有名にしたドイツの社会学者テンニースは、1世紀ほど前に、共同社会が利益社会にしだいに圧倒されていくなかで、貧しい人びとが始めたゲノッセンシャフトが、両者の対立を越えて新しい社会をつくる基となるかもしれないことを示唆した（テンニース, 1957）。ゲノッセンシャフト（仲間社会、協同社会）こそが、英語ではコオペラティヴ（協同組合）なのである。

私たちは政治的主権者だが、社会を支える事業は企業先行

　21世紀も10年以上過ぎ、見失われたかに見えた歴史の趨勢が、あらためて見えてきている。歴史の趨勢は民主化である。多くの社会が民主社会となり、構成員である主権者が、自分たちの代表を選んで社会のあり方、行き方を決めていくようになってきている。

　多くの社会では今のところまだ、代表を選ぶ選挙制度や、主権者の意向を代弁する政党のあり方が不完全なので、主権者はこれらを改善し、自分たちの意向が正確に社会の動きに反映されるよう、努めなければならない。民主主義が真にそれらしくなっていくにつれて、民主社会は対話社会になっていく。私たちは、今や選挙権を獲得している学生諸君とともに、一人一票制で対話しながら社会のあり方を決めていく、こうした政治的主権者のあり方について考えていかなくてはならない。

　しかしそれと同時に、主権者はまた、経済的にも主権者でなくてはならない。社会がどんなに民主的になっても、それを基礎から支える事業は、金持ちたちが始めた、一株一票制の株式会社が行なうのが当然であるかのように、考えられてきた。

　株式会社は、今日では法人化されて、かなりの程度まで社会化されているが、利潤先行の行動様式は基本的に変わっていない。そのうえ大きなものほどグローバル化されているので、見境なしの投資行動で世界経済を混乱させている。世界の民主的政府が国際的に連携して、リーマンショックのような混乱は防がなくてはならない。また、良心的な中小企業は保護されなくてはな

らない。

協同組合は経済的主権者の事業

しかし、それよりもさらに重要なのは、利潤本意の企業に翻弄され、苦しめられた、普通の人びとが始めた事業である。19世紀半ばにイギリスで始まった協同組合事業は、資本主義のもとでは不利な業種を中心に世界中に広まり、今日では10億人の組合員を擁する、といわれるまでに成長している。

2012年に国際協同組合年を実行した国際協同組合同盟ICAは、もろさを露呈した株式会社中心の世界経済をより良いものにするため、2011年から20年までの10年を「協同組合の10年（コオペラティブ・ディケード）」とし、世界の協同組合に、協同組合としての自覚（アイデンティティ）と事業の強化を呼びかけている。

日本の大学生協は、戦後の窮乏期に、私たちの先輩である学生が必死の思いで基礎をつくり、その後、大学生協連加盟の事業体220ほど、組合員総数150万以上にまで拡大してきた協同組合である。協同組合は民主社会における経済的主権者の事業なのだ。

学生も政治的かつ経済的主権者

教職員は、学生と向き合いながら考えよう。学生も民主社会としての日本社会の主権者である。2016年からすべて選挙権を獲得している彼らとともに、今の日本の政治が主権者の意向を正しく反映したものかどうか考えていくべきである。

しかしそれと同時に、学生は経済的主権者でもあり、入学すると同時に大学生協という協同組合事業に参加している。そういう自覚をもって大学生協の組合員になってもらい、積極的に利用し、諸活動に参加してもらえれば、日本の大学はいっそう活性化するはずである。

学生は、政治的にも経済的にも主権者なのだと自覚させられる機会が少なく、就活の時になると大企業中心に必死になり、うまく行かなくて自殺したりしている。良心的な中小企業への就職を勧めるのも大切だが、協同組合を

もっと見直してもらうべきではないか。

ヨーロッパの社会的経済や社会的協同組合が活発なところでは、学生たちが社会的に有意義な事業を協同組合として起こす動きも活発化してきている。日本の大学で大学生協を経験した学生たちのなかからも、そういう動きが出てくることを期待できるようにしなければならない。

授業の改革と大学生協の支援

日本の大学の現状から始め、経済的主権者としての学生たちの、新たな進路にまで論を進めてきた。問題は、大学教育の現状を改革するため、教員たちが学生たちと向き合って、ICTやインターネットはもちろんフルに活用しながら、対面関係・対面コミュニケーションから新しい大学をつくっていくことである。

大学生協は、そういう教員たちの試みを、総力を挙げて支援していかなければならない。学生たちにもっと本を読んでもらうため、もっと学生たちとの討論本位のダイナミックな授業を行うため、大学生協はあらゆるサービスを提供していく。できるだけ早く、たんなる電子テキストの提供だけではなく、学生側からも教員側からも勉学の成果をチェックできる、電子テキストのシステムを提供していかなければならない。

大学教育の改革は当然のことながら、個々の教員の授業の改革から始まる。アメリカでは当たり前のことに過ぎない「白熱教室」が、希有な例であるかのように喧伝される現状を変えて、アクティブラーニングを増やし、大学をもっと生きいきしたものにしなければならない。そのために、大学生協は教職員をあらゆる手段で支援していく。教職員といっしょになって、学生とともに大学の現状について語り、大学生協の役割を発揮していかなくてはならない。

VII　グローバル化のなかの大学と協同行動

1　日本的新自由主義への対抗としての大学における協同

遅れてやってきた新自由主義

　かなり大きな背景のもとにおこなう問題提起である。2006年11月におこなわれた協同総合研究所の集会「いま「協同」を拓く2006全国集会in兵庫」で、神野直彦氏の基調講演「人間回復・地域再生を拓く協同」がおこなわれた。

　神野氏はそのなかでまず、新自由主義は1970年代末のイギリスから始まってアメリカに広がり、世界の先進資本主義諸国に広がったが、イギリスではブレア政権によって、そしてアメリカでは90年代のクリントン政権の時代に、すでにかなり修正されていることを指摘する。日本だけ80年代からその後追いを始め、90年代に55年体制が崩れたあと、21世紀の小泉政権になって本格的にやり始めた。そういう意味で、イギリスやアメリカではすでに実質的にかなり修正されているのに、日本だけがそれをますます徹底しようとしている。

　それがどういう意味を持つか。新自由主義が登場するまでは、世界各国の通貨がブレトンウッズ体制によって拘束されていたので、そのもとで資本は必ずしも自由な動きができなかった。それを前提に、イギリスから始まってアメリカにいたるまで、福祉国家としてそれぞれの内部で所得を再分配するシステムをつくった。いわゆる福祉国家システムである。しかし、その矛盾が各国で「国家の財政的危機」として現れてきて、このシステムを維持でき

なくなってきた。

　そこで、1970年代末から新自由主義が始まったのである。この過程では、社会主義との対抗も大きな要因だったが、80年代から90年代にかけてソ連・東欧の社会主義が改革に失敗して崩壊してしまったので、ますます新自由主義の本領が発揮されることになった。世界中がほぼ完全な変動相場制に移行した結果、資本が国境を越えて自由に移動する時代になった。一つの国が自らを閉ざして所得の再配分をやろうとすると、どうしても財力のある者に税金をかけることになる。そうすると、財力のある者はみんな逃げ出していく。

ヨーロッパはシュンペーター的ワークフェア地方政府
　新自由主義になった社会の一般的な特徴として、国を閉ざして、所得再分配をやり、一国経済を維持することができなくなってしまった。日本も1990年代から21世紀にかけてそのような状態になった。第二次世界大戦後の日本には、相対的に国を閉ざした状態で日本的な所得再分配をおこなうシステムがかなり強く形成され、そのために80年代の中曽根政権いらい、基本的に新自由主義の流れに入ってもそれがなかなか崩れずにいたのだが、21世紀に入ってついにそれも維持できなくなり、格差社会化が進むようになってきた。

　私の解釈が入るが、基本的に同じことを神野氏は言っている。神野氏は、日本は格差社会化にたいしてまったく対応できていない、しかしヨーロッパでは新しい動きが起こっている、と言う。それが協同にかかわることなのだが、神野氏の言い方を借りると、「ケインズ主義的福祉国家 Keynesian Welfare State」から「シュンペーター的ワークフェア地方政府 Local Schumpeterian Workfare State」への動きが起こっている。労働行政を中心として分権化した政治のシステムがつくられ始めている、というのである。

　政府が国を閉ざし管理して所得再分配をしようとすると、大きな資本がみんな逃げていってしまう。そういう事態を、ローカルな規模で社会的経済的に雇用機会をつくりだし、皆が労働にコミットできるようにすることによっ

て回避し、格差化が広がるのを押さえようとする。そういう方向に変わってきている、というのである。

　経済活動の場あるいは主体として、市場と政府のほかに社会がある。政府が市場に介入して所得再分配をするというのがケインズ主義的福祉国家であったわけだが、それがだめになった結果、市場が政府の統制を離れて野放しになってしまったような状態が広がっている。それをどうするかという時に社会を活かすのである。

　この場合、社会に二つの意味があって、一つは家族・地域にかかわるもの、もう一つは人びとの協同にかかわるものである。家族・地域など伝統的なコミュニティにかかわることは、情報産業革命が進んでくると、人びとが血縁・地縁よりは情報ネットワークに頼るようになるので、それだけでは機能しなくなる。そこで、もっと情報産業を基礎にした新しい労働のシステムWorkfareをローカルにつくりだして、福祉Welfareとして所得を再分配するのではなく、労働にコミットさせることをつうじて、つまりいろいろな形で仕事を与えて所得をもたらすというやり方をつうじて、格差を押さえていく。今、ヨーロッパを中心に行なわれていることは、そういうことなのである。

日本的新自由主義への対抗としての協同

　それにたいして今の日本では、アメリカやイギリスがすでに軌道修正している新自由主義を依然として続けていて、そのために格差社会化が進んでいる。その現状をどうにかしなければならない。私なりの解釈を入れて言えば、そういう意味で協同ということをあらためて提起するのが非常に大事になってきている。私たちは、大学での協同にコミットしているわけだから、大学の場でもう一度協同という言葉の意味をはっきりとらえて実践していく。大学で必要なもの、食べ物、生活の道具、勉強の道具、その他のものを自分たち自身で供給していくことの意味をとらえなおして、実践していくことが第一に必要である。

　そのうえで次に、グローバル化のなかで新自由主義の流れに引きずりこまれている日本の大学は、個性を求めて争い、存在理由を出さないとやってい

けないという時代になっている。そういう大学の場で協同を行い、それをつうじて大学に協力していく。大学が生き残ろうとするのに生協がどういうふうに協力できるのかを考えていく。そういう意味で大学生協の使命の二番目として協力を挙げ、そこから展開するビジョンとアクションプランを提起したのである。

協同・協力・自立・参加の好循環へ

　このように協同に基づく協力を積極的に展開していくためには、生協は食堂とか購買とか旅行とか共済とかをたんに惰性的に運営しているだけではだめで、きちんと民主的な組織運営をおこない、財政的にも赤字を出さずにやっていかなくてはならない。そういう意味で生協はきちんと自立していないといけない。自立するためには、理事長や専務理事など中心メンバーだけが頑張ってもだめで、学生、院生、留学生、教職員の生協運営への積極的なコミットメントが必要だ。組織の運営としても事業の展開としても、そうしないと民主的で健全な運営で自立した生協は維持できない。

　以上で、自立のために参加が必要なことも明らかである。大学生協が協同し、それをつうじて大学に協力し、そのために自立していくためには、すべての組合員だけでなく、すべての学生、院生、留学生、教職員の生協活動への参加が必要である。これは、大学のなかだけにとどまらない。大学のなかにおける協同は、組合員および大学構成員全員の参加をつうじて大学から外に広がっていき、地域経済の活性化をめぐる協同、環境問題をめぐる協同、平和をめぐる協同、途上諸国との協力をめぐる協同などに広がっていく。そして、こうした広い意味での参加が、循環して大学の場における協同に戻ってくる。こうして、協同、協力、自立、参加すなわち協同行動の好循環 virtuous cycle をつくりだしていかなければならない。

2 大転換の仕上げとしての世界的市場化と社会的経済および大学・大学生協

グローバル化の進展

　全体としてグローバル化が急激に進んでいる。その大きな現れの1つとして中国の問題があり、とくに食品と知的商品の分野に現れている。現代世界には、食・衣・住・性・動（移動）・信（コミュニケーション）をつうじて、われわれの身体を形成する特別な力が働いていて、それをつうじて帝国のような世界支配のシステムが働いている。中国は、このシステムの食にかかわる部分やコミュニケーションおよび知的財にかかわる部分を脅かしている。

　インドも激しい勢いで追撃してきており、ロシアやブラジルも延びてきて、世界経済が大きく変わってきている。ブラジル、ロシア、インド、中国という人口大国が経済成長の軌道に乗ってきているという、いわゆるブリックス（BRICs）問題であるが、その影響をわれわれも受けざるえない状況になってきている。

法人化後の大学と大学生協の対応

　学長選びのパターンの変化にもそれは現れている。選挙によって選ばれていたのが、かならずしも選挙の結果を尊重しなくてもよくなってきており、選挙の結果とは別に学長が選ばれるケースも増えてきている。大学の自治などとうにないのだが、そのことに構成員がどの程度気づいているか、心もとない状況である。

　グローバル化は市場化であり、電子情報市場化であるということを、くり返し述べてきた。そのなかで大学生協が生き残ろうとするのであれば、進出してくる企業と競争して負けないようなやり方を考えなければならない。圧倒的に資本力のある企業がコンビニを出してきたり、文房具でも、それに特化した企業が入ってくると、生協は太刀打ちできないであろうと言われている。

　市場の問題、市場概念について、考えなくてはならない。かつては分かり

きったことであるかのように扱われていたが、マルクス、エンゲルスの市場認識も、考え直してみると、決して十分ではなく、偏っていたのではないか？

イギリス社会主義の経験

　イギリスでは、社会主義の歴史のなかでフェビアン協会が現れ、それが基になって今日のイギリス労働党が出てきた。この協会ができるとき論争がおこなわれており、バーナード・ショーが、いち早くフランス語に訳されたマルクスの資本論を読んで、その価値論を基礎にした資本主義批判を協会に持ち込もうとしたのだが、近代経済学のフィリップ・ウィクスティードとのあいだで論争が起こり、結果的にはウィクスティードが勝利した（リヒトハイム，1979）。

　そこでフェビアン協会は、資本主義の矛盾を説明するのに、リカードの地代論を使って、資本が大都市という地代の高いところで事業をして利益を上げているのだから、その分を税として徴収しろという議論に転換していった。都市は、ガス・水道・電気といった社会的基盤、社会資本が充実していて、その恩恵をこうむって企業は儲けている。その分を企業の社会的利益として税で徴収して改革をおこなえ、という理論である。

　これは明らかに、リカードやマルクスの労働価値説・剰余価値論からは逸脱して、違う方向に向かう議論であった。しかしその代わりに彼らは、当時消費者が起こした新しい運動、消費者民主主義に注目し、消費生活協同組合の基になったような組織に注目して視野に取り込んだ。また、フェイビアン・ソーシャリズムには、ケインズの理論、国民全体を視野に入れたマクロ経済学の理論につながる要素もあり、それとも結びついて発展した。ケインズ経済学にも助けられて、イギリス労働党はこれまで何回も政権をとってきた。

ソ連東欧崩壊後の市場主義

　一方、1980年代の末に、マルクスの価値論を教条主義的に守ってきたソ

連東欧が崩壊した。その反動として、崩壊後は、ごりごりの市場主義者ともいうべきハイエクやフリードマンがあらためて取り上げられ、復活した。

彼らの言ったことをあえて評価するとすれば、ハイエクの、人間の知にはどうしても限界があり、市場は完全情報になることはないので、経済は市場の自然な動きに任せるのがよいのだという主張には、それなりの真理性がある。グローバル化とともに、市場のそういう面が強調されてきたのである。

また、フリードマンは、市場を貨幣の流通量の調整をつうじてコントロールするという方法を提起し、これは今日の多くの国ぐにで取り入れられてきている。これは、強調しすぎると、かつての国家社会主義の対極ともいえる思い上がりになって、マネーのコントロールで何でもできるということになりかねない欠点を持っている。しかし、これらの思想の基底に共通してある市場についての見方は、見直すべき面を持っている。

アダム・スミスからポランニーへ

まずアダム・スミスにまで戻ると、スミスは周知のように『諸国民の富』のなかで、市場の力を強調するとともに、市場が見えざる手 the invisible hand でコントロールされている、という主張を展開した。その主張の背後には、『道徳感情論』というもう1冊の本があって、人間には本能的に共感力 sympathy があり、人のことを思いやる性質があって、市場競争の場でも行き過ぎることはないのだ、という考えがあった。

しかし実際には、アダム・スミスの楽観論は文字どおり木っ端微塵に吹っ飛んだ。カール・ポランニーの大転換 Great Transformation が起こり、世界は一変した（ポランニー, 1975）。ポランニーは、市場を含む経済は多くの文明において社会のなかに埋め込まれており、自立して独自に歩き出すことはなかったのだが、近代資本主義とともにその壁を破り、自立して動き出して、それ自体の論理で地球全体に広まってしまったことを明らかにした。

大転換はなぜ起こったのか。アダム・スミスとのつながりで考えると、彼が持っていた共感力への信頼は、いわゆるイギリス経験論の人間性 human nature 論をベースにしたものであった。これは近代西洋の人間主義

humanismからきた独善であり、それが普遍的だと思っていたものが、歴史的展開のなかで暴力に転化していったのだ。それがスミスの時代には、よく見えていなかった。

征服略奪とオリエンタリズムの形成

　独善の暴力への転化は、どのように起こったか。15世紀の終わりから16世紀にかけて、ヨーロッパがポルトガルとスペインを先頭に世界に乗り出していったとき、乗り出す以前はある種の異文化への畏敬があった。しかし、実際にぶつかって見ると相手が予想以上に弱かったために、畏敬の念が蔑視・差別へと変わっていった（西川, 1984）。

　異民族観転換の顕著な例は、スペインの神父ラス・カサスの『インディアスの破壊についての簡潔な報告』にも見られる。ラス・カサスは、アメリカ大陸の征服のあと数十年して実際に行ってみて、キリスト教徒たちがおこなっていた蛮行に驚き、スペイン国王に手紙を書いてなんとか止めさせようとした。しかし、征服と略奪は、こんな良心の声を無視して南北大陸全体に広がり、大転換の基礎をつくりだしていった。

　ヨーロッパは、こんなふうにして、アジア・アフリカでも、力の差を確認するとともに横柄な態度に出、それぞれの歴史を持つ文明を破壊していった。こうした経験が歴史的に蓄積されて、ヨーロッパに、オリエンタリズムという、非西洋世界を型にはめて蔑視し、差別する意識が知らずしらずのうちに広がり根付いていったのである（サイード, 1986）。

植民地主義批判からポストコロニアリズムへ

　20世紀になると、しかし、大転換を基礎にして成り立った帝国主義世界体制への抵抗が相次ぎ、ほとんどの植民地が解放され独立した。そして闘争は、解放と独立後になお残された意識・思想面での植民地主義や形を変えた新しい植民地主義の批判にまで及んでくる。オリエンタリズム批判の登場に加えて、中南米からは、内的植民地主義の批判も出てくる。中南米の実情が、政治的独立後も、アメリカの庭の中で植民地化されているようなものだ、と

いう認識である。

　それが逆にアメリカにも影響して、アメリカの黒人問題や少数民族問題を内的植民地として扱う研究が出てきた。それに加えて、イギリスからカルチュラル・スタディーズが出てきた。これはサッチャーの時代に、イギリスの社会学者たちが、サッチャーと衝突して旧植民地に流され、イギリスで発達していた文化研究の伝統を植民地文化の研究と結びつけた結果として出てきた、ヨーロッパ的な学問の枠を超えた新しいタイプの文化研究である（吉見, 2000）。

　それらをふまえて、20世紀末からはポストコロニアリズムが出てくる。ヨーロッパでデリダが、現代思想の基礎になっているギリシア的思惟の根底までさかのぼって、フーコー、ドゥルーズ、ガタリなど現代思想のチャンピオンと呼ばれる人までを批判する道を拓いた。それを使って、インド出身のスピヴァクが、「サバルタンは語ることができるか」という問いを提起し、ヨーロッパの現代思想はそれ自身を徹底的に相対化したように見えるけれども、なお相対化しきれていない。旧植民地世界には、サバルタンと呼ばれる最下層の人びとのような、まだまだ表に出されていない歴史の層があり、それらを暴きだして見せないかぎり、現代思想の自己相対化はまだまだ十分なものではないのだ、と主張した（スピヴァク, 1998）。

　ポストコロニアリズムのこの問題提起は、先進諸国にも広がり、目に見えない微細な差別や内的植民地を掘り起こす作業につながった。そういう文脈で、現代の先進社会を見直す研究が広がってきている。それらはいわば、大転換が地球の表面全体にもたらした蛮行の総点検であると言えよう。

大転換の仕上げとしてのグローバル化

　ドイツの社会学者マルクーゼはかつて、『一次元的社会』という本のなかで、現代社会は、現代技術の合理性よる一次元的な支配が貫徹するという意味での、一次元的社会になりつつあると言った（マルクーゼ, 1974）。それが今や市場化に乗って世界中に広まり、グローバルな規模で一次元的な社会が形成されてきている。

それは、端的に言うと、地球上どこへ行っても同じものを同じ価格で──これは実際にはウソだが──買うことのできる社会である。食といえば、コカコーラ、マクドナルド、ケンタッキーフライドチキン、衣といえば、Tシャツ、ジーンズ、レディーメイドスーツ、住といえば、世界中どこへ行っても同じサイズ・作りの部屋を売り物にしているホリデイインのような空間。この空間で今や性までも規格化されてきていて、ホテルのエロ映画のように、世界中どこへ行っても同じ内容のセックスがはやっている。
　動というか移動の手段も、今やフライト・アンド・レンタルカーという形で世界的に規格化され、信すなわちコミュニケーションの手段も、今や世界中どこでも同じように使える、インターネットにつながったケータイやパソコンになっている。われわれは、食・衣・住・性・動・信をつうじて、われわれの身体を日々つくりなおされているのである。
　これに対抗するためには、経済学だけでは足りない。人間はホモ・エコノミクスではない。もっともっと多様性を強調する人間論を展開していかなければならない。しかし、そうすることによって民族主義に巻き込まれるのは危ないので、同時に注意もしなければならない。小さくまとまって排外主義に陥ったりしないように注意しながら、市場の社会化・文化化を考えていかなくてはならない。

人間的な市場を基礎に社会的経済へ

　これもマルクスの甘かった点だと思うが、市場はもともと、もっとも人間的なもので、人間の欲望が渦巻く場である。それを無造作になくしてしまったことに、ソ連社会がどうにもならなくなった大きな原因もある。私は、交感inter-affectionつまり感情のやりとりから始まって、いろいろなものの交換にいたる諸行為が社会の基礎だと思っている。交感から交換にかぎりなく広がる人間的な場が市場で、だからこそ市場を含む経済はもともと深く社会に埋め込まれていたのだ、というポランニーの見方が重要なのである。
　第二次世界大戦後、先進資本主義諸国でできたケインズ主義的福祉国家は持続できなくなって、グローバル化に巻き込まれている。それへの対抗的な

動きとして、ヨーロッパでは、シュンペーター的ワークフェア地方政府がつくられてきている。シュンペーター的とは、その地域独自の技術革新を基礎にして、という意味である。失業したり、障がいを負ったりして働けなくなった人びとの救済を主目的とするウェルフェア国家ではなく、働けるのだけれども職がなくて困っている人たちが増えているので、その人たちに職を与え、生きる道を与えていくワークフェア地方政府への転換が進められている。

　南ヨーロッパで展開している社会的経済も、同様のことをねらっている。バスクの協同組合組織はいうまでもなく、イタリアなどで社会的経済が広がりつつある。ラテンヨーロッパでは組合のことをサンディカといい、組合活動を重視するサンディカリズムの伝統があるが、それとイギリス発の協同組合とが結びつき、企業経営としても協同組合方式をとる流れができてきている。

大学生協も総合性・社会性・文化性を生かして対抗していく
　これらのことと戦後日本の大学生協の歴史をふまえて、これから市場化の浸透にどう対応していくかを考えなければならない。日本の大学生協は、メインの国立大学ではほぼ独占性を維持してきた。それを基礎に総合性を維持し、食堂、購買、旅行などいろいろなことに手を広げ、社会的な視野を持って環境や平和にも取り組んできた。ある時期には、これらのことが政治的なものと結びつき、政治運動として展開されたこともあった。

　しかも重要なことに、これらに加えて日本の学生文化をも育んできた。それが、学生運動の衰退とともに政治性は弱くなり、最近の大学の変化によって独占性も少しずつ弱まってきた。そういうなかで、総合性、社会性、文化性を生かして、市場化に対抗する方法を考えていかなくてはならない。学生・院生・留学生の参加をふまえた総合性・社会性・文化性を活かして、市場化に対抗していく。そういうやり方の1つとして「生協の白石さん」が話題になり、私たちも、ビジョンとアクションプランで、コミュニケーションとしての生協の面を活かして、それを基礎に食、学、動（旅行）、および相

互扶助を位置づけ直そうとした。

　市場化のなかで生き残っていくためにまず競争力を付けることが第一であるが、単なる競争だけでは勝てない面が出てくるので、大学生協が培ってきた総合性、社会性、文化性を活かして対抗していく。市場は単に経済的なものではないので、それに対抗する本当の意味で総合的な競争力を、大学生協の歴史をふまえて強化していく必要があるのである。

3　労働・大学・地域のグローバル化と協同行動

〈産業主義・民主的寡頭政・大国主義〉対〈農業主義・直接民主主義・小国主義〉

　私は社会学が専門だが、修士課程では戦前の日本資本主義論争以来の日本社会の総体把握の流れを研究した（庄司, 1975）。その後、それをふまえて現代社会の理論と現実分析に取り組み、1977年に『現代化と現代社会の理論』という本を出した（庄司, 1977）。この本は3つのパートからなるが、その第三部で、当時の日本資本主義（社会）の状況を分析している。

　私の本としては経済学の人たちにもかなり読まれた本で、いわゆる全共闘世代の人たちにある程度の影響を与えたと自負している。当時、社会学では『脱工業社会の到来』というアメリカの社会学者ダニエル・ベルの本が話題になっており、それに示されたアメリカ社会学最先端の分析に対抗するために、日本資本主義分析の流れを継承する者としてマルクス主義の理論を改造し、入手できる先行研究や資料を使って分析した。

　その終わりのほうで、〈産業主義・民主的寡頭政・大国主義〉のセットと〈農業主義・直接民主主義・小国主義〉のセットとの対抗関係にふれている。当時は、一方にアメリカという超大国、他方にソ連という「社会主義」大国があり、世界の覇を争っていた。大国同士の争いに世界が振り回されている。日本にも高度経済成長で経済大国になったという認識が出てきており、経済大国になったのだから政治的にも大国になろうという政治家が現れていた。

　大国および大国主義をどう考えたらよいのか。資本主義か「社会主義」かを問わず大国主義が出てくるということは、それについての社会科学的分析

が必要であるということであり、帝国主義論とは別に大国主義論が必要だということなのではないか。

　それについて、私はつぎのような理論を立ててみた。工業・産業の発達は、テクノクラシーの傾向とスケールメリットへの依存度を強めるので、資本主義と「社会主義」とを問わず、民主主義を「民主的寡頭政」化し、国民国家を大国主義の方向に押しやってしまうのではないか。つまり、制度的に民主主義がしかれていても、工業・産業が発達すると資本家と並んで管理や技術の専門家の力が強くなるので、かれらに権力が集中し民主主義が空洞化しやすくなる。そして、こうした権力エリートが国家を動かし、大国的な行動をとらせるようになるのではないか。

　こうした〈産業主義・民主的寡頭政・大国主義〉による弊害を緩和するために、工業化や産業化が踏みつけにしてきた農業をもっと見直さなければいけない。農業は土地に結びついて、共同作業を要求するものであり、それが悪い意味で働くこともあるが、直接民主主義を強化するという意味で良い方向に働く面も持っている。その観点から、自己統治可能な範囲の社会体・政治体を強化していって、大企業や国家の横暴に対抗し、暴走をチェックできないか、と考えたのである。大国主義の反対概念としてあえて小国主義という概念を設定し、そういう方向への運動を意識的に考えていくべきなのではないか、という問題提起であった。

ネオリベラリズムの登場と世界政治・世界経済の変化

　その後、ネオリベラリズムが登場し、世界に広まることになる。そこからグローバル化が始まった。唯一の大国となったアメリカの主導で世界経済の資本主義化が徹底し、その意味での世界の市場化のうえに、情報化と電子化あるいはコンピュータ化が重なって加速度的に進み、文字どおり地球的な一体化が進み始めた。ソ連東欧があった時期には、かれらが、弱いなりにもそれなりの通貨管理や経済管理をしていたので、こうした傾向が一方的に進むことはなかったのだが、それらがなくなってしまった結果、世界中にアメリカ主導の資本主義市場化と情報化と電子化あるいはコンピュータ化が浸透す

ることになった。地球的規模の電子情報市場化の急進展である。

日本の選択 ── 食料輸入から「失われた10年」へ

　そのなかで、日本がどういう道を選択してきたか。いうまでもなく、高度成長時代から、日本は、世界市場依存の経済発展の道を突き進んできた。第二次世界大戦後、食糧不足から農業の復興に力を入れ、少なくとも米にかんしては自給に近い線まで育てあげたのだが、その農業を放棄して、原料資源を輸入し工業製品を輸出して、その金で世界中から食料を買いあさる方向に進んできた。『バナナと日本人』(1982) や『エビと日本人』(1988) が出て、日本人に反省を促そうとしたのはこういう構造のことであった。

　1973年および79年の石油危機で、石油については危機意識が高まり、備蓄政策が進められて、鹿児島県の志布志湾や沖縄県の金武湾のような風光明媚なところにすら、備蓄タンクが作られた。しかしそれらも、まもなく忘れ去られていった。

　1980年代には世界のなかでも日本経済はとりわけ好調で、世界中の土地や建物を買いあさったあげく、やがてバブル経済に突入していく。90年代になってそれがはじけ、いわゆる「失われた10年」がおとずれた。そこから抜け出そうとして、2001年以降の小泉内閣は、いわゆる「骨太の改革」をつうじて思い切ってグローバル化の波に乗ったのである。こうした過程をつうじて、労働のグローバル化、大学のグローバル化、および地方のグローバル化が進められてきた。

労働と大学と地方のグローバル化

　労働については、日本国憲法を前提につくられた労働基準法体制を崩して、労働力調達をグローバル化することがおこなわれてきた。国鉄民営化を頂点とする組合潰しがおこなわれ、雇用機会均等法で、女性労働をある面では持ち上げながら、他面では一般労働力として自由に使う方向に道を開き、合法および非合法で外国人労働者を導入することが行われた。しかし、それだけではとうてい間に合わず、1980年代から90年代にかけて、派遣労働の合法

化が行われ、いわゆる非正規労働が増大してきた。

　これはいわば、日本におけるインターナル・コロニアリズム（内的植民地主義）である。その結果として生み出されてきたのが、ワーキングプアやニートやネットカフェ難民等々である。

　つぎに、大学は、終身雇用制を取る主要企業とつながって、新規労働力を供給する役割を果たしてきた。しかし、終身雇用制が揺らいでくるとともに、成果主義等の観点から学卒者の質が問われるようになった。併行して国際水準からは、研究のレベルや成果も問われるようになった。これらの要請に応えるため、大学もまたグローバル化せざるをえなくなったのである。

　国公立か私立かにかかわりなく、主要大学ほどグローバル化の流れに身をさらさざるをえなくなってきた。その結果が、主要な大学の大学院大学化であり、こうして競争原理を導入したうえでグローバル化の流れに思い切って大学を投げ出したのが、国立大学から始まって公立大学に及びつつある法人化の波であった。

　さらに地方については、憲法を前提とする地方自治システムのもと、地方交付税制度と各種補助金政策で自治体の水準が一定限度以上に維持されてきた。このため地方は戦後保守政治の支持基盤ともなってきたが、とにかく地方社会の水準はある基準以上に保たれてきた。それが、小泉政権下の「骨太の改革」で市町村システムが思い切って整理された。

　21世紀に入って市町村はそれまでの半分近くにまで整理されている。これによって、多くの地方が切り捨てられた。その結果、高齢者対策にも多くの問題が出ているが、それ以上に、少子化で小中学校がたがたと減ってきている。私がずっと調査してきた秋田の例でも明らかである。日本社会はまるで、末端まで血液の届かない、瀕死の病人の身体のようになってきている。

生協の対応、大学生協は？

　こういう動きにたいして、生協はどう対応してきたか。高度成長後半期から、大学生協で育った職員が地域の生協に出て行くなどして、地域生協が伸び始めた。当時大きな問題となった食品添加物の批判などをテコとして、商

品の安全安心を訴えながら地域生協は急速に伸びていった。そして、こうした動きがやがて産直運動や地産地消運動などにつながり、食の安全安心をブランドにして消費者の信頼を勝ち取っていった。

しかしその生協も、大規模化とともに日本経済の基本構造に巻き込まれざるをえなかった。工業および関連産業でお金を稼ぎ、稼いだお金で世界中から食糧を買いあさる構造に、である。この間、中国は、1979年以降の改革開放とともに市場経済化と工業化を進め、89年の天安門事件では一時どうなるかと思われたが、それも強引に乗り切り、「世界の工場」と呼ばれるような状態に急速に成長した。

メイド・イン・チャイナといえば当初は圧倒的に繊維製品であったが、子供の玩具などと併行して農産物および加工食料品にも急速に拡大していき、世界中がそれこそ中国産を買わずには生活していけないような状態になっていった。これに生協も巻き込まれ、農産物や加工食料品を大量に輸入するようになっていった。生協は生協として、安全対策や問題が発生した場合の敏速な対応にも務めてきたのだが、大規模化と長期化で監視・対応システムにゆるみが出てきていた。

大学生協も、そう言う意味では、いつ問題が出てもおかしくないような状態にあるのが現実である。

これからの方向 ── 農業主義・民主主義・地域主義運動へ

そこで、これからの方向が重要である。グローバル化とともにファストフード文化が世界中に広まってきたが、対抗してスローフード運動も広まってきた。スローフード運動は、ヨーロッパとくにイタリアから起こったといわれているが、今や世界中に広まってきている。私の分析の文脈に戻っていえば、産直運動、地産地消運動にスローフード運動も加わり、〈農業主義・直接民主主義・小国主義〉セットを見直す動きが広まってきていると言っていいであろう。

今日では、小国主義は広義の地域主義に置き換えてよい。経済・社会・文化を地域のまとまりに根ざし、ある程度の自給性とコミュニケーション性を

持つものにしていくことが大切である。地域に雇用機会を増やし、ケインズ主義的福祉国家から、シュンペーター的ワークフェア（働いて生活できる）地域社会へと、ヨーロッパ主要国は移行しつつある。

　この過程には、地域の特性を生かした技術の開発、起業への貢献、人材供給などで、大学も大いに貢献できるし、してきている。そういういろいろな動きを結び付けていく。グローバル化してきて地球的規模で画一化が進んでいるのは覆いがたい事実だが、そのなかで、それに対抗して、地域的な経済単位・社会単位をつくりだしていこうとする動きも進んでいる。

　それらを連合させていく必要がある。そういう意味で、地域主義と連合主義とを結び付けていくことがますます大切になってきている。できれば国民国家の呪縛からも自己解放し、国境にとらわれずに地域形成と連合形成をおこなっていくことが必要である。

　現実には国民国家の枠組がまだまだ強く、それに基づく地方政治システムの規制もまだまだ強いので、各地域で、これらと対抗して、農業重視と民主主義で地球民主社会の基礎を下から創り上げていかなければならない。協同行動をつうじた農業主義・民主主義・地域主義運動である。ヨーロッパで現実に起こっていることとの関連で言うと、生協などを評価する社会的経済の動きと通ずるものだといって良い。

生協の役割と大学における協同行動の課題

　以上を要するに、農業主義・民主主義・地域主義の運動がすでに世界中でいろいろな形で起こっている。それらを盛り立てて発展させていく役割を生協が果たしていかなければならない。

　地域生協を念頭に言っているが、生協は組織運営と事業展開のやり方しだいで、農業主義・民主主義・地域主義の運動に参加し、大いに貢献することができる。そのために生協がかかえている組織活動上の弱点を克服し、「毒入り餃子事件」のようなことが二度と起きないようにしなければならない。

　いうまでもなく大学生協もこのような流れのただなかにいる。これまでに述べてきたようなことが、地球的規模で見たときの経済社会の流れなのだか

ら、そのなかで大学における協同行動のこれからのあり方を考えていかなければならない。

4　ポストコロニアル・アジアと文化としての協同行動

ポストコロニアル・アジアと大学および大学生協

　2007年10月に国際協同組合同盟アジア・パシフィックICA-AP大学生協サブ委員会のワークショップと会議がシンガポールで行なわれ、成功した。その前後をつうじて、大学生協の国際化が進み始めた。インドネシアで大学生協にかんするセミナーが行なわれ、「大学生協による相乗効果の創出」について話し合われた。インドネシアの大学生協は、学生と教職員が別々につくっている場合も多く、関係者には、学生と教職員が一緒にやっている日本の大学生協に学びたいという気持ちがある。それにあわせてICA-AP大学生協サブ委員会の予備会議も開催され、12月のハノイでの総会でサブ委員会から委員会に昇格するための準備もおこなわれた。

　私はこれまで欧米中心に歩いてきたが、最近はアジア諸国を訪れる機会が多くなり、そうした訪問をつうじて、アジアの多くの地域がポストコロニアル時代に入ったことを実感している。植民地や従属状態から自らを解放したあと、革命後の混乱や開発独裁の状態に入ってしまった国が多かったが、20世紀の末から今世紀の初めにかけて多くの国がそういう状態を克服し、今や東アジア、東南アジア、南アジアの全域がポストコロニアル時代に入りつつある。

　現実を踏まえて、本当に自分たちの社会を再建する時期である。北朝鮮という例外があり、ミャンマーもようやく始まったばかりで、中国もチベット問題や台湾問題などを抱えて必ずしも楽観できる状態ではないが、大勢としては東アジア、東南アジア、南アジアの全域がポストコロニアルな状態に入ったといえる。それに応じて各国で教育の重要性が高まり、したがって大学の重要性も高まってきており、大学生活を支えるための協同組合も発展しつつある。そのなかで日本の大学生協が注目されている。第二次世界大戦後

急速に発展し、日本の大学大半の福利厚生と大学生活の基礎を支えている大学生協が、今モデルとして見られ始めている。

しかし、冷静にみて、本当にモデルになれるのかと考えた場合、必ずしも安心できる状態にはない。率直に事態を見つめて、今後の方向を考えなければならない。

グローバル・スタンダードと大学および大学生協

グローバル化の流れに巻き込まれることは、ある意味で、グローバル・スタンダードを強制されることである。

グローバル化とは電子情報市場化のことだが、アメリカの資本と政府の世界戦略が大きく利いている。アメリカの資本と政府は、アメリカ的な生活様式を再生産するための生政治的生産つまりバイオポリティカル・プロダクションを、全世界に要求し続けてきている。ファストフードを食べ、スーツやジーンズを着、ケータイでコミュニケーションをくり返す動的人間（ホモ・モーベンス）に、われわれの身体をつくり直そうとしてきている。それをつうじて世界を変えるのである。そうした動きをつうじて、20世紀から21世紀にかけて世界に一つの支配システムがつくりあげられてきた。このシステムのことを、ハートとネグリが「帝国」と呼んでいらい、議論が続けられた（ハート＆ネグリ, 2003）。

しかし、「帝国」論が出た直後の2001年9月11日に、ニューヨークその他での同時多発テロが起こり、ブッシュが「テロとの戦争」を掲げ、武力を動員して、テロの源となっていると思われる地域を叩こうとした。このため、武力制圧を行うことが帝国なのだと勘違いしている人が多い。しかし、これは例外的な事態である。むしろブッシュの任期が切れたあと、アメリカ的なバイオポリティカル・プロダクションの地球的規模への拡張はもっと進んできた。このために、武力も用いられてきているが、それよりもグローバル・スタンダードの浸透が重要なのである。

こうして20世紀の終わりから、グローバル・スタンダードが世界中の各分野に広がっており、大学もその流れのなかで大学院大学化し、国立大学の

法人化も起こった。そのため、大学は一般市場に二重の意味で組み込まれてきており、アカデミック市場に組み込まれるのと並行して、一般商品市場にもキャンパスが組み込まれてきている。大学のなかに、コンビニやカフェなどが入り込んできたのはそのためである。法曹の世界でも、弁護士をアメリカにならって増やしてきたのに、研修が終わっても就職口がない若手が増えて問題になっている。金融の分野でも、この意味でのグローバル化がものすごい勢いで進んで、保険は事業なのだから、共済は学生同士の助け合いだなどと甘ったるいことを言わず、事業としてすっきりさせろということになった。

理念的なものと現実的なものとの媒介

エリック・ホーファーという、「沖仲仕の哲学者」と呼ばれた人物が、ブルーカラー労働をいろいろ経験したあげく、ナチズムやコミュニズムなどの大衆運動を鋭く批判する本を書いた。この人が、別のエッセーで、「自分は働きながらいろいろな本を読んで勉強した。マルクスの本も読んだが、この男は自分で働いたことはないのではないかと思った」と書いている。「自分はいろいろな仕事をしてきて、難しい仕事を与えられたときにはそれをうまくやろうと必死に考えたし、簡単な仕事を与えられたときにはそれをやりながらいろいろなことを考えた。マルクスは、労働者は疎外された労働をしていると言っているが、それは自分で働いたことがないからではないか」というのである。

マルクスのいった疎外の意味は、ホーファーの言っているような、主観的個人的なものだけではないと思うが、それでもホーファーの言うことには「実際にやってみた人が言う」という大きな利点がある。私は、それと同じような意味で、生協職員がいろいろな地域を回って連帯のあり方について説得を続けながら、出してきた案の重みを評価したい。理念的には、協同主義と連合主義の関係性は明らかである。それぞれの単位あるいは会員生協にとってもっともコストがかからず、エフェクトのもっとも高い連帯が良いに決まっている。しかし、これまでの連帯の現実があるから、とりあえずここ

からこんなふうに進めていこうというのが、いわば現時点での最適案である。

グローバル化のなかで、労働が基本的に体制内化されてきてしまっているのにたいして、協同の方が新しい可能性につながることが見えてきている。シンガポールのISA総会でも、そういうことが言われた。私は、ドイツの社会学者テンニースがゲノッセンシャフトという概念を出してきたのを思い出す。社会は、人びとの共同的な結合つまりゲマインシャフト（共同体）から始まるが、近代以降の契約関係・売買をつうじて食うか食われるかの利益的な結合つまりゲゼルシャフト（利益社会）が広まってきた。この対立をどう乗り越えていくかを考えて、テンニースは、両者を媒介するものとして、人びとが組合をつくって事業を行う協同的結合つまりゲノッセンシャフト（協同社会）を提案したのである（テンニース, 1957）。

ワイマール憲法ではこの協同組合が大きく取り上げられたのだが、その後のドイツでは社会国家化が進んで協同組合的なものを政府が取り込んでしまい、大学内の福利厚生などでは、フランスもそうであるが、準政府機関や政府機関がこれを一手に引き受けていて、協同組合の必要性は薄れてしまった。イタリアやスペインでは、社会国家化が進んでいないその分だけ、社会的経済や協同組合が盛んなのだということも言える。

OB懇談会にみる日本大学生協の起源 ── 無私の連帯と連帯の力

日本の大学生協連の50周年にあたり過去を振り返り、大学生協史の編纂に備えるためということで、大学生協連結成当時のメンバーに集ってもらい、その当時の話を聞いて残しておこうという動きがあって、そのための懇談会があった。10人ほど、1950年代から60年代の大学生協連づくりに関わった人たちが、集まった。

彼らの話のなかで、いくつかはっとさせられたことがあった。1つは「無私の連帯」という言葉で、二代目大学生協連専務理事田中尚四氏の言葉である。もう1つは、名古屋を中心にこの時期活躍された田辺準也氏のもので、「連帯の力」という言葉。これらの言葉で、日本の大学生協の基礎がどのようにつくられたのかがよく分かる。

初代大学生協連の専務杉本時哉さんは、もっと具体的に語った。「片道切符で出かけ、寮に泊まらせてもらい、食べさせてもらって、帰りの旅費をカンパしてもらって帰ってくる。そんなふうにしてオルグを続けた」。大学生協間の連帯がどのように構造化されていき、日本の大学生協のいわば原構造がどのようにつくられたのかがよく分かった。

　当時は、学生運動が盛んな時期なので、生協は政治的には二次的なものとみなされていた。しかし、生協は、政治を中心に華ばなしく活動していた学生運動とは違って、事業をおこなう協同組合であったわけで、そのことによってかえって、1960年代末における学生運動の爆発・衰退のあとも拡大・成長を続けてきた。

　大学には生協があるのが当たり前、大学に入ったら生協に入るのが当たり前、という通念あるいは雰囲気、社会科学的に言えば文化、がこうしてつくられていった。これが外国の人たちには、なかなか分かってもらえないし、うまく伝わらない。日本の戦後史を経験し、なんらかの形で体験していない人にはなかなかうまく伝わらないのである。

生協職員の成長と事業連合の形成

　しかし、こういう時期に学生時代を過ごし、生協活動をした人が生協の職員になり、大学生協の原構造を維持しながら拡大していくという形で、1960年代から70年代にかけての大学生協の拡大・発展がおこなわれていった。それを基盤に、大学から出て、地域生協に参加していった人たちが、今日の巨大な日生協の基礎をつくっていった。

　大学に残った人たちのあいだでは、60年代の末に全共闘運動などで学生運動が盛り上がり、70年代初めに衰退していくなかで、生協が政治に巻き込まれ、乱闘事件のようなこともあった。しかし、そういうことを乗り越えて、地域ごとに事業連合が形成されていった。そして、学生運動が衰退していくなかでも、事業を継続しようとし続けたことで、大学生協は拡大の基礎を築いていった。

　この辺のことを、すなわち60年から70年代に事業連合が各地で作られて

いった経過を、OB懇談会などの成果も踏まえながら、きちんとした資料として残していかなければならない。この時期のことだから、各地でいろいろな大学生協が活躍していて、地域の政治的事情を反映して事業連合の構造はかなり複雑なものとなり、それらが今日の課題にもなっている。

その後福武直元会長が現れて、学生中心の生協から大学の全構成員の関わる生協への方向がはっきり出され、その方向に大学生協は発展してきた。そして、事業を中心に生き残り、事業連合をつくってその基盤を固めていく過程で、生協職員も育ち、学生および教職員との関係で重要な役割を果たすようになってきた。

学生や教職員は、生協が大学にあるのは当たり前で、それを利用するという観点が先立つが、生協運動の初心を忘れがちな学生・教職員を生協職員がオルグして、原構造を文化として維持する役割を担ってきたのである。この面が悪く出て、生協職員が生協を自分たちの会社のように考えて行動すると、問題が起こる。しかし、全体としてみれば、生協職員が、大学生協の協同組合としての性格を支えてきた。

それでも、生協職員が表にでると、大学も、どうしても生協を業者の一種のように思ってしまう。この傾向を押さえるためには、学生と教職員が生協職員と一緒になって、理事会を有効に働かせ、大学との折衝などもおこなっていく必要がある。組合員全体に生協が協同組合であることの自覚がなければならない。

協同主義と連合主義を強化して大学生協文化の普及を！

そのために、どうしたらよいか。私は以前から、協同主義と連合主義をうまくかみ合わせて、大学生協の発展を図るべきだと言ってきた。協同主義の原型は、日本の大学生協がつくられた時期にできあがった、いわば原構造のようなもので、大学生協の文化とも言うことができる。「大学に生協があるのは、当たり前。大学に入れば、生協に入るのはあたり前」というのがこの文化で、大学生協は長いことこの原構造に胡坐をかいてきた。国立大の法人化以降、それが楽観できない状況になってきたのである。したがって私たちは、

大学生協の創成期につくられたこの原構造の意味をたえず考え直して、グローバル化にあわせてわれわれの文化をくり返し更新していかなくてはならない。

　具体的には、組合員にたいする働きかけが必要である。とくに日本の大学生協は組合員の大半が学生なので、各地の学生委員会に役割を発揮させ、生協への学生参加を活性化させていく方法を考えていかなければならない。それが協同主義強化のアルファにしてオメガであるということを、たえず想起しなければならない。

　つぎに、生協だから、地産地消ができる場合にはそれを積極的に取り入れていく必要がある。地産地消が、必ずしも安全というわけではないが、ローカルな市場の利用とグローバルな大市場の利用との組み合わせを、積極的に考えていかなければならない。これをやるために、全国各地の大学生協のもっとも効果的な連合を考えなければならない。そのために連合主義の強化が課題になるが、「無私の連帯」や「連帯の力」を先輩たちに語ってもらったことをくり返し想起し、グローバル化の時代に合わせてそれらを再生させていく方法を考えていかなくてはならないであろう。

　具体的には、大学生協連（連合会）があいだに入って、地域主義と大市場とをもっとも効果的に媒介する方法を考えていく。これからは日本も、全体としては国産国消を強化する方向で進んでいかざるをえないであろうし、そうなるであろう。連合会としては、そういう視野を持ちながら、地域と大市場とのかみ合わせ方を考えていくことになる。そのために、連合の形態を分かりやすく、すっきりとした、費用のかからないものにしていく。それが重要になってきている。

　戦後期に形成された日本の大学生協文化。文化は、社会学その他では議論されてきたことだが、文明と区別して規定すると、物質文明にたいする精神文化である。物質文明を真似するのは比較的楽だが、精神文化は受容するのはむずかしいし、伝えるのもむずかしい。アジア地域の会議でも、日本の文化としての大学生協をうまく伝えられないかと思っているが、なかなか容易ではない。しかし、ポストコロニアル・アジアでは、大学はとりわけ重要で、

大学の生活を支えて行く生協の役割も重要である。日本の大学生協の文化を伝えていくことを、むずかしいけれども考えていかなければならない。

VIII 危機と変革の時代の大学と協同行動

1 世界的な危機と変革のなかの協同組合と大学生協

グローバルな経済情勢をどうとらえるか?

　世界に経済危機が広がってきている。金融危機から経済危機へと深化しつつグローバル化してきたが、それをどうとらえたらよいか。私は経済学者ではないので、経済学者とは違うとらえ方になる。数年前に「マルクスの見直し」や「『蟹工船』のバカ売れ」などの現象が起こったが、そういうことで喜んでいるレベルではどうにもならないので、深刻な危機を新しい時代の現れとしてどうとらえたらよいか、あらためて考えなければならない。

　20世紀は社会主義革命の世紀でもあり、ロシアで起こった革命が、国家社会主義の肥大化という形で途上国へも波及していった。中国での革命の成功が1949年、キューバでゲリラが政権を奪取するのが1959年。その後、キューバ型の革命をラテンアメリカに広めようとしたゲバラの試みが成功せず、1970年にはチリに合法的に社会主義政権ができたが、軍部のクーデタによって倒されたのが1973年の9.11である。9.11というと、私たちはすぐ2001年の同時多発テロを思い浮かべるが、歴史のなかでは、こういうふうに二重の意味を持っている。チリでのクーデタのあと、長く闘ってきていたヴェトナムが1975年にアメリカに勝利した。1978年、中国が改革開放に踏み切ったが、ヴェトナムとうまくいかず、1979年には北側から軍を侵入させるということもあった。このあたりが、20世紀社会主義の限界である。

　同じ年の1979年、イギリスでサッチャー政権が成立する。アメリカでは、

その翌年の大統領選挙でレーガンが当選し、1981年にレーガン政権が成立する。日本では翌1982年に、中曽根康弘政権が成立する。英、米、日におけるこれらの政権の成立によって、新自由主義が急速に世界に広がっていく。

新自由主義とは何か？

　新自由主義とは何か。この頃すでに、アメリカのブレジンスキーのような人は、ソ連はもう長く持たないと見通していて、当時の私にはにわかに信じられなかったのだが、結果的には彼の見通しは当たった。彼らが、国家社会主義の行き詰まりを見越して、ケインズ主義を放棄し、市場原理主義を取り始めたのである。市場原理主義とは、基本的には、われわれの経済活動をはじめとする社会活動には未知数があまりにも多すぎるので、コントロールするよりは市場自体の動きに任せたほうが良いという考え方である。オーストリアのハイエクに学んだシカゴ大学のミルトン・フリードマンが、それを前提にして、通貨の操作で経済をコントロールするという理論を展開し、それがいわゆるマネタリズムとして広まった。市場での自動調整を前提にして、貨幣の供給量を調整することによって資本主義本来の活力を引き出す。これが新自由主義のエキスであった。

　1989年、中国で天安門事件が起こり、これを契機に、改革開放のあと、どの方向に進むかが非常にはっきりしてきた。いわゆる「市場社会主義」である。市場社会主義というのは、要するに政治体制は社会主義時代以来のものをそのまま残すけれども、経済は外資をどんどん受け入れ、資本主義とまったく変わらないように成長を続けていく、ということであった。それがその後の経過ではっきりしてきた。

　その後、東欧が崩壊し、ソ連は消滅する。日本はこの間にバブルに突入し、やがてそれがはじけて、失われた10年が20年にもなりそうな感じになっていく。そういう状態のまま、2008年来の金融危機、経済危機に巻き込まれたのである。

資本主義は元に戻っただけなのか？

　これらのことをどう考えるか。20世紀に起こった社会主義革命は、資本主義世界システムの発展の過程で起こった一つの事件にすぎない、と近代世界システム論を展開してきたウォーラステインは最初から言っていた（ウォーラステイン, 1997）。結果的には、その見方のとおりになった。そのかぎりで、資本主義が元に戻り、本来の矛盾を表したのが2008年後半以降の危機なのだというのは事実である。だが、そう言って喜んでいるだけではどうにもならないので、これを新しい事態としてどう捉えるか。

　最近必要があって「国際労働者協会創立宣言」、つまり1864年にマルクスが第一インターを作るときに書いた宣言を読み直した。また、この第一インターを基盤にして労働者が活動しているうちに、フランスとプロイセンの戦争があり、その余波で1871年にパリ・コミューンが起こったが、それについてマルクスが書いたのが『フランスの内乱』。これも、必要があって読み直した。とくに『フランスの内乱』などは、良くここまで細かいデータを集めてきて事態を分析している、と今読んでも思う。当時は新聞しかなかったわけだから、それにくわえて第一インターのメンバーから口コミなどをつうじて得た情報をもとに、マルクスは書いている。

　その頃から140年以上経っていることになる。この間に何が起こったのかきちんと捉えておかないと、資本主義の実態はつかめないのである。

民主主義の普及

　一つには、資本主義諸国を中心に普通選挙が普及して、一人一票制の民主主義が定着してきた。制度ができてから数十年にはなるが、この制度を当たり前のように思っている人たちの眼からみると、思ったよりも新しく、できてから思ったほどの年数もたっていない。古い、新しい、両方の見方ができる。重要なことはこの間、選挙でどの政権でも選択できる時代になったはずなのに、労働者たちは必ずしも単純に社会主義などを選択してきていない、ということであろう。

　原因の一つは、ソ連東欧や中国が実際にどういう社会であったのか、とい

うことが反面教師としての役割を果たしてきていること。もう一つは、イギリスの労働党、ヨーロッパの社会民主主義政党、その他いろいろな社会主義政党が混迷を繰り返してきていること、である。普通選挙をつうじて主権者多数の支持を得、議会政治をつうじて社会を変えていく政党のあり方があらためて問われているのだ。

二段階の情報革命

　大きなことのもう一つは、第二次世界大戦後に情報革命が進展したということである。大きく二段階に分かれるが、第一段階では、テレビの普及、電話の普及、コンピュータの開発と普及が進んだ。1960年代に、アメリカの公民権運動に端を発してヴェトナム反戦運動に展開した社会運動が、ヨーロッパや日本にも波及しただけでなく、一部社会主義国にも波及した。その結果として、ヨーロッパには現代思想が登場してくる。アメリカではこういう高級な思想の展開はあまりなかったが、その代わりにコンピュータを使いやすくしてネットワーク化していくという動きが起こった。これが電子情報革命あるいはコンピュータ革命の実態である。逆にいうと、コンピュータ革命を起こした人たちは、1960年代の社会運動の影響を受けた人たちから出ているのである。

　それを踏まえて、電子情報革命の第二段階が1980年代から90年代にかけて起こった。衛星放送が普及し、ケーブルテレビが普及し、両者が結びついてネットワーク化された。マスメディアが完全にグローバルになり、世界中のテレビに世界中のニュースが同時に映るようになってくる。さらに地デジ化が進められ、マスメディアが全面的にデジタル化される。

　他方、パソコンが普及し、ネットワーク化されることをつうじて、インターネットの利用が広がった。今やインターネットに乗れないものは無化されつつある。無化とは、サルトルが『存在と無』という本のなかで使った専門用語（ジャーゴン）であるが、『存在と無』や『弁証法的理性批判』も含めて、インターネットに載らないものはないも同然、という状態になりつつある。

グローバル情報社会の積極面

　そういう形で、いわばグローバル情報社会がはっきりとできてきた。テレビとインターネットが結びつき、マルチメディア化が進んできており、そこに金融危機も経済危機も映し出されるようになってきている。同時に、危機を踏まえて起こった変革の動きも映し出されている。その点が、19世紀はもとより、1920年代から30年代にかけて起こった危機とも根本的に違うところである。皆が事態の進展を見ているので、当時起こったようなことが必ずしも起こっていない。かつては、自分の預けている銀行の預金がどうなるか分からないと、どっと銀行に押しかけたりしたが、今は、人びとがすべてを見ていて、政府などもそれを意識した対応をしているので、そういうことが必ずしもすぐには起こらない。その点の違いを、見ておかなければならない。

　もちろん、メディアには映し出されていないものも多く、そのほうに重要な意味があると感じる人が多くなれば、そういう思いがたまっていって、どこかで暴発する可能性もある。ただ私は、メディアは必ずしも、かつて考えられたほど権力に操作されているばかりではないのではないか、と思っている。パブリック・アクセスという言葉がはやってきているが、市民たちが自発的に発信したものが、メディアに乗って広がってそれなりに社会を変えていくという面も出てきている。そういう状態を踏まえて、新自由主義破綻以降の時代をどう考えるか、議論していかなくてはならない。

グローバルな政治情勢をどうとらえるか？

　今日の事態について、基本的に二つのことを述べた。二つの意味で、19世紀はもとより20世紀とも、今ははっきり違った段階にある。一つには、主要資本主義諸国から一部の新興国インドのような国までを含めて、民主主義が広がってきていて、選挙制度で自分たちの政権を選ぶシステムが定着してきている。二つには、そういう選択をするときの判断材料を得るためのメディアが、完全にグローバルになって定着してきつつある。

　それを踏まえて実際に起こっていることだが、2008年の9月以降、各国政

府が協調して金融危機を深刻化させないようにしようとする努力が世界に広がってきた。新自由主義ではやはりだめなのだということが分かってきて、はっきり自分の過ちを認め、やり方を変えなければいけないという経済学者まで日本には出てきた。ある種のケインズ主義的政府が経済に介入しなければ経済危機は回避できない、という見方が世界に広まってきているのである。

しかも、1920-30年代、あるいは第二次大戦後50-60年代とは違って、それが政府間連携を強調するという形で出てきている。それぞれの国の政府が中心になって、自分の国の経済を中心に考えて、ブロック化していく方向には必ずしも進んでいない。グローバルなレベルで、地球的にコントロールしようとする動きが広まっていて、私はこれを、ケインズ主義は復活しつつあるのだが、政府間関係をつうじて、国際的な形で復活してきつつあるので、ある種の国際ケインズ主義 International Keynesianism が現れてきつつあるのではないか、と思っている。

属性革命の重要性

さらにそのなかで、世界の諸政府の一部から大きな転換が起こりつつある。その最たるものは、アメリカから起こった動きで、私はこれを属性革命 Ascription Revolution と呼んできた。Ascriptionというのは、男性であるか、女性であるか、黒人であるか、白人であるか、高年齢であるか、若年齢であるかというような、自分自身ではコントロールできない人間の属性のことである。この500年間、近代世界システムはヨーロッパ出自の白人男性に牛耳られてきた。それにたいして、とくに20世紀の後半以降、いろいろな反対運動が展開されてきた。その一部が、ほぼ半世紀かけて、アメリカで実現したのである。

アメリカの2008年の大統領選挙では、民主党の黒人の候補が白人の副大統領候補と組んで大統領に選出された。共和党の候補も、考えてみれば高齢であったし、選挙作戦の意味もあって女性を副大統領に選んでいた。そういう意味でも、全体として属性革命の意味が非常に強い選挙だった。

先ほど1960年代の社会運動と言ったが、それが70年代に入って沈静化し

てしまったように見えたので、私は70年代の後半にアメリカに留学し、それがどこに行ってしまったのかを研究した。車その他でアメリカ中を駆け回り、いろいろな大学や都市でいろいろな先生や活動家などに会って、話を聞いた。運動には浮き沈みがあるのが当たり前で、運動の掲げた目標はそんなに簡単に実現できるものではないが、そう簡単に消えてしまうものでもないだろう、などといろいろな意見があった。

深層からの本当の変革

　その後、今から数年前に、カルフォルニアのバークレーでロバート・ベラーという人に会った。社会学の世界では非常に大きな意味を持っている人の一人で、第二次世界大戦直後には一時アメリカ共産党の活動にコミットしていたという経歴の持ち主だが、パーソンズの弟子で、『トクガワ・レリジョン』という徳川時代の宗教にかんする研究で有名な人である。その人が、1980-90年代のアメリカを見ていて、アメリカで起こっている「良い社会」を求める動きや、「心の習慣」という、唯物論的な考え方をする経済学者から見たら「何だ、それ？」というようなものをとおして、アメリカ社会の変容の方向を探ろうとしてきた。その人はその時、ブッシュが再選されたときでもあり、次の大統領選挙までろくなことはないだろうという見通しもあって、アメリカの状態にかんして非常に絶望的な考え方をしていた。

　それに乗ってか、2008年の大統領選挙も、アメリカではまだまだ黒人が大統領に選ばれたりはしないだろうという見方もあった。日本人で言うと、かつてNHKの記者だった人が、6月頃の時点で次期大統領はマケインだと予想していた。その彼は、大統領選挙で予想と反対の結果が出たので、それについて今度は、アメリカ人は間違った選択をしたという本を出している。そういう人たちの予想に反する動きが、深層から、半世紀あまりかけて実現してきたので、私は、本当の変革の動きがようやく始まったのだ、と見ていいと思っている。

　もちろん、今後の展望が甘くないのは事実である。黒人の大統領がどれくらいのことができるのか、甘い見方は許されない。ただ、彼は例えば、環境

問題がらみでグリーン・ニューディールGreen New Dealということをかつて言った。ブッシュ政権下でアメリカが一貫して環境問題に冷淡な行動を取ってきたのにたいして、オバマがそれを変えて、環境対策をつうじて雇用を創出するという政策を打ち出し、それを環境だけではなく医療などにも広げようとしてきたわけだから、その今後は注目してみていかなければならないだろう。

革命の意味の革命

　そういう意味であえて言うと、われわれは、革命をフランス革命やロシア革命のイメージで考えている。けれどもそういう革命のイメージそのものを革命するのが本当の革命なので、そういうことが今まさに起こりつつあるのだ。140年以上前の第一インターやパリ・コミューン、90年以上前のロシア革命、60年以上前の中国革命、40年以上前の五月革命、という具合に並べてみると、革命という言葉の意味そのものが変わっていくことが本当の革命なのだということが分かるはずで、古いイメージにとらわれていると、今起こりつつあることの本当の意味が分からず、とらえそこなってしまう危険性が高い。

　そういう意味で、民主主義の普及とグローバル情報化のなかで、主要国家間の大戦争はまず不可能になったと考えてよい。そういう見方は、最近の中国の軍事費の伸びなどをみていると、甘いかもしれない。しかし私はあえて、基本的には不可能になったと言いたい。

　それを前提に、われわれも、国際ケインズ主義に絡んでいく。そのために、少しでもましな政府をつくっていく。そして、グリーン・ニューディールを拡張していく。先ほどの例でいうと、日本などでは高齢者が非常に多くなって超高齢社会になってきているので、それを例えばシルヴァー・ニューディールに拡張していくことが考えられる。さらには、今の不況では日本だけでも手一杯だというかもしれないが、途上国はもっと大変なわけで、途上国の現状をふまえて、開発援助に絡ませながら雇用創出も考えていく開発援助ニューディール、もっと言えば、世界各地で起こる紛争──基本的なのは

パレスチナで続いている紛争だが──などに絡ませて、そういう問題の解決を雇用の創出につなげていく工夫、つまり紛争解決ニューディールなども積極的に考えていくことが必要になってくるのではないか。

労働組合から協同組合へ

　そのためにどういう方式が必要になってくるか。労働組合がシステム内化してしまっているので、協同組合があらためて大きな意味を持ってくるのではないか。先ほど言及した『フランスの内乱』などを見ていると、マルクスは、当時労働者のあいだで起こっていた協同組合の動きに比較的頻繁に言及している。

　柄谷行人が『世界共和国へ』という本を出している（柄谷, 2006）。そのなかで、プルードン主義とマルクス主義とは基本的に共通していたのだ、資本主義の問題を克服していくために国家権力を創出するのではないやり方でやっていくという方向性では、プルードンとマルクスは共通していたのだ、ということを言っている。マルクスは若い頃に『哲学の貧困』というプルードン批判を書いているので、プルードンとは相容れないものだと思っている人が少なくない。また、ルイ・オーギュスト・ブランキという一生の半分以上を監獄で過ごし、何かというと労働者の蜂起を唱えた社会主義者がパリ・コミューンにも絡んでいたので、かれをマルクスが批判しているという面からも、プルードン主義とマルクス主義とは別のものだというのがオーソドクスな見方であった。しかし実際には、内容的に共通したものがあったのである。

　マルクスが、当時のイギリスの労働者が選挙権獲得のことばかり考えていて、本来の運動に力を入れないことに不満を持っていたことは事実である。労働者の選挙権獲得運動が、19世紀から20世紀にかけて、民主主義をつくっていくうえで大きな貢献をしたことは事実だが、労働者は生産者であると同時に消費者でもあるわけなので、その両面からする協同組合の運動も重要であった。プルードンの思想は、そういう労働者たちの協同を各地に沢山つくりだしていって、それらを連合させていくというモデルであった。協同

主義のことをプルードンは相互主義すなわちミューチャリズムと言っているが、ミューチャリズムの単位をたくさんつくっていって、それらを連合させていくという連合主義すなわちフェデラリズムのやり方が、彼の考えた社会変革のモデルであった。柄谷は、そういう形で社会を変えていくことを考えていたという点では、マルクスとプルードンは共通していたのだと言っているのである。

戦後の歴史をふまえた協同組合と生協

欧米では第二次大戦後、各種協同組合がいろいろな形で伸びている。スペインのモンドラゴンの例はいうまでもないが、ICAがシンガポール総会をやる前の年に出した「グローバル300」を見ると、日本の生協や農協も入っていて、全体として世界経済のなかで相当な重みをもっている。2004年段階で世界第9位のカナダのGDPを超える供給高を示しているということだから、かなりのものである。

日本では、第二次世界大戦後に大学生協が広がり、他方賀川豊彦の系譜で地域生協も神戸生協を初めとして広まって、大学生協から優れた活動家が地域生協に出て行って、数十年のあいだに巨大な生活協同組合の集合をつくりあげていった、という歴史がある。この歴史を、世界史的な文脈のなかで位置づけていくことをつうじて、今世界に広がりつつある世界的な危機を、一部に起こってきた変革的な動きにつなげながらどう乗り越えていくかを考えていかなければならない。そういう方向で、生協のあり方も見直していかなければならないのではないか。

大学生協の動きもそういうことに関連づけて、強化する方向に持っていけないか。日本の生協はユニークな過去を持っていて、大学生協はそれに重要な貢献をしてきている。そのことをあらためて考えて、大学生協もいろいろな問題に直面しているが、それらを乗り越えて今後の発展を考えていかなくてはならない。

2 歴史を創る ── 人間・民主社会・大学教育と協同行動

人間 ── この憑かれしもの

　人間というものは、なにか物語に取り憑かれて、「こういう社会をつくるのだ」とか「新しい社会を実現するのだ」とかいって、必死に動き回り活動し続けるもののようである。そういうことを、生協の先輩たちとの交流であらためて感じさせられた。とくに20世紀には大きな物語がいくつかあったが、その最たるものがカール・マルクスに発するものであった。これが生協の先輩にも大きな影響を与えていた。

　新しい社会を実現するのだとか言っていろいろなことをするのだが、そのとおりに実現することはまずない。しかし、必死に活動することで、結果として社会は変わってくる。変わってきて、予想もしなかった事態になることもある。その結果として皮肉なことに、大きな物語が崩壊していく。20世紀の80年代から90年代にかけて、そういうことがガラガラと起こった。

　その前後から、「物語なしの物語」と私は言ってきたが、大きな物語はすべて空虚であるという「物語」が、若い人たちに広がって影響を及ぼし始めた。あらためて物語をつくるのは虚しいのだという雰囲気が広がって、それを前提にたくさんの小さな物語が語られる。そういうことをふまえて、われわれが歩いてきている道、大げさにいうと人類史の、大きな筋道が見えてきているのではないか、と私は思う。これもまた、ただ憑かれているだけかもしれない。しかし、これまでもいろいろな経験をしてきているので、過去のものよりはまだましな物語を語ろうと思う。

帝国から民主社会へ、そして協同組合

　人類史、とくに文明化以後の人類史を考えると、社会システムとして大きなものは二つしかない。一つは、人間の文明が未熟な段階で、自分たちを支配している超越者を想定し、それを恐れ、それに期待する。そのことを具体化するために、自分たちのなかから特定の身体を選んで特異身体とし、それが超越者の具現であるとか、超越者との媒介者であるとかみなして、それに

人びとの崇拝を集めて社会をまとめていく。そういう特異身体が皇帝で、皇帝を中心につくられる第一の大きな社会システムが帝国である。

これが文明化以後の社会システムの基本で、このシステムは、ヨーロッパ中心の歴史家が軽視していた多くの地域でも展開された。インカやマヤやアステカなど原アメリカの歴史もそのことを示していて、そういう意味ではこのシステムに普遍性がある。

その帝国のシステムを維持していくのがマツリゴトであるが、マツリゴトには二重の意味があって宗教と政治である。その拠点として都市がつくられる。すると都市には必ず市民が出現する。その市民たちがやがて、自分たちの生活感覚をもとにして、帝国を転覆し、自治し始める。市民たちは、宗教にたいして批判的になり、無神論をすら展開するようになって、やがて自分たち独自の世界の見方と世界への適応方法、すなわち科学技術を生み出していく。並行して、帝国のやり方とは違った自分たちの社会統治の方法を生み出していく。それが民主主義であり、市民社会は民主社会の原型である。

こうして、第二の社会システムとしての民主社会が、自治都市の発展に照準して長く取れば10世紀、ルネサンス、宗教改革、大航海を起点として短く取ると6世紀、市民革命に照準してさらに短く取ると4世紀ぐらいのあいだに、世界に広まってきた。市民という言い方には二つあって、フランス語でいえばブルジュワとシトワイヤン、英語でいうとブルジュワとシティズンである。市民の歴史的性格は、この二重の用語に良く現れている。

ブルジュワとはいわば資本家市民だ。資本家が人を雇い、モノをつくって世界中に売りまくる。それをつうじて新しい社会をつくっていく。しかし、じっさいにモノをつくるのは雇われている労働者のほうで、この労働者たちが自分たちにも自由平等の権利を認めろとか、社会の決定に参加する権利を認めろとか主張して参政権運動を始める。この意味での主権者すなわち市民（シティズン）が、普遍的な主権者として世界中に広がってきた。

これ以前、つまり18世紀半ば以降の産業革命の過程では、労働者は資本家に雇われて働くしかなかったので、選挙権などなかったわけだから、労働組合をつくって資本に対抗していくしかなかった。しかし、19世紀の前半

から労働者は同時に、選挙にも参加させろという運動を始めた。19世紀後半のマルクスは、労働者はもっとまともに、自分の職場で戦えばよいものを、選挙権獲得運動にばかり熱を上げていると文句を言っている。が、両方やっていた結果どちらが効いてきたかというと、長い目で見ると選挙権獲得運動のほうが効いてきた。

　労働組合は雇われている労働者がつくる組織である。それにたいして協同組合は、ロッチデールの先駆者協同組合をはじめとして、消費者としての労働者が自分たちで事業をやるためにつくった組織だ。資本家すなわちブルジュワとは別の、普通の市民（シティズン）すなわち主権者がつくった組織なのである。そういう意味での協同組合が、その後、農業とか中小企業に広がっていき、大企業にたいして弱小企業を支える組織形態の一つになってきた。

20世紀（とくに後半）の歴史をつうじて判明したこと

　そのうえで、20世紀をつうじて判明したことであるが、社会主義が登場し、やがて崩壊した。しかしこの社会主義は、私の見方では、前期的社会主義というべきであろう。イギリスで17世紀くらいから、現在の資本主義につながる本格的な資本主義の最初の形態、すなわち初期資本主義が登場するが、それまでに地中海沿岸などにすでにあった資本主義は、大塚久雄などによって前期的資本主義と呼ばれている。この用語法を転用すると、20世紀の社会主義は前期的社会主義であったというべきである。条件が十分整うまえに出現した社会主義で、だからこそこれは、持ちこたえられなくて、やがて崩壊していくことになったのである。

　もう一つの現実であるが、役割を果たした労働組合が、だんだんシステム内化してきてしまっている。しかし、普通選挙をつうじて主権者たちがそのあり方を決めていく民主社会は、普及してきている。そういう民主社会を舞台にして、ブルジュワの事業から出発し、グローバル化した新型金融資本が、跋扈する時代になってきている。だからそのなかで、主権者の事業としての協同組合の意義が大きくなってきているのである。普通の主権者が事業の幅

を広げていくと同時に、普通選挙のシステムが世界に広まってきているわけだから、それをつうじてつくられる主権者の政府が新型金融資本の跋扈を押さえ込んでいく。そういう時代になってきているのである。

大学教育の普及

　そのなかで大学あるいは大学教育が普及してきたが、それにつれて大学の「学校化」ということが言われてきた。学校化をもう少し端的にいうと、大学が高等学校のようになってきているということで、いわゆる大学のユニバーサル化によりあらゆる学生が大学に入ってくるわけだから、昔ふうのやり方で「そんな学生はもともと大学に入ってこられなかったはずだ」などという対応はできない、ということである。

　そういうなかで、協同 Cooperation というのはお互いに力を合わせて同じ目的を追求することだと思うが、協同組合がその意味を学生に教えることの意義がますます高まっている。語学研修やパソコンの講習などをつうじていろいろやっている事例を今まで見てきているが、そういうことの重要性が強まっている。大学生協がそういう活動を広めたり、支援したりしていく。それをつうじて大学生協の活動を、世界に広がりつつある民主社会の協同組合――農協漁協や地域生協などいろいろあり、やがて労働者コープも広がり、社会的事業を行う生協も広がっていくであろう――につなげていくことが、非常に大切になってきている。そのためにもっと、ヨーロッパの社会的経済や、東南アジア諸国の協同組合法制――概して日本よりも進んでいる――などに学んでいく必要があるのである。

歴史を創るとは？

　それらをふまえて、「歴史を創るとは？」という論点に戻ろう。なにかに憑かれて必死に活動する人間が、結果的に歴史を創っていく。これをヘーゲルは「理性の狡智」と言った。理性が、本人にもよくわからない形で人間を動かして、最終目標を実現していく。これについて私は、理性を実体化して、信仰の対象にするのは良くないと思い、かといって歴史を実体化するのでも

なく、歴史が結果的にそういうことも生み出していくのを指摘した方がよいと思い、それを歴史の狡知と読み替えてこれまでも使ってきた。

　歴史の総体はもとより、これから起こることについて、それが見えることはありえない。そればかりでなく、過去のことでも見えていないものが多く、すべてが見えるわけではないので、総体は見えないものあるが、できるだけ見ようとしながら、日常の活動（業務を含む）をおこなうことが大切である。

　ビジョンとアクションプランは、そのために使われてこそ意義がある。そこで言った「協同・協力・自立・参加」の好循環の意義を自覚し、まずは協同をしっかりとやってみる。その過程で大学とも個別の事情をふまえながら協力し、同時に、自分たちが赤字ばかり出していたら、それをできるだけ早く克服して自立しなければならない。そのために、学生、院生、教職員に訴えて、参加させる。そういうことを必死でやっているあいだに、われわれは大きな流れのなかに入っていって次の時代を創っていく。そういう大きな循環のなかに、われわれはいるのである。

3　協同組合の新たな意義と大学および協同行動

高速度情報化社会のなかでの大学教育と協同行動

　一般的には、インターネットの巧みな利用が進んできている。最近の若者たちのインターネット利用の実態をみていると、圧倒的に電子媒体がコミュニケーションのメディアになってきていて、紙媒体の時代は急速に終わりつつあるという実感がしてくる。多くの人が感じていると思うが、それが圧倒的な現実であろう。大学の図書館も10年ぐらいのうちに不要になるだろうなどと言われている。

　最近の若者たちのメディア行動を見ていると、グーグルやヤフーなどの大手検索会社に依存するようなスタイルから、ツイッターとかフェイスブックとかのソーシャルメディア、つまりインターネットを利用して自発的につくられたコミュニケーション・メディアに依存する形に、移行してきている。予想以上にそういう傾向が進んでいる。

そのうえで、近年のPCカンファレンスで良かったことの一つは、こうした事実をふまえて、コミュニケーションとはそもそも何なのか、教育の基本はコミュニケーションであるとはどういうことなのか、つまりコミュニケーションの本来のあり方を問い直すために、無着成恭氏という、昔「山彦学校」で有名になった人を招いて、TBSが戦後のある期間おこなっていた子供電話相談室でのやり取りなどをつうじて、探求しようとしたことである。

コミュニケーションとは何なのか、型にはまった知識を教え込むのではなく、子供たちから自然に出してくる疑問にどう反応し、どうコミュニケートして、教えるべきことを教えていくか、ということをもう一回見直そうとした。そして、大きな成果を上げた。こうした事実もふまえなくてはならない。

主権者の事業としての協同組合の新たな意義

それらをふまえて、協同組合の新たな意義について考えてみると、2009年12月の国連総会で2012年を国際協同組合年とすることが決められた。その決議の趣旨を見ると、社会経済開発、食料安全保障、金融危機対策などをつうじて、協同組合の意義と役割が見直されてきている。そういう期待に応えて、協同組合がこれからの社会にどう対処していくかを考えなくてはならない。そういう趣旨で、国際協同組合年が設定されたことがわかる。

私はこれを解釈して、さらに次のように言いたい。世界が全体として民主社会の方向へと動いている。それを今日までリードしてきた大金持ち市民の事業が法人化して、今日の世界経済を動かしている。それが、金融経済をつうじて仮想経済を膨らませ、世界経済を混乱に陥れている。しかし、他方で民主社会化の他の面として、労働者、女性、被抑圧民族などの力によって単純民主主義が普及してきて、ますます多くの国民国家が民主主義でコントロールされるようになってきている。

これからは、混乱を引き起こす事業は、民主的に統制された国家の連合体の力で規制していかざるをえない。現にG7とかG8とか言われていたものが、2008年の金融危機以降はG20という形になってきている。これまでのところ

そんなに成功しているとはいえないが、端緒は現れてきている。私の言い方でいえば、国際ケインズ主義だ。一度は廃れたケインズ主義が国際的な形で復活してきている。そういう規制をしないと世界経済の混乱は抑えられないことが、しだいに認識されていくことになるであろう。

　それにともなって、すなわち単純民主主義の普及にともなって、普通の市民（オーディナリ・シティズン）の起こす事業、普通の人びとが協同出資して民主的な運営でおこなっていく事業——その典型的な形が協同組合だが——を発展させていく必要性が、国際的にあるいは世界的に認められ始めた。それこそが、国際協同組合年設定の背後にある重要な事態なのである。

　もちろん、協同組合いがいのNPOやNGOなどとの連携も重要である。それも含めて、国際協同組合年にむけての第一回実行委員会では、これを機会に協同組合憲章をつくらなければいけないのではないか、という意見が出された。19世紀前半のイギリスで、労働者たちが自分たちを選挙に参加させろと、人民憲章を掲げてチャーティスト運動を展開し、それが今日の民主主義の基礎になった。それを念頭において、協同組合の憲章をつくるべきだというのである。

　日本には協同組合がいろいろあり、それらについての政府の対応も縦割りでばらばらである。アジア諸国の多くは、協同組合省のようなものを持っていて、一貫した対応をしているが、日本は遅れている。中国では、かつての人民公社がひとたび消滅したが、そのご農民専業合作社が発展してきているし、韓国では、2012年に協同組合基本法が制定され、各種協同組合が活発化してきている。東アジアのなかでももっとも遅れている日本は、事態の改善を真剣に考えなければならない。

各種協同組合のなかでの大学生協

　そういう背景のなかで、各種協同組合のなかの大学生協をどう考えていったらいいか。日本の協同組合の多くは、日本社会の民主化以前につくられた。日本社会の民主化は、第二次世界大戦後、新しい憲法ができて、男女平等の普通選挙が実現していらい、定着するのに何十年もかかってきている。農協

とか漁協とか、広く見れば大学生協も、日本国憲法が定着して日本社会の民主化が進む以前に、つくられた。

　そのために、協同組合には、主権者の事業などという意識はあまりない。農協などはむしろ、戦後日本の食糧生産と保守体制維持のために利用されてきた、という見方もある。多くの協同組合がいわば上から組織化された。農協のような協同組合組織が巨大化して、幹部の利害と特定政党の利害が一致し、長く続いた保守政権を持続するのに役立ってきた、という面も否めない。

　しかし、これも政権交代が起こり、前提が崩れてきている。農協以外の協同組合の多くも同じような問題を持っているから、これからがチャンスである。また、地域生協の多くは、安保闘争後の社会運動の戦線拡大運動のなかでつくられたもので、当初は反体制的、社会主義的なイデオロギーに強く影響されていた面があった。しかしその後、日本生協連などは大規模化するにつれていわば企業化してきた。最大の流通業としての日生協などと言っているが、協同組合なのだから最大の流通業だけでは困るであろう。

　そういうなかで、大学生協は福武所感いらいの路線転換をつうじて発展してきた。1970年代までは大学生協も、戦後日本の政治的雰囲気のなかで、社会主義イデオロギーや学生運動のイデオロギーに強く影響された面があった。それが、福武所感いらいの路線転換を踏まえてイデオロギー依存から抜け出し、日常の主権者の事業として発展し続けてきた。それを明確に理論化して、意味づけていかなくてはならない。

　そういう趣旨から、ビジョンとアクションプランをつくり、それをいろいろに展開してきた。これにはかなり根本的な問題が関わっていて、いわば歴史観の再建が関わっていた。それについて、少しふれよう。

歴史観の再建

　まずわれわれは、マルクス主義の限界を明確に指摘しなければならない。マルクスの時代には、イギリスですらまだ市民民主主義は実現していなかった。19世紀の終わりにようやく男子の普通選挙に近いものが実現し、晩年のエンゲルスがその可能性に気づいた。そして、エンゲルスのもとで指導を

受けたベルンシュタインというドイツの社会主義者が、それを本国に持ち帰り、男子普通選挙が実現していたなかで新しい運動を展開しようとした。しかし、修正主義として批判をうけ、その後ロシア革命が成功したことで、すべてが流されてしまった。

　第一次世界大戦後のワイマール体制下で、カール・マンハイムという社会学者が、完全に普通選挙が実現していたドイツで、知識層の果たす役割が非常に大きくなってきたことをふまえ、いわゆる「インテリゲンチャ」論を展開した。基本的民主化の進む社会で、インテリゲンチャがいろいろな考え方をまとめていき、社会のあり方・行き方を決めていくのに貢献することを期待したのである。他方イタリアでは、ほぼ同時期にアントニオ・グラムシが現れ、活動のために捕まってほとんど牢獄で生涯を過ごしながら、マンハイムのいうインテリゲンチャを、事実上一般の労働者にも広げていく理論として「有機的知識人」論を展開した。

　第二次世界大戦後になると、世界中で植民地解放が進み、その多くが最初は軍事独裁化するものの、やがて民主化されてポストコロニアルの時代に移ってきた。その過程で、中国もある時期から現実主義路線を取るようになり、ソ連はペレストロイカに失敗してやがて崩壊してしまい、世界全体の民主社会化の条件が整ってきた。そのなかで、妨害するものがなくなったとして思い切り勝手に振舞った大金持ち市民の事業が失敗し、金融危機を引き起こして世界を混乱させてきたというのが現実である。

　したがって、上に述べたように、民主的にコントロールされた国民国家の連合で国際金融資本を規制していく動きが必要であるし、そう進まざるをえない。それにともなって、普通の市民あるいは主権者の事業としての協同組合を発展させ、その領域を拡大していく必要性がますます高まってきていて、その意味で協同組合の新たな意義が大きくなってきている。だから大げさにいうと、われわれの歴史観の見直しそのものから、大学生協の新しい意義づけをしていかなければならない。

大学と大学生協の役割

　大学生協は、これまでの歴史を総括し、自分自身の存立意義を自覚して、協同組合の時代——21世紀はそういう意味では協同組合の世紀である——をリードする立場に立てるかどうか、という状況になってきている。

　大学は、地球民主社会化の進むなかで主権者を養成し、主権者のリーダーを養成するところとしての役割を、ますます強めていかなければならない。そういう場における生協、つまり大学生協の役割は非常に大きい。大学生活の基礎を支えていくだけでなく、学生たちに協同組合、つまり協同の事業を経験させ、そこで育った者たちがそのあと社会のいろいろな場で活動できるようにしていく。そういう役割が大きい。

　そういう意味で、学生のように自覚した主権者になろうとしている者たちに、そのための実践として、自分たちの事業で自分たちの生活と勉学と研究を支えていくようにさせる、そういう意義が非常に大きくなってきている。そのことをつうじて、たんなる労働者になるのではなく、自ら主権者として事業を起こせる人間に成長していくことが必要なのである。今の就活は、どこかに雇われて労働者になるための活動である。その中身が変わってこなくてはならない。

　ヨーロッパ・北部イタリアの例を挙げると、学生時代に協同組合活動をした人たちが、その事業を卒業後も続けていって社会的に定着し、いわゆる社会的協同組合を展開している。そういう活動が社会的経済を支えている。そういう動きが進展している。日本ではまだ、労働者協同組合も法制化されておらず、そのほかの法整備もいろいろ遅れているが、長い目で見ると、学生をそういう方向に導いていくことが必要になってくる。

　就活を大学生協もいろいろサポートしているが、就活というとどこか大きな企業に雇われて働くための活動なのだというのではなく、自分たちが場合によっては事業を起こしていく。たとえば、インドネシアの協同組合関係の大臣などが、事業家精神とか企業家精神を学生のなかに育てていくのが大事だ、と公然と言っている。そういう起業精神、業を起こす精神をこれから学生のなかに育てていくためにも、大学生協が果たす役割はますます大きく

なっていかざるをえないのである。

　そのために、私たち自身が大学生協の新たな性格と役割を自覚しなければいけない。この間の例でいうと、戦後の大学生協の思い出集（全国大学生活協同組合連合会, 2009）の刊行などをおこなってきたが、ある時期までの大学生協には、「闘う大学生協」という意識が非常に強く、学生運動や革新運動の一環という意識が強かった。主権者の事業、主権者が自発的に事業をおこない、市民になっていく学生にそういう芽を植え付けていって、そういう面から社会を変えていくのだという意識はなかった。そういうことをわれわれが明確に自覚し、学生、教職員、生協職員にも自覚させて、協同組合時代のリーダーとして大学生協運動を発展させていくことが必要である。

　国際協同組合年実行委員会のなかにも、理論的なことを言える人は多くない。いろいろな協同組合の指導者が集まっており、なかにはけっこう意見を言う人もいるが、全体として協同組合の新たな役割とか、協同組合の時代になってきたのだ、とかいう人は少ない。その意味で、大学という知のセンターで協同組合をやっている私たちの役割は、非常に大きくなってきている。そういうことを私たちが自覚し、生協をやっている教職員・学生、それから職員にぜひそういう意識を強く持ってもらって、これからの生協の活動を展開していかなければならない。

　生協職員も、大学生協がもつようになってきている新しい意味を自覚して、もっと大学の教職員や学生や院生と話し合いながら、有意味的に行動していくことが必要になっている。それも含めて、これからの大学生協の新しい意義と役割をあらためて自覚し、それぞれの地域で大学生協を活発化させていかなければならない。

4　歴史観の再建をふまえて大学から協同組合憲章へ

国際協同組合年の意義

　国際協同組合年について、もう少しふれよう。それに向けて2010年8月4日JJC（ICAに加盟している日本の協同組合の連絡会）による実行委員会が結成

された。最初の会議で、協同組合憲章をつくる案が富沢賢治氏によって提案
された。それを受けて、つくれるかどうか検討しようと2010年12月20日協
同組合憲章検討会準備会がおこなわれ、富沢氏を委員長、栗本昭氏を副委員
長にして、検討会を発足させた。

　2011年1月29日に検討会第1回が行われ、栗本副委員長から政府に協同組
合憲章をつくらせるための提案が出された。中小企業憲章がすでに政府に
よって閣議決定されているので、それを念頭に協同組合憲章をつくらせるた
めの素案をつくろうという提案だった。それにたいして、協同組合がまず自
らのあり方を示す憲章をつくるべきなのではないか、という意見が出だされ、
議論された。

　2011年2月25日に検討会第2回がおこなわれ、自らのあり方を示す憲章を
まずつくり、それをもとに政府に策定を迫る素案をつくろう、という案が富
沢委員長の妥協案として出された。そのまえにヒアリングを、ということで、
日本の主な協同組合からのヒアリングがおこなわれた。大学生協連、全国信
用金庫協会、全国労働金庫協会、全国労働者共済生活協同組合連合会、日本
労働者協同組合ワーカーズコープ連合会（協同総研）、ワーカーズ・コレク
ティブ・ネットワーク・ジャパン、えちご上越農業協同組合などからのヒア
リングがおこなわれ、補足説明の形で全国農業協同組合中央会からの追加コ
メントもあった。

　これらをつうじて、大学生協連は、以下のような問題提起をしてきた。簡
単にいうと、世界の民主社会化が急速に進んでおり、そのなかで協同組合が
新たな意義を帯びてきているので、そのなかで協同組合のあり方 ── 協同組
合がどんな現状でこれからどうなっていくのか ── を徹底して議論すべきな
のではないか。協同組合年を設定した段階で、協同組合の認知度がまだまだ
低いから、認知度を上げるのだということが第一に挙げられているが、すで
にあるものの認知度が低いというだけでなく、協同組合が世界の大きな動き
のなかで新たに重要な意味を帯びてきているので、それをもっと強調するべ
きだと主張してきたのである。

階級社会史観から民主社会史観へ

　1989年から91年にかけて、ソ連東欧が崩壊し、それをつうじて階級社会史観が基本的に崩壊した。しかしその後、それにたいする代わりの案、オルタナティヴが、明確に形成されていない。私はソ連東欧崩壊以前からこれに取り組んできて、ようやくその全貌ができてきた。階級社会史観から民主社会史観への移行である。

階級社会史観の形成と崩壊

　19世紀後半、イギリスという当時世界でもっとも進んでいた地域でも、産業革命による資本主義の世界制覇は見えていたが、一人一票制による単純民主主義の普及はまだ見えていなかった。イギリスの選挙法改正が始まり、一部新興ブルジュワジーには選挙権が与えられても、労働者にはまだ与えられていなかったので、チャーティズム運動が行なわれ、世界中に広がる普通選挙運動の口火は切られてはいたが、それがいつになったら実現するのか、まだわかっていなかった時代であった。

　マルクスの著作のなかには、それを見て、労働者はあてにならない選挙権獲得にどうしてそれほど熱心に取り組むのか、と言っている箇所もある。それよりも当時現実的だったのは、労働者は資本のもとで働かされているのだから、資本に対抗して組合を結成し、組合をもとにしたゼネストをつうじて実力で権力を奪取するという構想であった。1870年代の初めに、パリで、労働者たちがじっさいにそれの模擬テストのようなもの、すなわちパリ・コミューンを実践する。それを例にとり、マルクスはいろいろな分析をおこなうが、その後、身体が弱って活動ができなくなる。あとを受けたエンゲルスが、マルクスの分析を裏づけるため、『家族、私有財産、国家の起源』を書いて、国家は支配階級の支配の道具なのだから、実力でそれを奪取すれば良いのだという理論に道を開いた。

　20世紀に入って、ロシアにレーニンが現れ、遅れた資本主義のもとでは、労働者にも資本主義変革の思想が「外部注入」されなければならないという前提に立ち、マルクス、エンゲルスに加えて、レーニンと同時代人であった

ホブスンやヒルファーディングをもとに、『帝国主義』と『国家と革命』を書き、「前衛政党」が民衆の、ルソー流に言えば「一般意志」を代行して国家権力を掌握すべきであるという理論を立てて、じっさいにロシアで革命を成功させた。これが、20世紀に階級社会史観をあれほどの隆盛に導いた主因である。

しかし、ロシア革命後の国家社会主義は、一党独裁に硬直してしまい、単純民主主義におけるような自己反省への道をみずから塞いでしまったため、社会帝国主義へと膨張したものの、内部が空洞化して、けっきょく崩壊してしまった。これが1989年から91年にかけておこったことの本当の意味である。

民主社会史観の形成

これにたいして他方に、民主社会史観が形成されてきている。19世紀から20世紀にかけて、イギリス、アメリカ、フランス、ドイツ、日本などでは、普通選挙が実現し、単純民主主義が定着してきた。ラテンアメリカからアジア・アフリカにかけて、植民地状態から独立した新生国がどんどん生まれ、これら諸国の多くもこの制度を取り入れていく。もっとも大きな新生国でこの制度を取り入れた典型例がインドで、だからインドは「世界最大の民主主義国」といわれている。

これについて、かつての社会主義者からは、一人一票制のタテマエを取っていても、ブルジュワはいざとなったら労働者などに政権を渡すはずはなく、つまりクーデタなどで軍部がいきなり政権を握ったりして、普通選挙をつうじて労働者の政権が実現するわけがない。それよりは共産党一党独裁の「人民民主主義」のほうが確かなのだ、という議論がなされていた。私は、学生から院生にかけてのころ、私の周りにいた熱心な人たちからそういうことを何回も言われた経験がある。つまり、議会で社会党や共産党がかりに多数派になっても、それがそのまま労働者の政権につながるなどということを、ブルジョアが許すはずはないという議論で、それが当時は普通だったのである。

たしかに、普通選挙制度が普及するにつれ、ブルジュワは金で票を買うよ

うになった。それが今日まで大きな問題であり続けている「政治とカネ」の問題である。一人一票制というが、それならば金があるのだから金で票を買おうではないか、というわけである。

　それでも危なくなりそうなときには、ブルジュワの国家は、「自由と民主主義」をタテマエとするはずであるにもかかわらず、軍などを使って人びとの動きを圧殺しようとした。その代表的な例が、1973年9月11日のチリである。3年前の1970年、チリでは普通選挙によってかろうじて左翼連合のサルバドール・アジェンデが勝利し、世界で初めて民主的な方法で社会主義政権が誕生していた。それがアメリカにとっては非常に都合の悪いことであったので、いろいろな手を使って妨害したあげく、9月11日にその政権を軍部にクーデタを起こさせて圧殺した。

　9.11である。のちに2001年の9月11日、アメリカは同時多発テロでニューヨークとワシントンを攻撃される。アメリカは猛烈に怒って、「テロとの戦争」を開始したが、チリの例を知っている多くの人たちは、アメリカこそ二十数年前にそういうことをやったではないか、と言ってきた。私は国際学会などで、日本の学者ばかりでなく、他国の世界的に有名な学者がそういうのを聞いたことがある。もっともアメリカは、民主主義で社会主義を実現したチリではそれを圧殺したが、そうでなかったキューバやヴェトナムではそれらを圧殺できなかったのであるが……。

　いずれにしても、これらの動きをつうじて、ブルジュワはしだいに、軍で民主主義を圧殺したり、カネで票を買ったりすることができにくくなってきている。そういう意味では単純民主主義は、いったん導入されると、しだいに定着するようになると考えてよいのではないか。なぜかというと、金持ちも貧乏人も一人一票という原則には、だれも正面切って反対できないからで、お前は貧乏人だから一票は要らない、などということは言えないからである。これがこの制度の神髄なのだ。だから、この制度が普及することはたいへん重要なのである。

未主権者と脱主権者の連携による地球社会の民主化

　もちろん、単純民主主義がいったん定着すればそれでよい、というわけではない。たとえば、選挙制度が不備であれば、民主的に選出されたはずの大統領が独裁者化したりすることも起こりうる。アメリカの前大統領ジョージ・ブッシュは、9.11の直前に大統領に選ばれたが、これはある意味で選挙制度の不備の結果であった。選挙人の選挙ではブッシュがかろうじて勝ったが、投票総数に占める得票率ではゴアが勝っていた。にもかかわらず、ブッシュは大統領になり、9.11が起こったことに過剰に反応して、極度に感情的なナショナリズムを動員し、アフガニスタンにたいする戦争、イラクにたいする戦争を、一方的に始めていったのである。

　日本でも、単純民主主義は定着したが、得票率がいくら下がっても、自民党の長期政権が続いていた。このような形で人びとの意思が正確に政治に反映されない場合には、いちど主権者化した人びとが事実上また主権者でなくされてしまう。これを私は、脱主権者化と言ってきたが、そういうことがじっさいに起こりうるのである。

　他方、新生国のなかにも、中東アラブ諸国のように、歴史的宗教的などの理由から民主主義を導入できず、事実上の独裁政権が続いてしまう例もある。そこで私は、いまだ主権者になれずにいる人びとすなわち未主権者と、いちど主権者になってもまた容易に主権者でなくされてしまう人びとすなわち脱主権者とが連帯し、未民主社会を民主化し、脱民主社会を再民主化していくことをくり返しやっていかなければならない、と言ってきた。未主権者と脱主権者の連携による地球社会の不断の民主化である。

　これが、私自身が想像していたよりも速いスピードで進み始めている。

主権者のネティズン化による未主権者と脱主権者の連携の実現

　インターネットが普及し始めた頃から、それによって市民がネットワーク市民、つまりネティズンになる、それによって、ますます主権者らしくなれる、と言われてきた。この動きが急速に進み、世界が急速に変わり始めている。

その一つの例がウィキリークスである。アメリカのように民主主義の国家だといいながら、一方では秘密外交でそれらしくないことをやっている。情報を秘匿して、いくらでも勝手なことをやっている。これらのことがインターネットに流されてしまい、世界中の主権者が権力の実態を知って警戒するようになった。

他方、独裁者打倒の運動が中東・北アフリカ、広義の中東に広がり始めた。これらはまさに、未主権者と脱主権者の連携による地球社会の民主化そのものである。つまり先進民主社会の主権者たちが、インターネット上で編み出したフェイスブックその他の技術が、中東の人びとのようなまだ主権者になれていない人たちに使われて、それによって独裁政治がひっくり返されるという動きが起こり始めたのである。

アメリカは、自らの世界支配のために、中東では、とんでもない長期独裁政権を黙認したり、利用したりしてきた。それが利かなくなる。この調子でいくと、「だからやむをえないのだ」と言ってやってきた、イスラエルにたいする一方的な外交政策も維持できなくなる。こういう動きが、すでに報道されているが、中国にも広がっている。中国の今のシステムは、下部構造としての経済システムが事実上資本主義化しているにもかかわらず、政治システムだけは革命当初からのものを基本的にそのまま維持している、というものである。このまま今の政治システムを維持し続けるのは困難で、ある意味では時間の問題であろう。

日本では、未熟なネティズンが大学入試制度を攪乱し、破壊しようするような事件が起こっている。韓国や中国ではもっと先行した事件がいろいろおこっているということだが、これも注目すべきことであろう。大学が今までのような学生調達のシステムを維持できなくなるかもしれないということで、これからの経過を見ていく必要がある。

民主国家の連携による多国籍企業の規制

以上のようなことを前提に、今日までの世界社会をつくってきたのは、金持ち市民の大企業であり、その多くが多国籍企業である。それらの金融的な

変種が、金融危機を引き起こし、それを経済危機に拡大させて、世界を混乱させている。

　こういう動きにたいしては、多くの国家が民主的にコントロールされるようになっているのだから、民主的にコントロールされた国家の連合あるいは連携関係によって規制していく以外にない。その意味では、かつてG7, G8だったものがG20にまでなってきたのは、まだまだ不十分だが、それなりの進歩である。将来的には、こういう連携関係が、国連の改革などをつうじてもっとグローバルな意味で民主的に行なわれるようになっていき、国際的な形で大企業の動きが規制されて、国際経済を維持していくことになるであろう。ケインズ主義は廃れたといわれているが、そういう意味では国際的な形で復活されてくるのである。

中小企業から協同組合へ
　中小企業は、大金持ち市民の大企業にたいして、いわば中小市民の事業である。中小企業は、独創性や地域への貢献などから、評価されるべきだといわれている。だから、ヨーロッパの中小企業憲章をもとにして、日本でも中小企業憲章が制定された。しかし、中小企業も基本的には営利企業なので、協同組合と同列に並べて論じられるべきではない。

　協同組合は非営利事業の先駆である。一般の人びとあるいは普通市民が、基本的に単純民主主義と同じ原則（一人一票制）で運営を行い、利益を自分たちに、そして社会に還元していく。その意味で協同組合は、世界全体が民主社会化していくなかでますますその意義を高めてきている。だから私は、協同組合憲章検討委員会ではまずこのことを強調すべきだと主張した。そのことが、これまでの協同組合のやり方への痛烈な反省にもなるはずだからである。

協同組合自身があらためて協同組合になる
　JJCに集まっている団体やほとんどの日本の協同組合は、民主社会のなかでの主権者の事業などという意識で行われてきたものではない。そういう協

同組合は、あっても少数である。その意味で、これまでの協同組合の多くはあらためて協同組合にならなければならない。

　とくに農協などは、農業が資本主義のなかで弱い部門であったにもかかわらず、食糧増産などのために維持する必要があり、そのために協同組合の枠組が使われて政策的に育成されてきた。私は、福武直元会長の学生の一人として、学生の頃から農村の調査をやってきた。今も調査を続けているなかに秋田がある。行くたびに感じるが、今の日本は、寝たきりで末端にまで血液が行き渡りにくくなっている病人のような社会である。地方に行けばいくほど、高齢化が進み、子供が生まれない。子供がいない。元気がなくて、病人のようになってしまっている。日本の農業はそんななかで死にかけている。

　だからこそ今、農協は自らあらためて協同のスローガンを掲げているのだが、本気でそう考えているのであれば、農協を本当の意味の協同組合にし、若い意欲的な人たちがどんどん入ってこられるような状態にするべきである。それをやらないと、数十年の単位ではなく数年以内にも、日本の農業はがたがたと崩れてしまうかもしれない。農業従事者の高年齢化と言われてきたが、全国農業協同組合中央会すなわち全中の人によると、高年齢化も止まっている。高齢者が亡くなっていくので、もはや高年齢化さえ進行しない。

　協同組合方式を新しい意味で生かして、若い人たちを導入する、場合によっては外国人で日本の農業をやってみようと思っている人たちをも導入する。そういうことをしなければ、日本の農業は本当に活性化しないのではないか。そういう意味で農協がいちばん深刻であるが、他の協同組合も、本当の協同組合として、主権者の事業として、大金持ち市民の事業や中小市民の事業に対抗して、じっさいに主権者の事業を広げていこうとやってきているかというと、簡単にそうは言えないところが多い。だからこの機会に、協同組合はあらためて協同組合になり直さなければならない。

大学生協自体の教育的役割

　大学生協も、民主社会における主権者の事業などという意識でつくられてきたものではないし、いまだにそんな意識をもっていない。これでいいのだ

ろうか。大学生協ができて何十年にもなるということで、いろいろな話を聞いてきた。かつては「闘う大学生協」といわれ、学生運動をやっているのと同じ階級社会の論理で、生協も闘うのだと言われた。それからもう何十年もたっているのに、協同組合とは何かということについていまだに積極的な考え方は弱いのではないか。

　大学生協をつうじて、学生たちに主権者意識と協同組合意識をもたせ、大学生協を本当の協同組合にする。そういうことを大学生協がやらないと、大学生協の立場から日本の協同組合の問題点を指摘しても、力が弱いということになってしまうし、全体も変わらない。そういう意味で、大学生協を本当の協同組合にすることをつうじて、自分の国の政府を民主化していくだけでなく、自分たちで事業を行ない、大企業や中小企業のやり方だけに任せておかない、21世紀型市民を育てていかなくてはならない。

　そういうことが必要な領域が広がってきている。農業もそうだし、介護もそうだし、地域づくりもそうである。そういう事業に主権者であることを自覚した人びとが出て行く。そのための協同組合が必要なのである。そういう方向で、大学生協もその役割を考えていかなければならない。そういうことを、大学生協にかかわっている教職員が理解し、日本の大学生協にかかわる者全員の意識を変えていかなければならない。

IX　萎縮社会から民主協同社会へ

1　萎縮社会の克服 ── 理論的な主張を情熱的なもので補強する！

世界の民主社会化と国際協同組合年

　世界の民主社会化が進んできていて、2011年の初めいらいもっとも注目を浴びているのは中東諸国の動きである。それが中国にもロシアにも影響を与えていて、プーチンは選挙で勝ったが、そのやり方にたいしてロシアのなかでも下からの批判の声が上がっている。他方、アメリカでも日本でも、オバマ政権が成立したり、政権交代が起こったりして、多くの人が期待したが、これらはその後いろいろと躓いている。しかし、世界の民主社会化という基本的な流れは続くであろう。

　そういう前提で考えると、当面世界は資本主義で動かざるをえない。資本主義というのは、まずは大資本をもつ市民の事業つまり大企業で動かされていて、今日ではそれがグローバル化して多国籍になっている。それらが世界経済の基本を支配している。それらが、お金を操作するだけで金儲けをしようとして、世界経済を引っ掻き回し、混乱させるような動きが、2008年のリーマンショックを初めとして起こっている。

　それらにたいしては、各国の政府が民主化されてきていて、主権者のコントロールが効くようになってきているので、政府間連携で押さえ込んでいくしかない。そういう状況のなかで、中小企業で独自の技術をもって、生活密着型で、いろいろな役割を果たしているものは援護していかなければならない。私たちとの関連でいうと、学生にも、就職活動のさいには、大企業だけ

ではなく中小企業にも眼を向けさせ、どんどん入っていくように促さなければならない。

　しかし、そればかりでなく、通常市民あるいは主権者の非営利の事業もあるので、それらをもっと社会的に認知しやすいものしていかなければならない。主権者の非営利の事業の原型が協同組合なので、協同組合をもっと活発化していかなければならない。そのために国際協同組合年もおこなわれたのである。

　そういう流れのなかでもう一度、協同組合の意義を考え、普及させていかなければならない。2012年の1月13日に国連大学の渋谷の本部でキックオフ会議が開かれ、協同組合憲章草案が正式に採択された。これなどを使って、今後ますます議論を深めていかなければならない。採択された憲章草案は、2011年の7月14日パリ祭のときに国際協同組合年実行委員会で採択された原案に比べれば、それ以後、農協をはじめとして、信用金庫、信用組合などいろいろなところから意見が出てきて、かなり変わったところもあるが、基本の筋は貫かれている。

　たとえば、私は世界の市民〔民主〕社会化と言っているが、農協の人びとには市民という言葉に違和感があった。それにたいして私たちは、市民というのは、ここ数世紀の世界の動きのなかで社会の主権者として成長してきている私たち自身のことで、日本国憲法では国民といっているが、国民というと民を一つの国に囲い込んでしまうようなニュアンスになるので、ぜひ市民という言葉でとおしたいと主張し、結果的にはそれが通った。

　その他いろいろな制約が加わったが、大学生協として、今までの活動をとおして主張したことが、基本的には活かされている。この協同組合憲章草案を、ぜひ読んで議論しなければならない。それを踏まえて、教職員、生協職員が学生に大学生協の意義について議論することを訴えていかなければならない。

「萎縮社会」の本当の意味

　このように理詰めでくると反論は難しいが、しかし、理屈としては理解で

きても、じっさいそれで学生が動くか、大学生協が動くか、動かすために何が必要か、ということが問題であろう。理性的な分析と主張を生かして、それに力をもたせるものは何だろうか。

情熱とか、情念とか、パッションとかいうものがかかわってくる。日本は今、人口減少時代に入って、それを基礎にいろいろなところが萎縮してきていて、「萎縮社会」という言葉がはやっている。そのもっとも深刻な問題は、じつは人口が減るということではなくて、情熱とか、情念とか、パッションに相当するものがしぼんでいくことなのではないか。

典型的なのが、若者のやる気の問題である。最近社会学者の若手の一人が「絶望の国の幸福な若者たち」という主張をして、話題になっている。絶望の国日本にはもともと展望がないから、もともとこれから先よくなると思っていないので、若者たちは、適当にいろいろなブランドをうまく使いながら、けっこう良い生活をしていると思っていて、生活満足度がけっこう高い。だから、不満はないというのである。最初から期待していないし、悪くなる未来に比べれば、今はまだいいという反応すら出てくる。そういう事態にどう対応していくか。

最大の原因は、ある種の視野狭窄なのではないか。日本の若者たちは、非常に早熟的に視野を狭めてしまっていて、自分の生活空間の近い将来しか見ていないのではないか。そういう彼らの視野を広げるようなことを、私たちはなしえていないのではないか。

学生生活があって、就活をおこなって、サラリーマン生活に入っていく。そのことしか考えていなくて、自分で仕事を決めるまえに、一度は冒険だと思って海外に行って勉強してみようというような学生が、急激に減ってきている。これは良くテレビなどでも話題にされているが、最近のドイツ学生支援協会DSWとの国際会議でも、日本の文科省の人が来て状況の深刻さを訴えていた。たとえばアメリカでは、韓国や中国の留学生がどんどん増えているのにたいして、日本の留学生は逆クロスするような形で減ってきている。

恋愛と結婚が視野にあればまだいいほうで、多くの若者が漫然と親元にいて漫然と年をとる傾向が強まっている。いわゆるパラサイトシングルが問題

になっているのは、今までは日本、イタリア、スペインなどだと言われていたのが、NHKの仲介したアメリカの番組などを見ていると、今やアメリカにもそういう傾向が出てきているらしい。大学を卒業した若者が、親のもとから仕事に出かけ、親のもとを離れようとしない。そういう傾向が出てきているらしく、どこまでそれが広がるのか心配になる。

　親のほうにも問題がある。親が毅然として、ある年齢になったら、自分でやれと手放さないから、そうなってしまう。アメリカなどはその点スッキリしていて、親たちが、高校卒業したら大学に行けといい、大学に行ったら寮に入るというふうになっていたはずだった。しかし、この番組によると、アメリカも危なくなってきているようなので、そういう問題が広がっているのが現実であるようだ。

どんな対策が可能か？ ── 学習と研究と教育の課題

　どうしてこうなってしまったのか。日本の場合は教育の役割が大きい。とくに、社会についての教育である。国際化とかグローバル化とか言われだしたのが1980年代だから、90年代、2000年代、2010年代と、三十年以上にわたって努力してきているにもかかわらず、そういう社会観を教えることに成功していない。国民枠というか、上で述べたように国民という言葉には、市民という言葉に比べると、国のなかに民を囲い込んでしまうニュアンスがあるが、そういう枠を脱却できていない。

　そういう教育が十分に行なわれてきていない。社会学者として、社会科学者の多くとともに、責任を感じる。私は、1980年代に世界社会という考え方をする必要があると言ったし、90年代からは地球社会というところまで考えなくてはいけないとも言ってきた。地球環境問題も出てきており、このままではどうにもならないとまで言ってきた。

　しかし、社会学のなかには、そういう議論が大きすぎるという声が強い。もっと実証性を重視して、国内の具体的な国際化、つまり外国人が日本にきて具体的に定着し、仕事をしていくにはどうしたらよいか、などをちゃんと研究する必要があるという。それはそれでそのとおりで、私も否定はしてい

ないが、そちらのほうが重要な研究だというだけになってしまう。社会学の分野では、国際社会論という一つの流れができてしまっていて、2000年代の初めに『国際社会』というシリーズが東京大学出版会から出ているが、このシリーズでは、私などは、視野が大きすぎて抽象的だとか、実証的裏づけがないなどと、批判されている。

　国際社会論の広がりに指導的な役割を果たしてきた故梶田孝道氏は、視野を広げつつあり、トランスナショナルとかグローバルの問題を扱わなければ駄目だと言い始めていた。宮島喬氏は、もともとフランス・ヨーロッパ社会が専門で、そういう視野はあるのだが、彼らの組織した若手の人たちの国際社会論は、どうしても狭くなってしまう。これは日本社会の構造に原因があるのかもしれない。若者たちをそういうふうにさせてしまっているところがあり、そこをなんとかとか突破しなければいけない。その意味で、あらためて主権者学とか、主権者の社会学を展開しなければならない。

　大学生協をつうじて、具体的にそれをどうやっていくか。大学生協の歴史がその発端である。戦後、どれほど困難な時代に、先輩たちがどれほど頑張って基礎をつくったのか。その後、どのようにしてここまで発展してきたか。それが、世界的にみてどんな意義をもっているか。

　国際的に比較してみて、日本では、学生支援とか学生サービスといわれるものを、学生主体の協同組合方式でやっている。世界でも非常にまれなことである。しかも日本に220ほどのユニットがあり、組合員総数が150万以上になる。こんなに大きな規模でやれているところはほかにない。このことの意義をもっと自覚して、もっと本気でやる必要があるのではないか。

　学生が学生主体で大学生活の基礎をつくりだしている。そのために協同組合という方式、スタイルを使っている。ライフスタイルという場合と同じ意味でのスタイルである。協同組合というスタイルのカッコ良さを、もっといろいろな形で学生にたいしてわからせていけないかどうか。そのうえで、それが主権者の事業の基礎であること、そういう意味で大企業や中小企業とならんで、私たちの社会をつくっているのだということ。そういう主権者の事業を、民主的政府に主権者の意見がもっと届くようにしてバックアップして

いく。
　民主的政府にも眼を向けて、もっと主権者の事業をやりやすくしていく。そういう方向に持っていく必要がある。それが主権者による社会づくりなので、そのなかの一環として私たちの大学生協を位置づけて、学生たちをもっと能動的にしていかなければならない。

問題の難しさを乗り越えようとする情熱
　問題は、こういうふうに考えていくと、議論はまた理屈っぽくなってしまう、ということだ。理屈としては間違っていないのだが、実際上それだけでは駄目で、情熱、情念、パッションが大事である。情熱、情念、パッションについて、どういった形で語ったらよいのか。
　はっきりしているのは、小説とか映画とかのほうが、理性的な議論よりは人に訴える力があるということである。その意味でたとえば、寅さんシリーズの山田洋次監督は立派である。彼は、80歳を超えているが、自分の映画人生を振り返ってみても、3.11のような大事故が起こることは予測できなかったと言っていた。率直で偉いと思う。彼の映画は、奇抜なところとか、新しい技術を使った迫力とかはないが、日本人の生活に根ざして訴えるものを持っている。庶民的偉人と呼ぶのが適当な言い方なのか良くわからないが、彼の仕事には私たちにも学ぶものがあるのではないか。
　そういう文脈での話だが、ある所である人から「日本人は語学があまり得意ではない、それが海外に出て行かないことと関係があるのではないか」という意見が出た。そしたらそれにたいして、「日本人がこれで語学（具体的には英語）まで得意だったらどうなる？！」という皮肉が飛び出した。
　しかし、考えてみると、今の日本人がかりに語学が得意でも、今の状態ではどうにもならないのではないか。今の日本人の頭のなかにある考えだけでは、どう頑張っても世界に通用しないのではないか。率直に私たちとしても反省して、私たちの弱い面を本気で突破しなくてはいけないのではないか。それは、語学もそうなのだが、それ以上に、上に述べてきた社会の捉え方とか、それをふまえて主権者としてどう活動していかなければならないのか、

ということなのではなかろうか。

　そういうことについて、教員が厳しく学生諸君と話し合う。学生諸君主体の生協が大学生協なのだから、大学生協の活動を活発化していくことをつうじて考えていかなければならない。

2　ネット上に広がる大学教育と情熱的協同の重要性

EからOをへてCへ ── 大学教育と協同行動についての重大な問題提起

　前にふれたように、2012年のPCカンファレンスで、EからOをへてCへ、という基調講演があった。EはE-learning、Oはオープン化、CはCommonsとかCommunitiesである。みんなでPCとかICTを使って学習していくうちに、教育がオープン化され、なにか共有するものができ、共有をつうじてコミュニティができてくる。

　そのなかで大学も何を教えるのか、教師と生徒の関係はどうあるべきなのか、などいろいろなことが問われるようになってきていて、アクティブラーニングどころか、場合によっては、教師なんか要らないという授業も出てくる。つまりPCおよびICTを使う教育の本質は、なにか非常に普遍的なものである。

　そこで思い出すのだが、少し前に芝田進午という哲学者がいた。彼が強調していたことは、科学技術革命による価値の普遍化ということであった。普通の価値は、流通してみんなが分有する。それにたいして、普遍的価値は、一人で占有しようと思っても、本質的に普遍的なわけだから、手からこぼれ落ちて広がってしまう。科学技術革命が生み出していく知識とか技術とかはそういうものである。芝田氏の大変な先見の明だったと思うが、それが今、PCやICTの発達をつうじて現実化してきている。

　そういう基礎があって、EからOへ、そしてCへ、という動きが出てきている。しかもこのさい、ここから先は私の意見なのだが、Cの中身としてCooperativesが考えられる。いや、考えなければならない。何度かふれてきたように、ドイツの社会学者テンニースのゲノッセンシャフトである。ゲ

ノッセンシャフトこそ、英語ではCooperativeと言い、協同組合であり、かつ協同社会なのである。

　ドイツに行くと、○○ゲノッセンシャフト、とくに今は住居の協同組合すなわちハウスゲノッセンシャフトが多いが、今でもそのように使われている。こう考えると、EからOをへてCへ、の動きのなかから、協同の意味や協同組合の新しい意味を問い直していく動きが出てこざるをえない。

　そういう意味で私たちは、もっと積極的に協同の意味を考えていかなければならない。PCカンファレンスでも、もっと生協に関係している先生たち、生協の職員、およびもちろん学生もどんどん出ていって、自分たちがやっていることを発表していかなくてはいけない。隗より始めよ、と言うことで私自身も個人会員になり、そのご発表を続けてきている。私たちのやっていることの中身が、まさにEからOをへてCへ、という内容になっているはずなので、それをどんどん発表していけば良いのである。

京都コンソーシアムの連続講義「協同組合論」 ── アクティブラーニングの萌芽

　京都の大学コンソーシアムで行なった「協同組合論」の講義で、私も講義する機会があった（庄司・名和編、2013）。そのなかで、市民という概念の意義を強調し、協同組合はもともと市民が自分たちでやりだした事業であり、その本質は変わっていないのだ、ということを強調した。

　しかし、市民という言葉自体が日本でなかなか通らない。日本の学生たちのみならず日本人全体が、いかに「市民」教育をされてきていないか、ということに気づかされる。そもそも、対話方式で授業を始めたのだが、日本ではまだまだうまく行かない。

　今、日本では、マイケル・サンデルの「白熱教室」が有名になっているが、ああいうのは、30年以上まえにハーヴァードにいてよく知っているが、アメリカではごく普通の授業である。当たり前の授業なのに、日本では大変な授業のようになってしまっている。それだけ日本は遅れているのか、あるいはユニークなのか。一方的に教えるのではなく、みんなの意見を聞きたいのだ、といってもなかなか意見が出てこない。中学校や高校でそういう授業を

受けていないと、大学にきて突然そういう授業をやられても無理で、どんどん自分の意見を言いなさいといってもできないようである。

　ただ、今度の授業でよかったのは、主催者が、私の授業にたいする参加者の感想のコピーを渡してくれたことであった。それを見ると、けっこう意見を言っている。協同組合は弱い分野、小さな分野での事業を維持するために、政策的に利用されてきた面もあるが、大学生協の発端は皆が食糧不足で苦しんでいた時に学生たち自身がつくったものだ、だから大学生協を学生はもっと大切にしなければならない、など、この講演を導入の段階で聞いていたならもっと意識が変わっていただろう、などなどの意見があった。

　私にお世辞を言っても、私が点をつけるわけではないので、これらの学生は本気で書いている。しかし、こういうことがあとから出てくるのが、日本の学生の現状なので、日本の大学教育、いや大学を含めた教育そのものを、アクティブラーニングとの関連でも考えていかなければならない。

ネット上に広がる大学教育としてのムークスMOOCs

　さらに、2013年のPCカンファレンスでは、これも前にふれたように、大学の授業が大量公開オンライン授業Massive Open Online Coursesとしてネット上に広がり始めていることが、大きく取り上げられた。アメリカでもまだ試験的な段階なので、それらが大学のPRとして意味をもったり、もっと進んで大学の拡張として実質化していくかどうか、まだまだ分からない。MOOCsそれ自体を事業として立ち上げたUdacityやCourseraなどでは、授業ばかりでなく、教員と学生とのやりとりや学生同士のやりとりまでネット上でやろうとしているようだが、これはなかなか困難なのではないか。

　社会学者としての私は、ネット上で地球的規模に広がりうる共同性と、人間社会の基礎となる対面face to faceの共同性とがともに重要であると思うので、当面はネットと対面授業の組み合わせで大学教育を現代化していくのが良いのではないかと思う。つまり、すぐれた講義はネットに乗せて世界中に広めていき、それを単位creditとして取りたい場合には大学にきて講義担当者のゼミなどに参加し、理解を深めるのである。その大学に在籍している学

生ばかりでなく、他大学の学生や一般市民でも希望すれば取れるようにする。そうすれば、大学間の単位交換にもつながり、また、各大学の放送大学的拡張にもつながるのではないか。

　大学の本質は、講義とゼミである。教員が自分の学習し研究してきたことを系統立てて教えるのが授業であるとすれば、ゼミではそれについて学生が質問し、意見を出し、教員とのあいだで、および学生同士のあいだで、議論して理解を深めていく。学生ばかりでなく教員もそれをつうじて教えられる。白熱教室はこれらを同じ場所で同時にやるわけであるが、それには当然参加人数の限界があるであろう。ネット時代の大学は、広がると同時に、人間的に深まらなくてはならないのではないか。そうすることをつうじてこそ、のちにふれるように、大学本来の起源であるアカデメイアやシュンポシオンにもつながってくるのではないか。

　そのなかで大学生協がどういう役割を果たすのか。大学生協は学生と教職員の事業なので、そのことを組合員が自覚して、大学教育のためにも、もっと情熱的な協同をしなければならない。協同行動はそういう意味で、それ自体高度に教育的な活動なのである。

主権者の事業と主権者の政府の好循環のために

　今の政治状況を見ていると、日本の主権者たちの政府はどうなるのか、不安になってくる。大学生協は、生協のなかでも知的分野の人たちが集まっているので、生協だけにかぎらず、協同組合のこれからの行き方についても考えていかなければならない。私たちの協同をつうじて、もっと他の協同組合に働きかけていくと同時に、これからの日本のために主権者の政府を良くすることもやっていかなくてはならない。主権者の事業が民主的政府を支え、民主的政府が主権者の事業を伸ばしていく、そういう観点から、大学生協の役割を考えていかなくてはならない。

　学生は大学生協で協同組合を体験するわけだから、その面をきちんとやっていかなければならない。大学生協での情熱的な協同をつうじて、学生諸君を主権者として成長させ、日本における主権者の事業と主権者の政府の好循

環につなげていく。そういう線に沿って、これからも大学教員および院生学生は活発な発言と行動をしていくべきである。

3　新しい歴史観・社会観と大学および大学生協
　── 民主社会から協同社会へ

1963年という年

　私が卒業論文を書いてから、50年以上になる。書いたのは1963年で、「社会的人間の思考と思想」という題で書いた。1963年という年は、いわゆるキューバ危機（1962年10月14-28日）があった次の年である。ソ連でフルシチョフが第一書記の時だったが、キューバにミサイル・核兵器を持ち込もうとして、当時のアメリカのケネディ大統領と激しく対立し、あわや第三次世界大戦というところまでいった。これはなんとか収まったが、翌63年11月にはアメリカでケネディ大統領暗殺事件が起こった。振り返っても、身震いするような年であった。

　こういう年に、私は、世界史を振り返り、人間が、いかなる思考と思想によって危機を乗り越え、未来を切り拓いていけるのか、を問うような卒業論文を書いたつもりであった。しかしその後、しばらくそれを忘れていた。

それから40年たった、10年ほど前の2003年

　それから40年たった、10年ほど前の2003年、T大を定年退官するにあたり「最終講義」をすることになり、初心に帰るという意味で「最初講義」という名称で、卒業論文を振り返り、自ら提起した課題について、40年間でどれほどのことをなしえたかを自分で反省し、話した。

　そのとき、自分の卒業論文をこと細かに読み直してみて、自画自賛で自惚れではあるが、論文そのものは、読んできた修論のほとんどや博論の多くと比較しても悪くないのではないかと思った。いくつかの誤りもあり、見通せていなかったことも多いが、当時は第三世界が大きな勢いで台頭しており、米ソ対立を乗り越えて世界の未来を決めていくであろう、という基本展望は

間違っていなかったと思う。

　それを本にしたのが『社会学の射程』である（庄司, 2008）。最初講義の前半と後半のあいだに、自分の卒業論文を挟み入れた内容で、ほとんど手を入れずそのままの状態で出した。

マルクス主義への疑問から世界社会学へ

　卒論のあと、私は、大学院に行って研究者になったが、一時はさらにマルクス主義に傾斜した。しかし他方、中ソ対立などが顕在化し、社会主義諸国の大同団結などとんでもないという状況になっていったので、現実との齟齬に気づき、実際に社会主義社会を見てみようと、ソ連や東ヨーロッパ社会を何度か旅行した。中国を行ったのは少しあとになるが、ぎりぎり70年代の終わりには行っている。

　その過程で、マルクス主義が社会主義の基本思想であると思っていたのが、それで良いかどうかと思うようになった。ちょうどリヒトハイムの『社会主義小史』(1980)の翻訳を行い、刊行した頃である。この本は今でも社会主義の概観としては最高のものであると思う。またその間アメリカに滞在し、ハーヴァード大学に2年ほどいた。前にもふれたが、アメリカの民主主義とリベラリズムの実態にふれ、それがすべてだとは思わないが、そこで感じ取ったことが多くあり、その後に大きな影響を受けた。

　それで、1978年からT大で始めた必修の社会学史概説「社会理論の探求」のメインテーマは、社会主義思想と社会学との弁証法的（対立・対話的）展開であった。マルクス主義や社会主義の影響はまだまだ大きかった。ようやく80年代半ばに、ゴルバチョフが登場して、それとともにようやく大きな視座転換がはじまった。

　1985年にモスクワ、レニングラードで中国とメキシコと日本とロシアの研究者が集まり、国連のシンポジウムが開かれた。これら4国の革命を比較する比較革命論のシンポであった。当時ソ連は、科学アカデミーという機構に全学問を組織しており、そこの会員つまりアカデミークが各分野のトップで、こういう会議にはそのアカデミークが出てきた。この会議でも、アカデ

ミークが、指導的な役割を果たしていた。

　メキシコ革命や中国革命や日本の明治維新や戦後の変革について議論しているなかで、どちらにしてもロシアの革命こそ本物だったのだといわんばかりの、このアカデミークの態度は愉快ではなかった。あいだに入っていた仲介者は、ゴルバチョフはすでに、こういう態度を考えなおせという問題提起をしている、としきりに言っていたのだが、科学アカデミーのトップにはそういうことも通じていないような感じであった。

　この会議から帰ってしばらくして、大学から許可をもらい、1年間1987年3月から88年4月まで、世界一周のような研究調査旅行を行った。世界社会学をつくろうとしていたので、そのための研究調査であった。この「世界社会学調査」では、いままで行っていなかったアジアの諸国、アフリカの諸国、中南米の主な国などに行って、世界をどのようにとらえるべきかを考えた。

　帰ってきて次の年、フランスの学者に呼ばれ、ソルボンヌ大学で講義してくれないかということで、フランスに行った。1989年8月から11月にかけてのことで、このフランス滞在期間中に情勢が動き、この年の年末に東欧の解体が始まり、それがやがてソ連の解体にまで進んでいくことになった。

世界社会論から地球社会論へ

　それらを経験して帰ってきて、世界社会学を本格的にまとめようとしたが、地球環境問題が深刻となり、もはや人間の世界だけでは駄目で、地球そのものを問題にしなければならないと思うようになり、地球社会学・地球市民学という名称を使うようになった。

　そのうえで20世紀の最後の年にまとめたのが『地球社会と市民連携』(庄司, 1999) である。ここで私は、マルクス主義や社会主義から市民社会や市民社会論に戻って意義を再発見し、それをさらに広い視野と深い内容に変えることができるのではないかと思い、やってみた。その延長上で地球社会論ができ、地球社会の主権者は地球市民なので、地球市民学を考えるようになった。

　一貫したテーマは、現代世界の転換と現代思想の展開の文脈で、地球社会論と地球市民学をどう意味づけるかということであった (庄司編, 2009)。

大学生協体験

　それと並行して、T大でも大学生協にかかわって理事長などをしていたが、定年退官に伴い大学を移った次の年に、連合会から副会長を引き受けてくれないかという依頼があった。そこで、2004年末から大学生協連にかかわり、翌年田中学前会長から会長を引き継ぎ、関わりが本格的になった。その結果、会長として、主に国際交流のいろいろなことにかかわることになる。私の前の会長たちは国際交流にほとんど関わらず、専務や周りの人たちに任せていたが、私が会長になってからは私が出て行くことになった。それと平行して、ビジョンとアクションプランづくりに副会長の時代からかかわり、完成させた。

　会長になった最初の理事会で、隣の専務からこのさい何かといわれ、大学生協について問題提起する話をした。それがきっかけになり、理事会にかぎらず毎回の会合で挨拶し、そのテープを起こしてもらい、それに手を入れて発表していくようになった。それをもとにして『大学改革と大学生協』という本を出した（庄司, 2009）。

　大学生協にたいして自分が身につけてきた学・理論・知識を適用してみて、大学生協にはどういう意味があるのか追究する試みであった。そういうことをやりながら、国内の諸活動や国際交流をつうじて、大学生協の存在価値、世界史的意義を考えていくうちに、いろいろなことがわかってきた。

協同組合体験への深化

　上の本を出したあと、協同組合体験への深化というか、大学生協体験が協同組合体験に深まっていく動きが起こった。国際協同組合同盟ICAやそのアジア太平洋部会 ICA-AP関連の会議に出席するようになり、日本の協同組合の連合体である日本協同組合連絡協議会JJCにも出席するようになった。

　とくに2010年に国際協同組合年のための実行委員会が作られたときから、関連の諸活動に参加し、「協同組合憲章草案」づくりにも委員として関与した。かなり積極的な貢献もして、それをつうじて、協同組合の幅と多様性もわかってきた。それと同時に、市民社会論を新しい形で作り直し、基本にしよ

うとして、農協の人たちその他、他の協同組合の人たちから、市民という言葉は果たしてそれでよいのか、という反応ももらった。

そういうことが、自分の地球市民学・市民社会論への反省を深めていくことにもなる。どうしたらよいのかいろいろと考えていたが、じっさいにそれを書いてみると、自分なりにまとまってきているのがわかった。自分の理論が、みずから判断して高い、ベストな状態になっているのではないか、といえるような感じのものになってきた。

「協同の声を挙げよう！」という呼びかけ

そこに、ある人から問題提起を受けた。再度の政権交代が起こり、政府与党が参議院でも多数を取る可能性がある。そうしたら憲法改正につながるいろいろな動きが出てくる。それにたいして、日本の協同組合は、そのまま数えると8,000万人を超えると言われているが、その半分としても4,000万人の人たちを抱えている。協同組合としては、その基礎となる社会のあり方を明示するべきなのではないか。

この問題提起に、私は自分のやってきたことを絡めて、「協同の声をあげよう！」という文章をつくった（庄司, 2015, pp.160-164）。このなかで、私はまず、つぎの4本の柱を立てている。

1）協同組合の10年　ICAのマンチェスター臨時総会で、「国際協同組合年は2011年から始まっている。2012国際協同組合年でいろいろなことをやってきたが、まだまだ不十分なので2020年まで続けよう。協同組合の10年にしようではないか」という案が執行部から出て承認された。協同組合の10年、つまり協同組合年が終わったから終わりというのではなく、2020年まで協同組合の発展を各国の協同組合で考えよう、ということになったのである。

それを受けて、日生協とか農協とかその他の協同組合が、どうしたらよいのかを出そうとしている。

2）日本民主社会の基本枠組　日本の協同組合の基本的課題であるが、日本はすでに民主社会になっており、そのなかで協同組合の活躍が非常に大き

な意味をもつ社会になっている。そういう実績があるなかで、日本の民主社会をどうするのか。基本の枠組すなわち政治学や社会学でいうレジームであるが、社会をあり方、行き方を決める枠組が変えられてしまう可能性が出てきている。

　それにたいして協同組合としてどうしたらよいのか。今までの基本的枠組で良いものは守っていかなければいけない。まず平和主義で、これは日本国憲法9条にかかわる。

　3）自然災害とエネルギー問題　つぎに、世界では、50年前に比べると世界大戦争の可能性は低くなってきているが、その分、人類社会の共同性にたいする外側からの衝撃として、地震とか津波による社会のダメージが大きくなってきている。日本はそういうダメージを受けやすい社会なので、日本社会はこういう対応ができるのだという範を世界にたいして示していかなければいけない。

　それとの関連で、この間の大震災でエネルギー問題が非常に大きな問題になり、基本的には再生可能エネルギーに転換していく展望を出さなければならなくなってきた。それをはっきり出したうえで、協同組合として何ができるのかを考えていかなくてはならない。

　4）各国経済の自主性　そのうえで、貿易のあり方についてであるが、聖域なき関税撤廃は認められないと言われているが、強烈なプレッシャーがかかってきて、多くの領域で抗しきれなくなる可能性がある。グローバルな企業が有利になるという状態が出てくる。それぞれの国の経済の実情を踏まえたうえで、適切に対応しなければいけないのではないか。

ようやくえられた新史観・新展望 ── 民主社会から主権者の協同社会へ

　これらを柱にして、呼びかけは、協同組合の発展のために民主社会の基本枠組維持を、と訴えている。協同組合の発展のために民主社会の基本枠組は維持していかなければならない。大学生協は、日本における協同組合のさきがけの一つであり、戦後これだけの規模に発展してきた。しかも、最初密接な関係にあった学生運動が下火になったあとでも、むしろ拡大してきた。そ

ういう実績を踏まえて、基本枠組の維持に貢献していかなくてはならない。

協同組合は特定の政治的党派に組しない、という原則は貫かなければならない。しかし、特定の政治的党派を超えて、今の日本社会のレジームを悪い方向に変えることだけは、少なくとも止めなくてはならない。そういうアピールであれば、多くの協同組合が同調できるのではないか。

民主社会から協同社会への道は、マルクス主義や社会主義では社会は変えられないので、市民社会まで戻ってやり直す、というやり方で拓こうとしている。それでもまだ限界があって、農協やその他の人びとから指摘を受けている。その点をどう乗り越えるかを考えているうちに、歴史的に見て市民社会はブルジョア社会であったけれども、選挙権が全構成員に広がって民主社会になったということであれば、市民社会と民主社会は区別するべきなのではないかと思うようになった。

これはある意味では、コロンブスの卵を割ったような感じである。「なんだ、そんなことだったのか」と思われるかもしれないが、これはとても大事な視座転換なのではないか。市民社会が民主社会になっていく、その社会をじっさいに運営しながらつくっていくのは、この社会の主権者である。どういう民主主義で社会を運営していくか。あくまでも対話をつうじて、国会議席の一時的な多数などを過信せず、粘り強い対話をつうじて運営していかなければならない。その意味で民主社会は、強行採決などに依存しない対話社会でなければならない。

主権者たちの事業 ── 協同組合と協同社会

それと同時に、主権者たちは、運営するまえに、その社会をつくっていかなければならない。そして、実際につくっていくのは主権者の事業である。市民社会をつくってきたのは市民の事業であった。なかでも、大金持ち市民が始めた事業が法人化して社会を支配しているのが、大企業である。これにまかせておくと、世界経済はいまや金融的に膨らんでいるから、その面での利益追求に熱中し、金融と実態との対応関係をつけられず、大混乱におちいってしまう。

それを抑えないといけない。そのうえで、民主社会の構成員である主権者が、自分たちの事業で社会を支えていかなければいけない。中小企業のなかに悪くないものがたくさんあるのはわかるが、もっと端的に協同組合は、主権者のなかでも資本力のない人たちが集まって、なけなしのお金で始める自分たちの事業なので、そういう事業の領域を広げていかなければならないし、そういう事業を発展させていかなければならない。そういうことが盛んになって初めて、民主社会は協同社会に発展していくのではないか。

そういう展望のもとに、これまでの世界の見方、歴史の見方を変えていかなくてはならないということが、はっきりしてきた。このアピールは、そういう展望のもとに書かれている。

こういう意味で協同組合がこれからの社会をつくっていく。それをつうじて、民主社会が協同社会になっていく。何度もくり返してきたように、ゲノッセンシャフトはドイツ語で協同組合のことを意味する。社会全体を意味するときは協同社会と書き、ともに同じするだけでなく、ともに力をあわせてつくっていく社会を意味する。民主社会の枠組を維持しながら、そのなかで協同組合をもっと盛んにしていく。そして、協同社会をつくっていく。大学生協をそういう方向に活性化していかなくてはならないのではないか。

4　民主協同社会に向けての大学生協の貢献

「あいさつ」の意味 ── たえざるアイデンティティの更新

大学生協連の会長理事になっていらい、理事会やブロック運営委員長会議などで「あいさつ」を続けてきた。そのたびに私は、大学生協とは何なのだろうと考え、準備した。そういう意味では、私ほど大学生協のことを考えている人間はいないのではないかと思う。

最初は、自分が勉強してきたことをもとにして大学生協はこういうものなのではないか、こういう意味があるのではないかということを言っていた。「意味を付与する」ということは、そういうことなのではないかと思う。しかし、しだいに大学生協の各地の実態がわかってくるにしたがって、それら

を踏まえてそれらのなかから「意味を見出す」というふうに変わってきた。けっきょく何をやってきたのかというと、大学生協とは何かという、いわば大学生協のアイデンティティの更新のくり返しであった。

他方、アイデンティティという言葉が、国際協同組合同盟ICAが「協同組合の10年」のために提起したブループリントで、非常にクローズアップされてきている。そういう意味で、非常にぴったりと合ってきている。アイデンティティというのは、生協に関係する教職員や生協職員としては、そんなものはとっくに確立していると思っているかもしれない。しかし、アイデンティティは、マンネリ化してしまうと駄目になってしまう。だから、たえず状況に合わせ、活動にあわせて、更新していかなければならない。「あいさつ」にはそういう意味があった。

大学生協 ── 事業と組織とアイデンティティ

大学生協は事業の組織である。大学の福利厚生を担当する事業をやっているので、そのためにそれなりの組織を維持していかなければならない。前に述べたように、事業enterprisesと組織associationsは、大学生協の二本の柱のようなもので、専務と常務が、時に応じてそれらを分担して指揮している。しかしそれらに加えて、大学生協とは何であるのか、という問題がある。理念あるいは精神とよばれるもの、結局はアイデンティティなのだが、その裏づけがないと、事業も組織もマンネリ化したり、堕落してしまったり、うまくいかなくなってしまう。

教員が大学生協に絡んで貢献している場合には、教員は学問をしているわけだから、理念の更新、アイデンティティの更新に力を注いでいかなければならない。私は、社会学をやっているので、大学生協の理念とか組織とかが専門分野の対象に近い。だから、それを活かしてやって来ている。しかし、どんな学問をやっていても、こういう立場になれば、考えていかなければならない。

歴史の狡知としての大学生協 ── 民主化の先導者に！

　あらためて、大学生協とは何か。私たちの歴史は今どこに向かっているのか。最近、歴史家たちの仕事を見る機会があったが、そのなかの1つで、20世紀に歴史観が崩壊し、その後それに代わるものが現れず、私たちは浮遊している、と言われていた。歴史家たちがそういうのも分からなくはないが、私は逆に、20世紀の後半あるいは四半世紀をつうじてある大きな歴史観が崩壊したのは明らかだが、その後の歴史の中身を積極的に見ていくと、歴史の趨勢は明らかになってきているのではないかと思う。

　端的に言えば、歴史の趨勢は民主化である。あらゆる社会が民主社会になってきている。では、民主社会とは何か。民主社会とは、その構成員が原則として全員、主権者になっている社会である。民主社会の担い手は主権者で、主権者は政治的に、自分たちで良い政府をつくらないと社会は良くならないので、そのために努力しなければならない。今の日本がどうなっているか、私たちは、学生と一緒に考えなくてはならない。

　それと同時に、主権者は、たんに政治の面だけでなく、経済面でも良い事業をおこない、社会を支えていかなければならない。今の経済を支えているのは、金持ち市民の事業から始まった企業である。しかし、それにまかせっきりにしているのでは、社会は良くならない。だから普通の主権者が共同で事業を始める ── それが協同組合である。日本では2016年から、学生は、大学に入るまえに選挙権を獲得し、政治的主権者として意思表示できるようになる。しかし、経済的には、大学生協のある大学では、入学と同時に生協という協同組合事業に、若き主権者として参加できるのである。それをもっと強調しなくてはならない。

　その意味を自覚できれば、大学生協は思い切って活性化してくるのではないか。それがつまり、大学生協のアイデンティティなのである。今の学生は就活のときになると、企業に就職するしかないのだと思って、大企業にできるだけ就職したいと必死になり、うまくいかないと自殺したりするというケースもある。が、ほんらい社会を支える事業には、企業だけでなく協同組合もあるのだということがわかってくれば、事情がだいぶ変わってくるはず

である。ヨーロッパでは、実際に学生たちが、社会的に有用なのだけれど儲からないという理由で企業がとりあわないような事業を、協同組合方式で取り上げたりしている。そういうことも可能になるように、日本を変えていかなければならない。

　学生たちは、自分たちが主権者なのだということを自覚して、私たちの先輩が苦労してつくってきた大学生協の意味をもっと考えなければならない。私たちの先輩は、第二次世界大戦後、食うや食わずだったから、とにかく食堂をつくらなければとか、本やノートを供給しなければとか、必死でやっていて、その意味を考えたりしている余裕はなかったかもしれない。しかし、今になると、その意味はたいへん大きいのである。

　こういうことを、ヘーゲルは「理性の狡知」と言ったのだと思うが、私は端的に「歴史の狡知」と言えばよいと言ってきた。何がなんだかわからずにやったことが、生き延びて発展し、これだけ大きなものになってきている。それを自覚することが大切である。大学生協はそういう意味を持っているのだ。

アジアとの交流・世界への発信

　こういう大学生協が、事業単位220ほど、組合員総数150万以上という規模で存在するのは日本だけである。そういうことが、アジアなどとの交流をつうじてわかってきた。ヨーロッパやアメリカなどと交流しても、それが分かる。分かってくると、日本の大学生協はそれなりの役割を果たさなければいけないのではないかと思って、ますます頑張るようになる。アジア諸国の大学生協に、日本がこれだけの規模を持っているから、私たちと同じようにやってみろというのではない。それぞれの国に事情があり、それぞれ頑張っている。むしろ、私たちのほうが学ばなければいけないことがたくさんある。それを教えてもらいながら、日本ではこれだけのことを私たちはやっている、だから参考にしてほしい、と言ってきているのである。

　1980-90年代から、当時は専務が中心になって、国際交流の基礎をつくってきていて、2000年代に入って実質的に私が会長になってからは、会長が

表に出てやるようになった。周りの諸国にも、それだけ評価されるようにもなってきていた。ただ、80-90年代でつくられた枠組みがあって、それは、日本の大学生協が中心になってフィリピンやマレーシアの人たちに協力してもらい、クラブのようなものを中心にして交流をしていくパターンであった。

しかし、国際協同組合同盟アジア太平洋ICA-APの本部が、もっと組織的にきちんとやるようにという指導を強く入れてきた。とくに2012年からだが、2013年のソウルで行われたICA-AP大学キャンパス委員会とワークショップの時には、そういう指導が非常に強く入って、今までとは違って組織的にしっかりとした活動になった。今後は、そういう方向に進んでいかなければならない。そういう組織活動をきちんとしながら、アジア諸国と交流して日本の大学生協の良さを発揮していく。そして、そこからさらに世界にどう発信していくか、世界への発信を考えていかなくてはならない。

「協同組合の10年」とそのためのブループリント

国際協同組合同盟ICAそのものとのつながりであるが、日本の大学生協は1994年からICAの会員になっている。なっているのだが、それだけのことをやってきているのか、という疑問もあるので、最近とくに強く専務や常務にも要求してICAの会議にも出るようにしてきた。出るとやはり違う。ICAとはどんな組織か、そこで何をやっているのか、がわかる。私が出てみたかぎりでは、とてもしっかりした組織である。総会といってもシャンシャンではなく、きちんと議論している。世界から出てきた協同組合の活動家が、自由に意見を言い合って、議論をしている。そこで次の方針を決めている。

すでにふれたように、2012年が国際協同組合年だったが、そこで出てきた動きがまだまだ不十分だということで、国際協同組合の10年というのに発展させて、2011年から2020年までの10年間を「協同組合の10年」にするという決定をした。そこで何が変わるのかというのを、マンチェスターでの臨時総会で議論している。それをもとに、2013年になって、ブループリント、つまり、どういう活動をして世界の協同組合をどう変えていくか、そのことをつうじて世界経済や世界社会にどういう貢献をしていくか、という青

写真を出してきた。

　ICAの本部は、世界各国にいろいろな協同組合があるが、そのなかには協同組合とは名ばかりで、協同組合らしいことはやっていないものもある、ということを良くわかっている。だから、協同組合らしさ、つまりアイデンティティをもう一度確認してほしい。そのうえで組合員に参加を働きかける。協同組合は、ほかの企業と違って危なっかしい投資をして大もうけをするような組織ではなくて、持続可能性のあるサステーナブルな経済社会を目指しているのだから、そのために組織的にばかりでなく、協同組合資本を確立して経済的基礎をきちんとしなければいけない。それから、協同組合が活動しやすいように、法的枠組をつくっていかなければならない、ということを言ってきているのである。

他協同組合との交流をつうじて大学生協らしい貢献を！

　それらをもとに協同組合を強化していこう、というのがブループリントである。そういう青写真をつくることは非常に良いことであるが、実際にそれをもとに見ていくと、日本の協同組合のなかには協同組合とは名ばかりで、というところもかなりある。そういう他の協同組合との関係で、大学生協はどういうふうにやっていかなくてはならないか、考ええざるをえない。臨時総会やその次の日に行われた協同組合会議をつうじて、総会の議決にかかわる部分が終わると、日本の協同組合関係者の出席は非常に悪くなってしまうという実態があった。そういう事実もふまえながら、他の協同組合との関係で、大学生協はどういうことをやらなければならないのか。

　大学生協には、知のセンターの協同組合として、それだけの役割がある。他の協同組合とのあいだでも、知的に媒介するような役割を果たしていく必要があるのではないか。それを行うためには、まず自らブループリントの意味を理解して、活動を関連づけていかなければならない。そういう方向に沿って、大学生協連の全会員及び組合員に呼びかけていくことが必要である。そういうことを本気でやれば、大学生協は活性化して、序で見たように、いま組合員数が少し増えているにもかかわらず供給高が減ってきている状態だ

が、そういう状況も転換できる。

　では、他の協同組合ともっと交流しようということになると、大学生協は、協同組合のことはわかっているから……などと言って大きな顔で参加するのではなく、やはり他の組合のさまざまな実態があるわけで、大いに学ばなければならない。学んだうえで、大学生協として何ができるのか、やれることをする。そういう意味で、他の協同組合との関係を、これからはもっと積極的につくっていかなければならない。

組合員の参加と日常活動の強化

　大学生協が、学生・教職員・生協職員に参加してもらって、アイデンティティを強化しながらビジョンとアクションプランに沿った活動を活発化していくと、おのずからブループリントを実現しようとする世界的な動きの一端を担っていくになる。そういう状況が、国際的、社会的に生じているということを、私たちはもっと理解しなければならない。これは私が会長になって、いろいろなことをやり始めて、初めて見えてきたことでもあるので、まだまだ大学生協全体から見えていることではない。それをトップが上のほうだけで言っているというのでは駄目で、全国の組合員に呼びかけて参加を促していかなければならない。

　大学生協の意味を理解してほしいという意味で、アイデンティティを強化し、それを日常の活動のなかに生かしていく。具体的には、学生の多くは、小さい頃からコンビニに慣れていて、「大学生協はそれに比べると、、、」というふうに感じている。そこで、コンビニと生協の違いはどこにあるのか、から始めて、大学生協の大事な特徴を分かってもらう方向につなげていく。そういうことをするために、「協同組合の10年と大学生協」という文章も作ってみた（庄司, 2015, pp.180-187）。

ビジョンとアクションプランをつうじてブループリントの実現へ

　ICAの呼びかけている、アイデンティティを強化して組合員の参加を促し、持続可能な成長につなげていく、そのために、活動しやすい法的枠組をつく

りながら協同組合資本を強化していく、というのと、私たちが2006年につくったビジョンとアクションプランを対比してみよう。そのミッションつまり使命である協同・協力・自立・参加は、ブループリントとみごとに対応している。協同は、協同組合らしいことをしながらアイデンティティを確立していくということであるし、そのために大学と良い協力的な関係をつくっていく。これは同時に、社会的には協同組合が活動しやすい法的枠組をつくっていくということでもある。そのために、協同組合憲章草案づくりにも、大学生協は積極的に参加してきている。

　他方、大学生協は経済的に赤字を出さず、民主的な運営をきちんとしていかなければならない。そのうえで、情報的にもつけ込まれてはならない。それを私たちは自立と呼んだが、これは協同組合資本の確立そのものである。こうしたことをつうじて、組合員に参加してもらい、社会的にも平和、環境をはじめとした、持続可能性につながる動きに参加していく。こうしてビジョンとアクションプランは、ICAのブループリントにみごとにつながっていくのである。だから、それを実現しようと努力していけば、大学生協らしい活動をつうじて、この10年の協同組合の強化にもつながっていく。

　2012年国際協同組合年のときにCo-operative Enterprises Build a Better World! という言葉が標語として世界中に流れた。日本語では、「協同組合がより良い社会をつくる」と訳した。「社会をつくる」が間違いであるとはいえないが、そのまま訳せば、「協同組合がより良い世界をつくる」である。そういう動きに、日本の協同組合が参加する。大学生協も、他の協同組合にも働きかけながら、できるだけの貢献をする。そういうことを大学生協が、できる時代になってきたし、条件もあるので、その方向にぜひ前進していかなければならない。

Ⅹ　大学教育の活性化と協同行動

1　若き主権者の事業としての大学生協・再論

東日本大震災と大学生協

　大学教育と協同行動の関連を考えるにあたり、どうしても東日本大震災にふれないわけにはいかない。2011年3月11日に、とてつもない大震災が発生した。大学生協も当時の専務を先頭にしてただちに行動を起こし、自らの被害状況を把握するとともに、被災地と被災者の救助と復興に少しでも役立つよう物資援助や募金やボランティアの活動を展開してきた。その様子は大学生協連のホームページにずっと掲載されてきている。

　私自身は、2011年の7月に、東松島を中心におこなわれていたボランティア活動を視察し、参加学生たちを激励するため訪れた。そのとき被災現場もできるだけ見ておきたいと思ったのだが、案内してくれた生協職員が、私が疲れないよう気を遣ってくれたため、予定されていた現場訪問をかなり省略することになってしまった。

　案内してくれた生協職員の善意も、興味本位の訪問者への現地の人たちの批判も、よく理解できたが、テレビなどで何回も見せられた大津波の現場を少しでも多く見ておきたいという気持ちを押さえられず、私はいらだっていた。それほど私は、この大震災にショックを受けていた。

大震災が明らかにしたのは地方を周縁化してきた社会形成の問題

　どうしてそれほどのショックを受けていたのか。同じ年の秋、私は2人の

生協職員と、仙台空港の南から松島、石巻、気仙沼、大船渡などを通って釜石までの海岸線を、つぶさに見てあるいた。また翌年の春には、発災当時東京に出てきていた人が東北新幹線で帰れず、新潟、山形経由で帰ったということを聞いていたので、私一人で、そのとおりのルートで仙台まで行ってみて、レンタカーで、気になっていた被災地の一つ七ヶ浜をくまなくドライブした。さらにその翌年の秋には、I大生協の50周年で盛岡を訪れたので、以前と同じ2人の生協職員につきあってもらい、宮古から釜石までの海岸線をつぶさに見てあるいた。時間が経つにつれて、ガレキ等の片付けは進んでいたが、多くのところに被災の生々しさは残っていた。

こうした視察の積み重ねをつうじて、私が受けていたショックの原因と意味も明らかになってきた。大地震と大津波そのものは、それらの歴史やプレートテクトニクスなどから、どの程度のものが起こるか想定できるにしても、それがいつ起こるかまでは現在の科学では予測できないので、やむをえない面があるかもしれない。しかし、震災は明らかに社会的現象であり、私たちの社会がこれまでどのようにつくられてきたかを、如実に示していた。

半世紀ほど、私は日本の社会学者の一人として、日本資本主義の発達を基礎とする日本社会のつくられ方を、全体社会分析や地域調査の積み重ねをつうじて見てきた。資本主義の発達とともに京浜、阪神、中京、北九州などに集中していく人口をなんとか分散し、バランスのとれた国土開発を進めることに、歴代の政府が意を用いてこなかったわけでは必ずしもない。しかし、全国総合開発計画、新全総、三全総……と続いた基本政策は、20世紀の終わりになってけっきょく東京一極集中に引きずり込まれ、高齢化につぐ少子高齢化からさらには人口減少の見通しに直面して、萎縮し始めることにならざるをえなかった。こうして、相対的に見捨てられてきた地方、そのために十分な防災対策もなしえないできた地方が、今回のような甚大な被害を出さざるをえなかったのである。

しかもそのうえで言えば、この甚大な被害ですら、死者・行方不明者数から見ると、インドネシア・スマトラ島沖地震（2004年）、中国・四川大地震（2008年）、中米・ハイチ地震（2010年）などに比べてまだ小さい方なのであ

る。ということは、日本における資本主義の発展で周縁化されてきた地域をはるかに上回る規模で、世界における資本主義の発展で周縁化されてきた地域が、自然現象が引き起こす社会的災害の犠牲になってきていることにほかならない。1995年の阪神淡路大震災では大都市神戸が甚大な被害を受けたが、それもとくに再開発の遅れていた地域に集中していた。大都市直下型地震では、比較的最近の耐震技術を組み込んだ高層ビルも万全ではないかもしれないと言われているが、これは文字どおり耐震技術そのものの問題である。

周縁を生み出す社会形成をしてきたのは巨大企業

　日本の歴代政府が、いちおうバランスのとれた国土開発と社会づくりの基本政策をとってきたにもかかわらず、その結果が東京一極集中と少子高齢化・人口減少になってしまったのは、もちろんまず歴代政府の性格と基本政策遂行の本気度の弱さに原因がある。世界の問題ともなると、国連は世界政府からはほど遠いもので、経済社会理事会の活動も有力政府の後押しがなければはなはだ弱いものにすぎないから、周縁化されてきた地域の経済開発や社会開発が想像以上に歩みののろいものだったことは明らかである（四川は新興大国中国の周縁地域にほかならない）。

　しかし、国連や一国政府の力がかりに相当強いものだったとしても、実際に各国の経済と社会をつくってきた企業の力は、生半可な政策で統制できるようなものではなかったであろう。現実にこの5世紀ほどの世界の、またそのなかでこの1世紀半ほどのあいだの日本の、経済と社会を下からつくってきたのは、大金持ち市民が株式会社方式で起こした企業である。それらの多くは今では巨大株式会社（コーポレーション）となり、それぞれの国では法令等によりそれなりの規制を受けているかもしれないが、今や多国籍あるいは世界企業となり、世界中のどこでも活動しやすいところを渡り歩きながら大きな利益を上げてきている。そして、コーポレーションはコーポレーションで、それら同士の激しい競争に突き動かされながら、大規模倒産などの憂き目を見ないよう苛烈な経営を続けてきているのである。

　19世紀の後半に、これら大企業は、その内部で労働者を搾取して巨利を

むさぼっているのだから、労働者は組合をつうじて団結し、ゼネストなどによって大企業を追い詰めて、経済、ひいては政治の実権を握るべきだ、という理論が出現した。そしてこの理論は、相対的に資本主義的発展の遅れていた国で、労働者農民を代表する「前衛党」というアイデアと結びつき、20世紀社会主義の政権を生み出した。この政治運動は20世紀をつうじて、世界の半分にも迫る地域を影響下におく勢いを見せたが、一党独裁によってかえって自己発展の可能性を塞いでしまい、その大きなものは、1990年前後までに、崩壊するか、あるいは経済を世界市場に投げ出して、経済成長による満足感で政治体制を支える仕組みに変わった。

　要するに、21世紀に入って目立ってきた、地震や台風などの自然現象による社会的災害によって、日本でも世界でもこれまでの経済社会発展で周縁化されてきた地域が大きな打撃を受けてきているのは、大金持ち市民が起こした事業に端を発する巨大企業が、利潤増大をめぐるそれら同士の競争に駆り立てられてにせよ、周縁地域に不利な経済開発や社会づくりをしてきたからなのである。

主権者としての民衆による政府の連携と民主的事業

　今や国境など眼中にないこれら巨大企業を統制し、日本国内でも、さらには世界大の規模でも、もっとバランスのとれた経済開発と社会づくりに仕向けていくのは、民衆の支持を受け、意を汲んで活動する民主的な政府の連携プレー以外にはありえない。そのために私たちは、私たち自身の政府をもっともっと民主化し、同じように民主化してきている諸外国の政府と共同行動を取るよう、要求していかなくてはならない。

　戦後ケインズ主義の、資本主義にかけた諸規制の徹底した緩和を要求してきた新自由主義が、イラクやアフガニスタンに仕掛けたアメリカの戦争と並んでどれほど世界経済を混乱させてきたか、すでに私たちは知っている。多国籍企業や世界企業の行動は、もはや、大国といえども一、二の力で制御できるものではなく、できるかぎり多くの民主的政府の連携プレーで統制されていかなければならず、いわば、世界経済への複数政府の干渉という国際ケ

インズ主義に、まだ民主化の途上にある重要政府をも巻き込んでいく必要があるのである。

　しかも、このように連携した民主的政府による巨大企業の統制は、まだそれだけでは十分でない。民主的な政府を実現し、それをさらに民主化していくのは各国の主権者であるが、主権者は今や、自分たちの政府をつうじて巨大企業を統制していくだけでなく、必要な事業は自分たち自身でおこなっていく気概を持ち、実際に実践していくつもりでなくてはならない。

　巨大企業が利益にならないからといって手を付けようとしない多くの分野には、さまざまな中小企業が展開しているので、それらのうちの良心的なものは民主的政府が奨励していかなければならない。しかし、それだけでは今やまったく十分ではないので、本当に必要な事業から始めてできるだけ多くの事業を、現代では主権者自身が展開していかなくてはならない。

　19世紀半ばのイギリスで、粗製乱造の商品をできるだけ高く売りまくろうとする企業にいじめ抜かれた労働者たちが、やむにやまれず始めた事業が生活協同組合であった。その後、協同組合は、農業、漁業、中小企業など資本主義のもとで不利にならざるをえない諸分野に広がり、一国経済のバランスのとれた強化を進めようとする政府の政策にも助けられて、世界中に広まった。国際協同組合同盟ICAによると、今や世界には10億もの協同組合員がいて、GDPでイタリアやカナダに匹敵するほどの供給高を実現している。

　つまり現代では、世界中でしたい放題の営利活動を展開している多国籍企業や世界企業に対抗して、世界中の主権者が、自分たちのつくる民主的政府の連携プレーでそれらを統制していくだけでなく、自分たち自身の展開する民主的な事業の範囲を広げ、内容を多様化していくことをつうじて、可能なかぎりそれらに取って代わろうとしてきている。

　労働者たちは他方で普通選挙運動を展開しつつ市民（シティズン）として主権者になったが、そうなることによってある時期まで、ある程度までは先進国による世界の植民地支配に加担した。しかし、20世紀をつうじて、世界のほとんどの植民地が独立し、その後の軍事独裁や開発独裁をも乗り越えて、民衆を主権者とする民主主義の方向に向かってきている。巨大企業の規

模と力はまだまだ圧倒的なものだが、世界中の民衆が、それらの横暴を押さえるために、できるだけ民主的な政府をつくってできるだけ連携しようとするだけでなく、自分たち自身でも民主的な事業の拡大と多様化によって社会の実質を下からつくっていこうとし始めている。主権者としての民衆がつくる政府が自分たちの社会を運営し、その内容もできるだけ自分たちの事業でつくっていこうとする、本当の意味での民主社会に、今や世界の大勢あるいは歴史の趨勢は向かっている。

若き主権者の事業としての大学生協

　こうした文脈で見ると、大学生協は、いわば若き主権者の事業である。第二次世界大戦前の先駆例をふまえて、戦後の窮乏期にその後の発展の基盤となる中核的な諸単位がつくられたとき、それらをつくった学生たちは、食うために、そして本やノートを手に入れるために必死で、自分たちの事業が主権者たちの事業なのだ、などという意識はなかったかもしれない。当時は学生運動が盛んで、その先頭に立つ学生たちには「前衛の前衛」のような意識があったから、むしろそれに引きずられて、大学生協も資本主義社会を変革する運動なのだ、と思っていた人たちも少なくなかった。

　それはそれで、若い学生たちからすれば当然のことであった。むしろ食や学問にたいする逼迫した欲望や、現実に必ずしも適合していなかったかもしれない社会変革の理想や戦略こそが、若い学生たちの身体を彼らの意識や意図を超えて強力に動かし、戦後民主主義がいちおう定着した今日から見ると、若き主権者の事業といえるようなものを生み出し、世界でもまれに見るような規模にまで発展させていくことになったのである。その意味で、私はこれまで何度も、ヘーゲルの言葉をもじって、日本の大学生協を世界史的に見てもまれな規模と内容にまで発展させてきたのは、いわば歴史の狡知なのではないかと言ってきた。

　第二次世界大戦の諸結果を受けた20世紀の後半は、人類史上空前の激変期で、何度も声高に人類絶滅の危機すら叫ばれたが、21世紀に入って10年以上経ち、人類の諸社会が、まだまだ多くの深刻な問題を抱えながらも、進

もうとしている方向が見えてきている。20世紀をつうじて世界のほとんどの植民地が独立し、軍事独裁や開発独裁の時期を克服して民主化し始め、一党独裁の袋小路に入り込んだ国家社会主義も、自壊するか、あるいはその経済を思い切って世界市場に開放し、米欧的基準に合うかどうかはともかく、民主化せざるをえない方向に歩み出した。

世界中を植民地支配した欧米市民社会をも乗り越えるこれからの民主社会は、今なお圧倒的に、経済的には、金持ち市民たちが起こしてコーポレーション化した大企業によって支配されているが、それらの横暴を、民主化されていく諸政府の連携プレーによって押さえ、しだいに多くの事業を民衆自身の民主的経営でおこなっていくようになっていくであろう。世界中の民衆が主権者となっていくにつれて、世界中の民主社会が主権者の選ぶ民主的な政府のもと、主権者自身がおこなう民主的な事業でその実質をつくられるようになっていく。そして、民主的な事業のもっとも古くもっとも徹底した形が、協同組合原則を守る協同組合なのである。

日本の大学生協は、日本における協同組合運動の先駆けの一つであるから、主権者の政府と主権者の事業によって形成され維持される民主社会、つまりこれからの民主協同社会をつくっていく活動の一翼であるばかりでなく、学生という若き主権者たちを協同組合に招き入れ、その活動を体験させ、その意義を考えてもらって、そういう社会を担っていく協同者つまりコオペレータを育てていく活動なのである。東日本大震災の衝撃を受け止めて続けられてきている私たちの議論と活動が、あらためて日本の大学生協の歴史的性格と現代的使命を浮かび上がらせている、というのは言い過ぎであろうか。

2　大学教育の活性化に大学生協を生かす！

福島はまだ進行途上！ ──「魔法使いの弟子」の技術

東日本大震災とその一環として起こった福島第一原子力発電所の事故の衝撃は、大きなものであった。しかも、原発事故は明らかに人災であり、前節で東日本大震災の原因として述べたことよりもさらに深刻に、私たちの社会

のこれまでのつくられ方、そういうつくられ方を許してきた私たちの責任、というよりもそういうつくり方をしてきた主権者としての私たちの責任、を問い詰めている。

　福島はまだ進行途上である。私は、小学生のころに校長先生が朝礼で「原子力の平和利用」について語っていたのを、思い出す。何か希望の光が差し込み始めた、というような語り方であった。しかし、長じて学生となり、研究者の道に進み、大学の教員となってから、実用化され始めた原子力発電に、未解決の大きな問題がつきまとっていることを学んだ。どんな技術でも人間が運用するので、運用の誤りによる事故の可能性はある。しかし原発の場合には、いったん事故が起こってしまったらその害がとてつもなく大きいだけでなく、核のゴミつまり使用済み核燃料の処分方法がいまだに確立されていないという、大きな難点が残っているのである。

　米ソ冷戦の終結まで、私は、人類の最大の問題は核兵器を用いた戦争が起こるのを阻止することだ、と考えていた。だから核の問題も、人類が核分裂の連鎖反応を発見し、それを応用した兵器を開発して広島・長崎に使用し、絶大な犠牲を出しながら、その後それを使用しないでも済むような国際関係あるいは世界社会をつくれないでいる、という問題として考えていた。人類はこの意味で「魔法使いの弟子」だ、とかつて私は言った（庄司, 1999, p.24）。アメリカの生物学者で科学評論家のバリー・コモナーも同じ比喩を使っている（同, p.272）。

　周知のように、ゲーテに同名の詩がある。魔法使いの弟子が箒（ほうき）に水汲みをやらせる方法を教えられ、やってみると本当にそうできるが、それを止めさせる方法を知らないままなので、あたり一面洪水になってしまい、自らも洪水に巻き込まれ、溺れそうになる、という逸話である。フランスの作曲家デュカスがこれをもとに交響詩を書き、それがディズニーの映画「ファンタジア」に取り入れられて、アニメ付きでたいへん有名になった。人類はみずから生み出した高度な科学技術を誇っているけれども、核爆発という洪水の収め方も知らない魔法使いの弟子にすぎないのではないか。

　冷戦終結後、核兵器を用いた全面戦争の可能性は幸いにして低くなったが、

その代わりに原子力発電がものすごい勢いで世界中に広まっている。事故を起こさないように何重にもチェックをかけるから大丈夫だ、と推進派は言ってきたが、すでに冷戦終結前からアメリカ、旧ソ連と大事故が起こっていて、そしてなんと今度は、唯一の被爆国として世界に平和を訴えてきた日本で起こってしまった。私たちは今や自分たちが、核の「平和利用」が引き起こした事故の収め方も知らない魔法使いの弟子であることを、認めざるをえないのではないか。

原発どころか憲法についてさえ、私たちは十分学んできていないのではないか？

　私は今、何十年間も大学で教育に携わってきた研究者の一人として、深刻な反省に襲われている。2014年春、私は機会を得て福島第一の北側を視察し、同年夏、もう一度機会を作ってもらい、南側を視察した。原発のすぐ近くまでは行けなかったが、北からも、南からも、近づくにつれて、地震に襲われて崩壊したり、津波にさらわれたりした町や村がそのままになっていたり、人びとが着の身着のままで避難したあとの、一見何ごともなかったように見えるものの、よく見ると、恐ろしいほど空虚な家いえや町並みが残っていた。

　私たちはいったい、大学で何を学び、何を教えてきたのであろうか。第二次世界大戦後の日本が、経済成長とともに、エネルギー源を水力から火力に変え、石炭から石油に乗り換え、さらには原子力を導入してきた過程で、私たちは、巨大ダムの建設とか、炭鉱労働者の激しい闘争とか、中東から原油を輸送してくる巨大タンカーの建造現場とか、さらにはあの巨大な原子炉の建設をめぐるいくつもの住民運動とかを見てきた。そしてそのつど、急速に膨張していく経済の中身、それによって変えられていく社会と文化、それらをめぐって展開される政治、それらすべての結果として急速に変貌していく郷土および国土について、この国、いやこの社会を底辺から支える民衆の立場から批判的に論じてきたつもりであった。

　原子力は、たしかに石炭や石油のように二酸化炭素を大量に排出しないか

もしれないが、いったん事故が起こったらどれほどの放射能がでるのか予測などできない。広島・長崎で原子爆弾の爆発による直接の死傷者や都市破壊に加えて、長期にわたる放射能の被害を経験してきている私たち日本人は、原子力発電の導入には慎重にも慎重を重ねるべきだ、などと言いながら、実際に日本の社会づくりと国土づくり、それをつうじて世界の社会づくりと地球環境の形成にどれほどの役割を果たしえてきたのであろうか。私たちにそれぞれの専門があるのは言わずもがなだが、どんな専門もそれぞれのルートでこうした国民的そして人類的課題にはつながっているはずである。

　こう考えてくると、私たちはそもそも、戦争のない世界をめざし、基本的人権を尊重しつつ、私たちの社会の主権者として生きる覚悟を明示した日本国憲法を、どこまで身体で理解していたのかも疑われてくる。言うまでもなく、ここでもっとも大切なのは、私たちがこの社会の主権者であるということである。主権者であるからこそ、前節で述べたように、私たちは、平和と人権尊重を基礎にして他の民主的な諸国と協力しつつ、国境を越えて活動する大企業の暴走を押さえることもできるし、自分たちでも必要な事業を起こして、経済的基礎から自分たちの社会の内容をつくっていくこともできる。

　けれども、そのことを私たち自身がどの程度深く理解し、学生たちに教えてきたのか。福島の原発事故がここまでこじれてきているのを見ながら、私たちは、この社会の主権者としてどこまでそれに責任を感じ、その収め方とこれからのエネルギー政策とそれを基礎にしたこれからの社会づくりについて、学生たちとどの程度語り合ってきているであろうか。

シュンポシオンとアカデメイア ── 大学の基本的あり方

　私は自分が学生だった頃のことを思い出す。高度成長前半期の頃の日本はまだ貧しかったけれども、大学には自由があり、学生たちは夢を持っていた。日米安保条約の改定は阻止できなかったが、まだまだこれから新しい社会を創っていくのだ、と私たちは思っていた。私は、社会学を専門として選び、教授たちの著作を片っ端から読んでみて、なんだ、この程度のレベルならまもなく自分は超えてみせる、などとうそぶいて、授業やゼミで教授たちに

くってかかったりしていた。

　それから大学院に進学し、研究者になって、大学で教えるようになっても、自分はいつも自分の先生たちよりはましなことを教えているつもりだし、学生たちの質問や批判にはいつでも答えてきたつもりであった。しかし、高度成長が終わっても、大学の数とともに学生の数も増えていき、やがて学生の質が変わり始めた。進学率が急上昇し、それだけ多くの若者が大学に来るようになったのだから、平均した場合の学生のレベルが下がり始めたのは当然としても、一流大学の学生ですら昔より素直で、よく勉強するけれども、独創性というか創造性が弱くなってきたように感じ始めた。

　いわゆる「大学の学校化」で、大学が全体として高校の延長のようになり始めたのである。この過程で日本人の寿命が延び、社会の高齢化が進み始めたから、人生が長くなってきたその分だけ、若者たちもゆっくりと成長するようになってきたのではないか、と私は思った。そして、ある意味では、これはチャンスだった。学生が素直でよく勉強するようになってきたのだから、上に述べたような、エネルギー政策を基礎とする私たちの社会のつくり方について、そしてなによりも私たち自身が主権者としてこの社会をつくっていかなければならないことについて、私たちはもっと本気で、力を入れて教えなくてはならなかったのではないか。

　しかし他方に、やはり大学は大学でなくてはならない、という気持ちも強くあった。この辺のことを私はここのところ、古代ギリシアで人類の知が芽を吹いた頃のことに例を取って考える。人類の自覚的な知はソクラテスの言った意味での「汝自身を知れ」に始まった。そのソクラテスの、いわばゼミを、プラトンがシュンポシオン（饗宴）として描いている。シンポジウムの語源となった言葉だが、ソクラテスを中心に教師と学生が、いや教師も学生もなく、皆が自分の意見を述べあい、おたがいに自分の無知に気がつきあって向上していく。そうして確かめられていく確実な知の成果を知識として、体系づけて、それゆえにある種の権威をもって教えていくようになったのが、プラトンのアカデメイアであった。

　私が思い出すかぎり、日本の大学も、私が学生の頃は、ゼミはもとより、

権威ある教授の権威ある授業も、意欲ある学生の質問や批判の対象になるという意味ではシュンポシオンであった。しかし、そのご大学の学校化が進み、大学が、小学校から積み上げられてくる、教え育てる「教育」のシステムに編入され、そのかぎりで学生たちも素直でよく勉強するようにはなってきた。しかし、教育の英語educationの基となったといわれる古代ギリシアのパイデイアは、ほんらい子どもが持っている能力と可能性を発揮するよう働きかけることなので、いわばシュンポシオンの根っこのようなことなのである。

　今や、名教授の名講義が大量公開オンライン授業（MOOCs）として、つぎつぎにインターネットに載せられるようにすらなってきて、アカデメイアとしての大学がヴァーチャル空間に拡張し始めた。大学教育がさまざまな電子教材やインターネットなどを使って多様化していくのは、もちろん良いことである。しかし、膨張していくアカデメイアの根っこかつ中心に、教師と学生との対面的なやりとりがなければ、知識の伝授や拡散は続いても、学生と、そして教師自身の、身体を育てる知は根付かず、本当の意味で成長しないのではないか。

　エネルギー政策を基礎とする社会の造り方についても、なによりも私たちがこの社会の主権者であるということについても、私たちは、あくまでもシュンポシオンを中心として自ら学び、学生たちをエデュケイトするべきであったし、するべきなのではないか。

大学生協が大学教育について何ができるか？

　こう考えてきて、私はあらためて、日本の大学生協の意義、大げさに言えば存在理由（レゾンデットル）に思い至る。第二次世界大戦での敗戦直後、いたるところ廃墟と化した日本のなかの大学で、戻って来た学生たちが、とにかく勉強したい、そのためにメシを食い、ノートが必要だと思ったとき、脳裡にあったのは、なぜあんな無謀な戦争をしたのか、これからの社会はどうなっていくのか、そのなかで自分たちには何ができるのか、などという思いだったであろう。そうしたなかで、新しい憲法が制定され、戦前からの左翼政党や労働運動が動きだし、学生運動も動き出した。

左翼政党や労働運動は、日本国憲法で戦争放棄や主権在民や人権尊重が規定されたのがあたかも当たり前であったかのように、社会主義という目標に向けて突進しようとする。学生運動はそれらに輪をかけてそうであった。だから、大学生協がこうした動きに巻き込まれ、その一環として、まるで政治運動のようにとらえられたのも、無理からぬことであった。1960年安保の年に入学した私のような一学生にとっても、そのような意識があり、大学生協は大いに利用しながら、しかし運動としては、無意識のうちにも二次的と見なすような傾向があった。

　こうしたいわば政治主導の時期が終わったのは、1960年代の全共闘運動をつうじてである。高度成長で豊かになった日本社会のなかで、学生運動は左翼政党や労働運動に先駆けて衰退し始め、大学生協の新しい意味づけが必要になってきた。そうしたなかで、福武直元会長が、大学生協はもともと経済活動であること、大学のなかの協同組合である以上、学生ばかりでなく教職員も一緒になって進めていくべき事業であることなどを指摘し、高度成長後の大学生協の進むべき道を示したのは画期的なことであった。このいわゆる福武所感によって、大学生協は高度成長後のさらなる拡大と発展の基礎を築いたのである。

　しかもこのとき、福武所感には、大学生協は大学のなかの協同組合である以上大学の教育研究に貢献すべきであるばかりでなく、それ自体が自主的民主的な人間形成という教育機能を持っているのだ、という考え方もあった。ただ、あえて言えば、当時すでに教育現場を離れていた福武元会長には、私が上に指摘したような、急速な大学拡張と進学率の向上による大学の学校化、つまり大学教育そのものの変質という意識は弱かったのではないか。福武元会長と四半世紀ほどの年齢差のある私ですら、当時は、学生が変わりつつあることに気づきながら、それがどういう意味をもつのか、正確には把握できていなかった。

　それでも、福武所感にしたがって、大学生協は、大学コミュニティの一環であることを以前よりも強く意識するようになり、運転免許証取得の斡旋などばかりでなく、語学講座や公務員講座やコンピュータ講座などにも手を広

げ、図書館その他への書籍納入や研究室への研究資材納入なども強化して、大学の教育研究への貢献度を高めてきた。コンピュータ利用教育学会CIECの設立と発展にも貢献し、PCカンファレンスなどで小中高までも含む教育に相当程度の貢献をしてきたことも事実である。しかし、大学生協の大学教育への貢献という点からすると、何かまだ重大な不十分さが残り続けている。

新しい大学を創るために今こそがチャンスなのだ!

　問題は、思い切って絞り込めば、福武所感にもかかわらず、それによって敷かれた軌道への教職員、とくに教員の参入がまだあまりにも少ないことにあるのである。ある時期までの私も同じようなものだったが、大多数の教員にとって、生協とは、栄養のバランスはとれているかもしれないけれども、ちょっと量が多くて、とりたてて美味しいとはいえないメシを食わせる所、研究費で書籍や研究資材を購入し、時にたまたまペンとかUSBメモリーなどがないときにひょいと買いに行ったりする所、くらいでしかないのである。

　戦前にすら先駆例があって、とくに第二次世界大戦敗戦後に急速に基盤をつくり、時に学生運動とからんだりしながらも、むしろ後者が下火になってからこそ堅実に伸びてきた事業で、学生が組合員の大多数を占め、理事会や学生委員会などをつうじて運営にも参加している事業体としては、事業単位220ほど、組合員総数150万以上という、世界でもまれに見るほどの規模を持っていること、などをそれとなく知ってはいても、その意味を真剣に考えた教員がどのくらいいるだろうか。

　私は、福武元会長の教え子の一人であることなどもあって、T大でたまたま生協にかかわるようになり、理事長を務め、その機縁で大学生協連の副会長、会長理事をなんと10年も務めた結果、日本の大学生協の意味をとことんまで考えざるをえなくなり、これを含めて3冊もの本をまとめるほどの思慮をめぐらした。今、その成果を要約しようとしているが、ことは、米ソ冷戦終結後の人類史の趨勢にもかかわっている。

　米ソ冷戦終結から四半世紀以上もたった今、戦争とイデオロギーで大混乱をきたし、それらを超えて人類がよくぞ生き残ったと思える20世紀を徹底

して距離化して、虚心坦懐に人類史の趨勢を見なければならない。グローバル・テロリズム、民族紛争、いたるところで広がる格差など、まだまだ多くの問題が発生しているが、人類史の趨勢ははっきりと見えてきている。それは、地球上に存在するすべての社会の民主化であり、すべての社会の民衆が対等な資格で主権者、つまり自分の生き方を自分で決め、自分たちの社会のあり方・行き方を自分たちで決めていく人間になっていく過程なのである。

そのために私たちは、原則一人一票の選挙でできるかぎり民主的な政府をつくり、それらの連携によって金持ち市民たちがつくりだし、今や国境を越えて活動している大企業の横暴を押さえつつ、儲からないかもしれないけれども必要な事業を、協同組合の形で少しでも多くおこし、同じ一人一票の原則で運営して、できるかぎり広めていこうとしている。主権者の政府、主権者の事業である。そしてこのように考えるとき、大学生協は主権者の事業のさきがけであるとともに、今でも若き主権者たちの事業なのである。日本でも2016年から18歳で選挙権が与えられるから、大学生協のあるところでは、学生は入学と同時に、主権者の政府と主権者の事業とをともに担うことになる。

大学生活を支えるのが大学生協なのだから、私たち教員は学生とともに、それを思い切り教育に生かしたらどうだろうか。紙の書籍の役割が限定されてきているなら、電子教材からインターネットなどまであらゆる種類の教材を、生協をつうじて良質かつ適正価格で調達する方法を考えれば良い。進学率が上がってきて、大学教育のために十分な準備のできていない学生が増えてきているのであれば、生協をうまく使ってあらゆる種類の講座やレメディアルなどを考えれば良い。見聞を広め、知の充実を図るための旅行については、生協は国内海外とも驚くほど豊富な実績を持っている。そのほかこれからの大学教育の展開のために必要なことは、生協はもともと学生と教職員の協同組合なのだから、どんなことでも取り上げて取り組んでいくことができるはずである。

そして、最初にして最後なのは、食である。どんなに情報化が進もうが、人間身体は食がなければ生きていけない。そして、飲んだり食べたりしなが

ら語り合い、おたがいの無知に気づいて伸びていくことこそ、饗宴と訳されたシュンポシオンの原形なのであり、大学の原形なのである。教員は、昼休みのかぎられた時間にめちゃくちゃ混雑し、あとは空いていることの多い食堂を、前後の長い時間にわたって活用する方法も考えたらどうであろうか。アカデメイアとしての大学がインターネット上に拡大していくのも大いにけっこうだが、飲食しながら対面的に言いたいことを言い合う場がなくなったら、人間の知はおそらく枯渇してしまうであろう。

　そういう場をつうじてこそ、主権者である私たち教員と学生が、すべての基となるエネルギーの調達方法や、それを基礎にした社会のつくり方について大いに議論しあい、福島の悲劇を二度とくり返さない、これからの行き方を見出していくこともできるのではないか。新しい社会を創り出していくために、私たちは今こそ、新しい大学を創り出していかなくてはならない。そのために、もともと学生が基礎をつくった大学生協をつうじて、私たち教員と学生がともに協同行動をおこない、くりかえし私たち自身がこの社会の主権者であることを思い起こし、若き主権者の事業として考えられるあらゆることをやっていかなくてはならないのである。

文　献

　以下に、本文で言及しているもの、および本文の下地となっているもので、庄司の著編書以外は、専門領域を超えて一般性のあるものだけを挙げる。外国の著者のものは、日本語に翻訳されたものをその刊行年とともに挙げる。

ウォーラステイン, I.（川北稔訳）, 1997,『史的システムとしての資本主義』岩波書店。
カッシーラー, E.（宮城音彌訳）, 1953,『人間』岩波書店。
柄谷行人, 2006,『世界共和国へ』岩波書店。
現代生協論編集委員会編, 2010,『現代生協論の探求：あらたなステップをめざして』コープ出版。
サイードE.W.（板垣雄三・杉田英明監修、今沢紀子訳）, 1986,『オリエンタリズム』平凡社。
庄司興吉, 1975,『現代日本社会科学史序説』法政大学出版局。
庄司興吉, 1977,『現代化と現代社会の理論』東京大学出版会。
庄司興吉, 1980,『社会変動と変革主体』東京大学出版会。
庄司興吉, 1999,『地球社会と市民連携』有斐閣。
庄司興吉編, 2004,『情報社会変動のなかのアメリカとアジア』彩流社。
庄司興吉, 2008,『社会学の射程：ポストコロニアルな地球市民のための社会学』東信堂。
庄司興吉, 2009,『大学改革と大学生協：グローバル化の激流のなかで』丸善プラネット。
庄司興吉編著, 2009,『地球市民学を創る：地球社会の危機と変革のなかで』東信堂。
庄司興吉・名和又介編, 2013,『協同組合論：ひと・絆・社会連帯を求めて：2012国際協同組合年事業大学生協寄附講座』全国大学生活協同組合連合会、連合出版（発売）。
庄司興吉, 2015,『学生支援と大学生協：民主協同社会をめざして』丸善プラネット。
白石昌則他, 2005,『生協の白石さん』講談社。
スピヴァク, G. C.（上村忠男訳）, 1998,『サバルタンは語ることができるか』みすず書房。
全国大学生活協同組合連合会, 2009,『大学生協の歴史と未来：法人化50周年想い出集』。
大学生協共済連編, 2012,『2012・協同組合：国際協同組合年によせて』日本生活協同組合連合会出版部, コープ出版（発売）。
テンニエス, F.（杉之原寿一訳）, 1957,『ゲマインシャフトゲゼルシャフト：純粋社会学の基本概念』岩波書店。
西川潤, 1984,『飢えの構造：近代と非ヨーロッパ世界』ダイヤモンド社、増補改訂版。

2012年国際協同組合年全国実行委員会編著, 2012, 『協同組合憲章〔草案〕がめざすもの』家の光協会。
ハート, M. & ネグリ, A., (水島一憲他訳), 2003, 『〈帝国〉: グローバル化の世界秩序とマルチチュードの可能性』以文社。
福武直, 1982, 『大学生協論』東京大学出版会。
ポランニー, K.(吉沢英成・野口建彦・長尾史郎・杉村芳美訳), 1975, 『大転換: 市場社会の形成と崩壊』東洋経済新報社。
マクルーハン, M., (森常治訳), 1986, 『グーテンベルクの銀河系: 活字人間の形成』みすず書房。
マルクーゼ, H., (生松敬三・三沢謙一訳), 1974, 『一次元的人間』河出書房新社。
丸山眞男, 1961, 『日本の思想』岩波書店。
吉見俊哉, 2000, 『カルチュラル・スタディーズ』岩波書店。
リースマン, D.(加藤秀俊訳), 2013, 『孤独な群衆』みすず書房, 上下。
リヒトハイム, G.(庄司興吉訳), 1980, 『社会主義小史』みすず書房。
レヴィ-ストロース(大橋保夫訳), 1976, 『野生の思考』みすず書房。
レヴィン, K.(猪股佐登留訳), 1979, 『社会科学における場の理論』誠信書房, 増補版。
Shoji, K., 2012, "The East-Japan Earthquake, the Fukushima Nuclear Power Plant Accident and Japanese University Cooperatives: For the International Year of Cooperatives", *Bulletin of Seisen University Institute for Cultural Science*, No. 33, March 2012.

初 出 一 覧

　本書の各章のうちⅠからⅨまでは、以下のものを下地にして成文化され、一度著者のホームページ http://www.kokshoji-globalcitizen.com/ に掲載されたものである。それらは、Ⅹを加えて、2016年の時点から再考され、そのうえで一貫性を持たせるため、大幅に手が加えられている。とくにⅩは、全体の結論の意味をもつよう、創作に近いものとなっている。

Ⅰ　　東京地域会員生協理事長会議での講演（2006年7月15日、東京都渋谷区大学生協渋谷会館）
Ⅱ　　千葉商科大学の寄付講義「生活協同組合論：生協の理論と実践」の一環としての講義（2006年11月27日、千葉県市川市千葉商科大学。内容は別編集で、「これからの社会と大学および生協」番場博之・千葉商科大学生協編『生協の本：国内最大の流通業についてみんなが知りたいこと』（コープ出版、2007年）、として一度発表）
Ⅲ　　京阪神地域教職員セミナーでの講演（2007年7月21日、兵庫県姫路市塩田温泉ホテル夢乃井。内容は別編集で、「シティズンの事業としての協同組合：大学生協からみた生協学への貢献」現代生協論編集委員会編『現代生協論の探究：新たなステップをめざして』コープ出版, 2010年、として一度発表）
Ⅳ　　京滋・奈良会員生協理事長会議での講演（2007年7月23日、京都市コープイン京都。内容は別編集で、「大学生協と学生の身体形成：大学生協と学生支援の改善のために」『清泉女子大学人文科学研究所紀要』31、として一度発表）
Ⅴ-1　全国教職員セミナーでの講演（2008年9月12日、新潟市新潟大学五十嵐キャンパス）
Ⅴ-2　全国教職員セミナーでの講演（2012年8月24日、津市三重大学）
Ⅵ-1　理事長専務理事セミナーでの講演（2007年9月1日、東京都杉並区セシオン杉並）
Ⅵ-2　理事長専務理事セミナーでの講演（2008年8月30日、東京都新宿区工学院大学新宿キャンパス）

Ⅵ-3 　理事長専務理事セミナーでの講演（2009年9月5日、東京都新宿区早稲田大学早稲田キャンパス）

Ⅵ-4 　理事長専務理事セミナーでの講演（2010年9月4日、東京都港区東京海洋大学品川キャンパス）

Ⅵ-5 　理事長専務理事セミナーでの講演（2012年9月8日、東京都文京区お茶の水女子大学）

Ⅵ-6 　理事長専務理事セミナーでの講演（2013年9月7日、東京都渋谷区日本赤十字看護大学広尾キャンパス）

Ⅶ-1 　地域センター会長・事業連合理事長会議での挨拶と問題提起（2007年3月2日、松本市信州大学松本キャンパス）

Ⅶ-2 　地域センター会長・事業連合理事長会議での挨拶と問題提起（2007年8月4日、札幌市北海道大学札幌キャンパス）

Ⅶ-3 　地域センター会長・事業連合理事長会議での挨拶と問題提起（2008年3月7日、名古屋市名古屋大学）

Ⅶ-4 　地域センター会長・事業連合理事長会議での挨拶と問題提起（2008年7月13日、東京都港区チサンホテル浜松町）、および地域センター会長・事業連合理事長会議での挨拶と問題提起（2008年10月26日、神戸市大学生協神戸会館）

Ⅷ-1 　地域センター会長・事業連合理事長会議での挨拶と問題提起（2009年3月6日、鹿児島市鹿児島大学郡元キャンパス）

Ⅷ-2 　地域センター会長・事業連合理事長会議での挨拶と問題提起（2010年3月4日、福井市福井大学文京キャンパス）

Ⅷ-3 　地域センター会長・事業連合理事長会議での挨拶と問題提起（2010年8月24日、盛岡市岩手大学）

Ⅷ-4 　ブロック運営委員長会議での挨拶と問題提起（2011年3月3日、和歌山市和歌山大学）

Ⅸ-1 　ブロック運営委員長会議での挨拶と問題提起（2012年3月4日、新潟市新潟大学五十嵐キャンパス）

Ⅸ-2 　ブロック運営委員長会議での挨拶と問題提起（2012年9月6日、東京都渋谷区ドーミーイン渋谷明治神宮前）

Ⅸ-3 　ブロック運営委員長会議での挨拶と問題提起（2013年3月4日、京都市同志社大学今出川キャンパス）

Ⅸ-4　ブロック運営委員長会議での挨拶と問題提起（2013年9月6日、東京都渋谷区ドーミーイン渋谷神宮前）
Ⅹ-1　ブロック運営委員長会議での挨拶と問題提起（2014年3月1日、仙台市宮城教育大学）
Ⅹ-2　ブロック運営委員長会議での挨拶と問題提起（2014年9月4日、福島市コラッセ福島）

事項索引

【欧字・数字】

3.11東日本大震災	120, 189
18歳人口	3
21世紀型市民	183
9.11アメリカ同時多発テロ	82, 147, 154, 178
9.11チリ・アジェンデ政権の転覆	82, 154, 178
EからOをへてCへ	124, 190
G7	115, 169
G8	115, 169
G20	115, 169, 181
JJC → 日本協同組合連絡協議会	
MOOCs → 大量公開オンライン授業	
PCカンファレンス	111, 112, 124, 169, 190, 191, 192, 222

【あ行】

愛	73
アイデンティティ	10, 77, 89, 127, 206, **207**, 208
―― 声明(国際協同組合同盟の)	89
―― の更新	202
協同組合の ――	202
大学生協の ――	203
赤字克服	42
アカデメイア	219, 220, 224
アクションプラン	27, 45, 96
アクティブラーニング	125, 128, 190, 192
アジアなどとの交流	204
アジアのモデル	81
アジアのモデル・世界のモデル	104, 108, 109
新しい貧困	92
アフリカ(飢饉・内乱など)	29
イギリス労働党	134
萎縮社会	186
一次元的社会	137
院生委員会	99, 122
インターネット	48, 157
インテリゲンチャ	172
インド	17, 133, 177
インドネシア・スマトラ島沖地震	210
インドネシアの大学生協	104
ウィキリークス	180
失われた10年	51, 142, 155
エネルギー問題	199
『エビと日本人』	142
エンゲル係数	65
大きな物語	46, 164
オバマ政権	184
オリエンタリズム	136

【か行】

階級社会史観	176
介護保険	33
階層構造	
アウアグラス(瓢・)型の ――	33
ダイヤ(提灯)型の ――	33
カウンセラー	61
カウンセリング	60
カウンセリング・マインド	60
科学技術	165
科学技術革命	190
価格破壊	66
格差社会化	33, 34
学産官連携	114
学産連携	113

学生委員会	42, 78, 99, 122, 152	——の好循環	59, 73, 108
学生・院生数	4, 37	協同組合	23, 88, 90, 122, 127, 162, **166**, 167, 169, 170, 171, 182, 185, 201, 203, 213, **215**
学生院生の支援	80		
学生運動	20		
学生支援 (学生サービス)	55, **101**, 120, 188	インドネシアの——	173
		協同組合意識	183
——の協同組合型	55, 81, **101**, 120	協同組合がより良い世界をつくる	208
——の公的支援型	55, 80, **101**, 120	協同組合基本法	170
——の市場競争型	55, 80, **101**, 120	協同組合憲章	170, 175
学生支援のモデル		協同組合憲章草案	185, 197
——としての協同組合型	95	協同組合資本	206, 208
学長選び	133	協同組合省	170
価値の普遍化	190	協同組合体験	197
学官産連携	114	協同組合というスタイル	188
株式会社	9	協同組合の10年 (コオペラティブ・ディケード)	127, 198, 202
カルチュラル・スタディーズ	16, 137		
機会の平等だけでなく結果の平等を	83	国際——	205
機能概念	105	協同組合の世紀	173
機能主義	107	協同組合法制 (東南アジア諸国の)	167
機能主義の行き過ぎ	107	協同行動	7, 22, 23, 24, 41, **42**, 93, **95**, 98, 145, 193, 224
機能統合した運営	105		
キャリア形成	62	協同行動の好循環	59, 69, 73, 132
キューバ危機	194	協同社会	23, 191, 201
教育機能	221	協同者 (コオペレータ)	215
教育のカウンセリング化	60, 73	協同主義	148, 151
教育の役割	187	協同主義と連合主義との相乗関係	107, 108
共済	40, 59, 73, 80, 148		
共済連分離	108	協同の意味	57, 191
教条主義	46	協同の協同	104
逆の——	46	協力	41, **57**, 98, 132, **208**
教〔職〕員	20, 39, 119	巨大企業	115, 211, 212
——の参加〔参入〕	93, 222	近代化	106
——の自己再教育	92	組合 (労働組合)	20, 165
教職員委員会	78, 99	組合員 (生協の)	152
教職員組合	20	投資者としての——	58
教職員セミナー	78	クリントン政権	129
業績本位	106	グローバル300 (協同組合の)	163
協同	41, 53, 71, 77, 98, 131, 132, 167, **208**	グローバル化	17, 30, 47, 75, 76, 96, 133
		グローバル情報社会	158
協同・協力・自立・参加	**40, 41, 42**, 98, 100, 117, 132, 168	グローバル・スタンダード	34, 147
		経営 (大学の)	36, 97

231

経済的主権者	126, 127
経済的主権者の事業	127
ケインズ主義的福祉国家	130, 131, 138, 145
ゲゼルシャフト	23, 126, 149
結社（自発的結社、組織）	**77**, 78, 202
ゲノッセンシャフト	23, 41, 126, 149, 190, 201
ゲマインシャフト	23, 126, 149
言語	44
現代資本主義	56
現代的主権者としてのエートス	92
原発事故（福島の）	215
小泉政権〔内閣〕	129, 142, 143
交感 inter-affection	138
講義とゼミ	193
好循環（協同の）	100
構築主義	72
高等教育の普遍化	4
高度市民	117
コオペラティブ	41
国際協同組合同盟ICA	8, **89**, 115, 127, 197, 202, 205, 213
── アジア太平洋 ICA-AP	109, 197, 205
── アジア太平洋 ICA-AP 大学生協サブ委員会	146
── アジア太平洋大学キャンパス 生協委員会	109
国際協同組合年	89, **115**, 121, 169, 174, 205
国際ケインズ主義	**115**, 159, 161, 170, 212
国際社会論	188
国際連合	87
国家社会主義	155
国家の財政的危機	129
「孤独な群衆」	71
言葉	26
コミュニティ	125
コミュニケーション	169
コミュニケーション・ネットワーク	76
コモンズ	125
コンピュータ	48
コンピュータ〔電子情報〕革命	157
コンピュータ・ネットワーク	79
コンピュータ利用教育学会CIEC	112, 222

【さ行】

最小限綱領	98
財政的自立	110
最大限綱領	98
サッチャー政権	154
サバルタン	137
差別	
目に見えない微細な──	137
参加	42, 99, 132, 206, **208**
組合員の ──	58
産学協同	112
産業主義・民主的寡頭政・大国主義	140, 141
産軍学協同	113
産軍複合体	113
産直	77, 144
サンディカリズム	139
事業	**77**, 78, 110, 200, 202
事業連合	117, 150
── の構造	151
市場	16, 133, 135, 138
市場〔経済〕化	47, 75, 76
市場社会主義（中国の）	155
市場の社会化・文化化	138
自然〔・社会〕災害	199, 211
持続可能性	208
失業保険（教員の）	39
実体概念	105
シティズン	89, 165
シトワイヤン	165
資本主義	49
市民	9, 29, **85**, **86**, **87**, 115, 165, 185, 191
市民運動論	85

市民社会	89, 200	主権者の事業の先駆	92
市民社会論	85	主権者の政府	87, 121, 223
市民の事業	89	出資金	42, 118
市民の政府	89	出資者	99
市民民主主義	86	シュンペーター的ワークフェア地方政府	130, 139
使命(生協の)	26, 41, 42, 96		
社会(市場・政府にたいする)	131	シュンペーター的ワークフェア(働いて生活できる)地域社会	145
社会運動	157		
1960年代の——	159	シュンポシオン(饗宴)	219, 220, 224
社会学	12	状況	28
社会国家化	149	小国主義	144
社会参加	59, 99	少子高齢化	37
社会主義　**76**, 85, 88, 107, 154, **166**, 195, 212, 221		情熱(パッション)	186, 189
		消費社会化	53
前期的——	166	大学の——	56
20世紀の——	76, 154, 212	消費者民主主義	134
社会人学生	5, 111	情報化	48, 56, 75
社会人の入学	38	自分自身の——	110
社会帝国主義	177	情報革命	157
社会的協同組合	118, 128, 173	情報的自立	109, 110
社会的経済　**41**, 118, 128, **139**, 145, 167, **173**		情報発信	111
		使用料(大学施設の)	20, 40, 111
社会的人間の思考と思想	194	食(基本としての)	223
社会的ブリコラージュ	72	食・衣・住・性・動・信	138
視野狭窄(若者の)	186	食生活管理	64
周縁地域	211	食の重要性	68
就活	94, 118, 127, 173, 203	食の自立	73
授業の改革(教員の)	128	食文化	67
主権者　**6**, 8, 11, 29, 87, 90, 115, 126, 127, 165, 200, **203**, 213, 215, 216, 218, 220, 223		アメリカ的——	68
		植民地	31
		新しい——	32
自覚した——	117, 173	植民地主義	
主権者意識	183	新しい——	136
主権者[の社会]学	188	意識・思想面での——	136
主権者の協同行動	9	初心(大学と社会の)	125
主権者の協同社会	11	自立　42, 57, 99, **109**, 132, **208**	
主権者の事業　87, 118, **121**, 171, 172, 174, 182, 188, 189, **200**, 223		進学率	3, 219
		新左翼(ニューレフト)	16
主権者の事業と主権者の政府の好循環	90, 193, **223**	新自由主義　19, 46, 47, 84, 107, 130, 155, 212	
主権者の事業のモデル	95	日本の——	51

身体〔感覚〕　　　　　　　　　　28
身体形成　　　　　　　　　　64, 65
　　新帝国的 ―　　　　　　　　66
新帝国　　　　　　　　　　　　51
新日本主義　　　　　　　　　　84
象徴（シンボル）を操る動物　　44
人民憲章　　　　　　　　　　170
人民民主主義　　　　　　　　177
人類史の趨勢　　　　　　　　223
スローフード運動　　　　　　144
生協職員　　78, 105, 119, 123, 151, 174
生協の白石さん　　　　　24, 139
生協の役割　　　　　　　　　 94
「政治とカネ」の問題　　　　 178
精神分析　　　　　　　　　　 61
精神分析の民主化　　　　　　 61
生政治的生産　　　　　50, 68, 147
政党のあり方　　　　　　　　157
世界観　　　　　　　　　　　 45
世界観内存在　　　　　　　　 45
世界社会　　　　　　　　　　187
世界社会学　　　　　　　　　196
世界社会論　　　　　　　　　 84
世界への発信　　　　　　　　205
世界民主社会　　　　　　　　 87
石油危機　　　　　　　　　　142
世代更新の機能不全　　　　　 63
全国総合開発計画　　　　　　210
全国的連帯のシステム　　　　117
全国統一会計システム　　　　111
全日本大学生活協同組合連合会
　（大学生協連）　　　7, 152, 175
全仏大学学校支援センター　80, 101, 104
総〔代〕会　　　　　　　　78, 99
ソーシャルメディア　　　　　168
属性革命　　　　　　　　　　159
属性本位　　　　　　　　　　106
組織（身体の延長としての）　 28
組織的な自立　　　　　　　　109
ソ連　　　　　　　　　　 13, 76
ソ連社会　　　　　　　　　　138

【た行】

大学　　　　　　　　19, 122, 125
　　― における協同行動の教育的役割
　　　　　　　　　　　　　　 95
　　― の格差化　　　　　　　35
　　― の学校化　　　167, 219, 221
　　― の原形　　　　　　　 224
　　― の自治　　　　　　 18, 93
　　― の展身　　　　　　　　 6
　　― のなかの民　　　　　 113
　　― の放送大学的拡張　　 193
　　― の役割　　　　　　　 94
　　日本の ―　　　　　　　　14
大学院生　　　　　　　　　　 37
大学院大学　　　　　　　　　 35
大学院大学化　　　　　143, 147
大学間の統廃合　　　　　　　 39
大学教育　　　　　　　　　 125
　　日本の ―　　　　　　　192
大学教育の意味　　　　　　　 61
大学教育の普遍化　　　　　　 97
大学教員数　　　　　　　　　 4
大学数　　　　　　　　　　　 4
大学生協　 7, 8, 14, 15, 20, 21, 53, 81, **92**,
　93, 95, **116**, 117, 121, 171, 182, 203, 206,
　　　　　　　　　　　　　223
　　― 組合員数　　　　　　　 7
　　― 総供給高　　　　　　　 8
　　― の教育的機能〔役割〕 8, 182
　　― の原構造　　　　 151, 152
　　― の世界史的意義　　　 197
　　― の総合性・社会性・文化性
　　　　　　　　　　　102, 139
　　― の役割　　　　 94, 173, 193
　　― 一人当たり利用高　　　 8
　　― をつくる　　　　　　　11
　　日本の〔型〕 ―　　 43, 119, 123
　　文化としての ―　　　150-153
大学生協の新しい意味づけ　　221
大学生協の生い立ち　　　　　116

大学店舗協会NACS(アメリカ)	104	電子情報市場化	30, 48, 75, 96, 142
大企業	90, 122, 180, 184, 211	——の積極的逆用	78
大国主義	141	電子テキスト	128
大国主義論	141	電卓	69
第三世界	194	電話	45, 75
第三世界論	46	ドイツ学生支援協会DSW	80, 101, 104, 186
大転換	135	東京一極集中	210
大統領選挙(アメリカの) 2008年の——	160	投票開始年齢	6
大量公開オンライン授業(MOOCs)	192, 220	土地建物使用料問題	111, 113

【な行】

脱構築	44	内的植民地化	33
脱主権者〔化〕	179	内的植民地主義(インターナル・コロニアリズム)	67, 136, 143
地域主義	144, 145	中曽根政権	130, 155
地域生協	53, 143, 144	ニート	143
小さな物語	164	日生協(日本生活協同組合連合会)	105, 116, 150, 163, 171
チームづくり	69		
地球環境問題	187	日本協同組合連絡協議会JJC	116, 181, 197
地球市民学	196		
地球社会	187	日本国憲法	199, 218, 221
地球社会学	196	日本資本主義分析	140
地球社会論	84	日本人	189
地球民主社会	87, 114	日本人論	84
地産地消	77, 144, 152	日本の協同組合	198
地方自治	18	日本の大学	124
地方自治体	19	日本の〔型〕大学生協	79, 80, **90**, **91**, 101, 122, 123, 139, 146, 215, 220
チャーティスト運動	170		
中国	17, 76, 133, 144, 155, 180	——の起源	149
中国・四川大地震	210	——の原構造	150, 151
中小企業	88, 122, 181, 213	日本文化論	84
中小企業憲章	88, 181	ニューディール	
中東・北アフリカ	180	開発援助——	161
中米・ハイチ地震	210	グリーン——	161
賃金破壊	66	シルヴァー——	161
「帝国」(→新帝国)	51, 147	紛争解決——	162
帝国	89, 165	人間	44, 164
帝国から市民社会へ、そして民主社会へ	89	人間性human nature論	135
定年延長	32	ネットカフェ難民	143
テレビ	45, 48, 75	ネットと対面授業	192
電子辞書	69		

ネットワーク市民（ネティズン）	179	フェビアン協会	134
年齢格差を利用した植民地づくり	67	フォーディズム	49
農協	182	福祉国家システム	129
農業	141	福島	216
日本の――	182	福島第一〔の原発事故〕	87, 217, 218
農業主義・直接民主主義・小国主義	140	福武所感	8, 91, 116, 171, 221
農業主義・民主主義・地域主義運動	145	普通選挙	166, 167, 177
		普通選挙の革命性	86
農村	31	普遍主義	106
農民専業合作社（中国）	170	ブリコラージュ	70
		社会的――	71

【は行】

		ブリックス BRICs	17, 133
背後仮説	43	ブループリント（協同組合の10年の）	
パイデイア	220		202, **205**, 206, 207, 208
白熱教室	83, 128, 191, 193	ブルジュワ	89, 165, 178
派遣労働	32	ブレア政権	129
バスク地方	100, 139	文化	151, 152
バスクの協同組合組織	139	平和主義	199
『バナナと日本人』	142	法人化（大学の）	36, 143, 148
パブリック・アクセス	158	法的枠組	206, 208
パラサイトシングル	63, 186	ホームページ	79
パリ・コミューン	156, 176	ポストコロニアリズム	137
阪神淡路大震災	211	ポストコロニアル・アジア	81, 103, 146, 152
比較革命論のシンポ	195		
東アジア	231	骨太の改革	142, 143
東日本大震災	87, 209	ポピュリズム	18
非常勤プロレタリア〔ート〕	20, 39	――革命	18
ビジョン	27, 45, 96	ホモ・モーベンス	50, 147
ビジョンとアクションプラン	25, 43, **45**, 97, 107, 168, **208**	本質主義	72

【ま行】

非正規労働	143	マネタリズム	16, 107, 155
一株一票制	9, 87	魔法使いの弟子の技術	216
一言カード	58	マルクス主義	82, 195
一人一票〔制〕	**8**, 86, 126, **156**, 176, 178, 181, **223**	マルクス・レーニン主義	46, 52
		未主権者	179
貧困化	8	民主化	9, 121, 126, 179, **203**, 223
相対的――	65	経済の――	9
ファストフード文化	68	政治の――	9
フェアトレード	77	民主協同社会	215
フェイスブック	180	――への展望	10

民主社会	9, 121, 165, 166, 169, **200**, 203, **214**, 215	理念	41, 42
		理念あるいは精神	202
日本の──	199	理念と中期計画	36, 97
民主社会史観	89, 176, 177	理念と利害 Idee und Interesse	114
民主社会の基本枠組	199	留学生委員会	99, 122
民主社会の共同性	90	留学生（外国人）	5, 37
民主主義	6, 83, 85, **156**, 158, 165, 176, **177**, 178	留学生（日本人）	5
		レイドロー報告	89
アメリカの──	195	レーガン政権	155
三重の──	52	歴史	26
民主的な事業	213, 215	歴史観の再建	171
民主的な政府	215	歴史の狡知	91, 102, 168, 204, **214**
無私の連帯	149, 152	歴史の趨勢	203
メイド・イン・チャイナ	144	レギュラシオン	53
メディア（マス・メディア）	158	対抗──	54
メディア（基本の）	44	連合主義（フェデラリズム）	145, 148, 151, 152, 163
メディア・リテラシー教育	70		
毛沢東主義	52	連合問題	108
モンドラゴン	163	連帯の力	149, 152
		連帯〔連合〕のあり方	80
【や・ら・わ行】		労働組合	20, 165
有機的知識人（グラムシの）	172	労働のシステム	131
有権者	11	ロシア革命	177
ラジオ	45, 75	ロッチデール	56, 166
リーマンショック	122, 126	ワーキングプア	34, 67, 143
理事会	78	ワイマール憲法	149
リスク社会	54	若き主権者の事業	92, 94, 123, **214**, 223, 224
理性の狡知	91		

人名索引

【あ行】

アイゼンハワー, D. D. 113
アジェンデ, S. 178
アリスメンディ・アリエタ, J. M. 100
ウィクスティード, P. H. 134
ウェーバー, M. 91
ウォーラステイン, I. 156
梅原猛 72
エンゲルス, F. 134, 171, 176
大塚久雄 85

【か行】

賀川豊彦 163
梶田孝道 188
ガタリ, F. 137
カッシーラー, E. 44
柄谷行人 162
グラムシ, A. 172
栗本昭 175
黒川紀章 50
ケインズ, J. M. 16, 134
ケネディ, J. F. 194
ゴア, A. 179
小泉純一郎 17
コモナー, B. 216
ゴルバチョフ, M. 195

【さ行】

サッチャー, M. 15, 16, 137
サンデル, M. 191
芝田進午 190
清水幾太郎 85
ショー, G. B. 134
白石昌則 24, 72

神野直彦 129
杉本時哉 150
スピヴァク, G. C. 137
スピノザ, B. 72
スミス, A. 135
ソクラテス 219

【た行】

田中尚四 149
田中学 197
田辺準也 149
ディズニー, W. 216
テーラー, F. W. 49
デュカス, P. 216
デリダ, J. 137
テンニース, F. 23, 126, 149, 190
ドゥルーズ, G. 137
ドストエフスキー, Φ. M. 86
富沢賢治 175

【な行】

中曽根康弘 16
ニーチェ, F. 86
ネグリ, A. 51

【は行】

パーソンズ, T. 91, 160
ハーディング, W. 75
ハート, M. 51
ハイエク, F. 16, 135, 155
ハイデッガー, M. 45
ハバマス, J. 32
林雄二郎 56
日高六郎 85
ヒトラー, A. 66

ヒルファーディング, R.	177		
フーコー, M.	50, 137	**【ま行】**	
プーチン, B. B.	184	マルクーゼ, H.	137
福武直	8, 22, 23, 151, 182, 222	マクルーハン, M.	44
ブッシュ, G. W.	147, 179	マルクス, K.	85, 86, 134, 148, 156, 162, 163, 164, 171, 176
ブラウォイ, M.	76		
プラトン	219	丸山眞男	85, 106
ブランキ, L. A.	162	マンハイム, K.	172
フリードマン, M.	16, 135, 155	宮城音彌	44
プルードン, P. J.	162, 163	宮島喬	188
フルシュチョフ, H. C.	194	無着成恭	169
ブレジンスキー, Z.	155		
ヘーゲル, G. W. F.	102, 105, 167, 204, 214	**【ら行】**	
		ラス・カサス, B. de	136
ヘクター, M.	32	リースマン, D.	71
ベック, U.	54	リカード, D.	134
ベラー, R. N.	160	リヒトハイム, G.	195
ベル, D.	140	ルソー, J. J.	177
ベルンシュタイン, E.	172	レヴィ-ストロース, C.	70
ホーファー, E.	148	レヴィン, K.	28
ホブスン, J. A.	177	レーガン, R.	15, 16
ポランニー, K.	135, 138	レーニン, B. И.	49, 176

著者主要著書

■ 単著：

〔大学生協・協同組合論〕『主権者の協同社会へ ── 新時代の大学教育と大学生協』(東信堂、2016年、本書)、『学生支援と大学生協 ── 民主協同社会をめざして』(丸善プラネット、2015年)、『大学改革と大学生協 ── グローバル化の激流のなかで』(丸善プラネット、2009年)

〔社会学・社会科学関連〕『主権者の社会認識 ── 自分自身と向き合う』(東信堂、2016年)、『社会学の射程』(東信堂、2008年)、『日本社会学の挑戦 ──「変革」を読み解く研究と文献』(有斐閣、2002年)、『地球社会と市民連携 ── 激成期の国際社会学へ』(有斐閣、1999年)、『人間再生の社会運動』(東京大学出版会、1989年)、『管理社会と世界社会』(東京大学出版会、1989年)、『社会発展への視座』(東京大学出版会、1989年)、『社会変動と変革主体』(東京大学出版会、1980年)、『現代化と現代社会の理論』(東京大学出版会、1977年)、『現代日本社会科学史序説』(法政大学出版局、1975年)。

■ 編著：『地球市民学を創る』(編著、東信堂、2009年)、『情報社会変動のなかのアメリカとアジア』(編著、彩流社、2004年)、『共生社会の文化戦略 ── 現代社会と社会理論：支柱としての家族・教育・意識・地域』(1999年、梓出版社)、『世界社会と社会運動 ── 現代社会と社会理論：総体性と個体性との媒介』(1999年、梓出版社)、『再生産と自己変革』(1994年、法政大学出版局)、『住民意識の可能性』(1986年、梓出版社)、『世界社会の構造と動態』(法政大学出版局、1986年)、『地域社会計画と住民自治』(1985年、梓出版社)、『転換期の社会理論』(垣内出版、1985年)

■ 共編著：『福祉社会の家族と共同意識 ── 21世紀の市民社会と共同性・実践への指針』(梓出版社、1999年、青井和夫・高橋徹と共編著)、『現代市民社会とアイデンティティ ── 21世紀の市民社会と共同性・理論と展望』(1998年、梓出版社、青井和夫・高橋徹と共編著)、『市民性の変容と地域・社会問題 ── 21世紀の市民社会と共同性・国際化と内面化』(梓出版社、青井和夫・高橋徹と共編著)、『知とモダニティの社会学』(東京大学出版会、1994年、矢澤修次郎と共編著)、『リーディングス・日本の社会学 17 体制と変動』(東京大学出版会、1988年、矢澤修次郎・武川正吾と共編著)、『社会運動と文化形成』(東京大学出版会、1987年、栗原彬と共編著)、『家族と地域の社会学』(東京大学出版会、1980年、青井和夫と共編著)、『地域開発と社会構造：苫小牧東部大規模工業開発をめぐって』(東京大学出版会、1980年、元島邦夫と共編著)

■ 訳書：C. W. スミス『社会学的理性批判』(武川正吾と共訳、新曜社、1984年)、G. リヒトハイム『社会主義小史』(みすず書房、1979年)、K. ケニストン『ヤング・ラディカルズ ── 青年と歴史』(庄司洋子と共訳、みすず書房、1973年)

その他論文・調査報告書など多数。

著者略歴

庄司　興吉（しょうじ　こうきち）

東京大学名誉教授　博士（社会学）。
東京大学文学部社会学専修課程卒業、同大学院社会学研究科博士課程単位取得退学。法政大学社会学部助教授、東京大学文学部助教授、同教授（社会学第一講座）、同大学院人文社会系研究科教授（社会学専攻）、清泉女子大学教授（地球市民学担当）を歴任。
東京大学生協理事長（1999–2003）をへて、全国大学生活協同組合連合会副会長（2004–2005）、同会長理事（2005–2014）、同顧問（2014–）。
主要著書他は別掲。

主権者の協同社会へ──新時代の大学教育と大学生協

2016年7月15日　初　版第1刷発行

〔検印省略〕
定価はカバーに表示してあります。

著　者 Ⓒ 庄司興吉／発行者　下田勝司

印刷・製本／中央精版印刷

東京都文京区向丘1-20-6　　郵便振替 00110-6-37828
〒113-0023　TEL (03) 3818-5521　FAX (03) 3818-5514

発行所　株式会社 東信堂

Published by TOSHINDO PUBLISHING CO., LTD.
1-20-6, Mukougaoka, Bunkyo-ku, Tokyo, 113-0023, Japan
E-mail: tk203444@fsinet.or.jp http://www.toshindo-pub.com

ISBN978-4-7989-1373-5 C3036　Ⓒ Kokichi Shoji

東信堂

書名	著者	価格
主権者の社会認識―自分自身と向き合う	庄司興吉	二六〇〇円
主権者の協同社会へ―新時代の大学教育と大学生協	庄司興吉	二四〇〇円
地球市民学を創る―変革のなかで	庄司興吉編著	三二〇〇円
社会学の射程―ポストコロニアルな地球市民の社会学へ	庄司興吉編著	三二〇〇円
グローバル化と知的様式―社会科学方法論についての七つのエッセイ	J・ガルトゥング著 大矢根淳訳	二八〇〇円
社会的自我論の現代的展開	船津衛	二四〇〇円
組織の存立構造論と両義性論―社会学理論の重層的探究	舩橋晴俊	二五〇〇円
市民力による知の創造と発展―身近な環境に関する市民研究の持続的展開	萩原なつ子	三二〇〇円
階級・ジェンダー・再生産―現代資本主義社会の存続メカニズム	橋本健二	三二〇〇円
現代日本の階級構造―理論・方法・計量・分析	橋本健二	四五〇〇円
人間諸科学の形成と制度化―社会諸科学との比較研究	長谷川幸一	三八〇〇円
現代社会と権威主義―フランクフルト学派権威論の再構成	保坂稔	三六〇〇円
インターネットの銀河系―ネット時代のビジネスと社会	M・カステル著 矢澤・小山訳	三六〇〇円
自立支援の実践知―阪神・淡路大震災と共同・市民社会	似田貝香門編	三八〇〇円
〔改訂版〕ボランティア活動の論理―ボランタリズムとサブシステンス	西山志保	三六〇〇円
自立と支援の社会学―阪神大震災とボランティア	佐藤恵	三二〇〇円
NPO実践マネジメント入門（第2版）	パブリックリソースセンター編	二三八一円
個人化する社会と行政の変容―情報・コミュニケーションによるガバナンスの展開	藤谷忠昭	三八〇〇円
コミュニティワークの教育的実践	高橋満	二〇〇〇円
NPOの公共性と生涯学習のガバナンス	高橋満	二八〇〇円

〒113-0023 東京都文京区向丘1-20-6
TEL 03-3818-5521　FAX 03-3818-5514　振替 00110-6-37828
Email tk203444@fsinet.or.jp　URL:http://www.toshindo-pub.com/

※定価：表示価格（本体）＋税

東信堂

書名	著者	価格
海外日本人社会とメディア・ネットワーク——バリ日本人社会を事例として	吉原直樹 編著	四六〇〇円
移動の時代を生きる——人・権力・コミュニティ	吉原直樹 監修／今野裕昭・松本行真 編著	
国際社会学の射程——日韓の事例と多文化主義再考 国際社会学ブックレット1	大原仁美 編訳	三二〇〇円
国際移動と移民政策 国際社会学ブックレット2	芝真里 編訳	二二〇〇円
国際社会学をめぐるグローバル・ダイアログ——トランスナショナリズムと社会のイノベーション	有本かほり 編著	一〇〇〇円
越境する国際社会学とコスモポリタンの志向 国際社会学ブックレット3	西原和久	一三〇〇円
外国人単純技能労働者の受け入れと実態——技能実習生を中心に	坂幸夫	一五〇〇円
現代日本の地域分化——センサス等の市町村別集計に見る地域変動のダイナミックス	蓮見音彦	三八〇〇円
「むつ小川原開発・核燃料サイクル施設問題」研究資料集	舩橋晴俊 編著／茅野恒秀・山下祐介	一八〇〇〇円
新版 新潟水俣病問題——加害と被害の社会学	飯島伸子・舩橋晴俊 編	三八〇〇円
新潟水俣病をめぐる制度・表象・地域	関礼子	五六〇〇円
新潟水俣病問題の受容と克服	堀田恭子	四八〇〇円
公害被害放置の社会学——イタイイタイ病・カドミウム問題の歴史と現在	藤川賢・渡辺伸一・飯島伸子 編	三六〇〇円
開発援助の介入論——インドの河川浄化政策に見る国境と文化を越える困難	西谷内博美	四六〇〇円

《大転換期と教育社会構造：地域社会変革の社会論的考察》

巻	書名	著者	価格
第1巻	教育社会史——日本とイタリアと	小林甫	七八〇〇円
第2巻	現代的教養Ⅰ——生活者生涯学習の地域的展開	小林甫	六八〇〇円
第3巻	現代的教養Ⅱ——技術者生涯学習の生成と展望	小林甫	六八〇〇円
第3巻	学習力変革——地域自治と社会構築	小林甫	近刊
第4巻	社会共生力——東アジアと成人学習	小林甫	近刊

〒113-0023 東京都文京区向丘1-20-6　TEL 03-3818-5521　FAX 03-3818-5514　振替 00110-6-37828
Email tk203444@fsinet.or.jp　URL:http://www.toshindo-pub.com/

※定価：表示価格（本体）＋税

東信堂

書名	著者	価格
理論社会学―社会構築のための媒体と論理	森元孝	二四〇〇円
貨幣の社会学―経済社会学への招待	森元孝	一八〇〇円
ハンナ・アレント―共通世界と他者	中島道男	二四〇〇円
観察の政治思想―アーレントと判断力	小山花子	二五〇〇円
日本コミュニティ政策の検証―自治体内分権と地域自治へ向けて〔コミュニティ政策叢書1〕	山崎仁朗編著	四六〇〇円
豊田とトヨタ―産業グローバル化先進地域の現在	丹辺宣彦・岡村徹也・山口博史編著	四六〇〇円
社会階層と集団形成の変容―集合行為と「物象化」のメカニズム	丹辺宣彦	六五〇〇円
食品公害と被害者救済―カネミ油症事件の被害と政策過程	宇田和子	四六〇〇円
吉野川住民投票―市民参加のレシピ	武田真一郎	一八〇〇円
人は住むためにいかに闘ってきたか〔新装版〕―欧米住宅物語	早川和男	二〇〇〇円
地域社会研究と社会学者群像―社会学としての闘争論の伝統	橋本和孝	五九〇〇円
園田保健社会学の形成と展開	山手茂編著	三六〇〇円
社会的健康論	米林喜男・須田木綿子編著	二五〇〇円
保健・医療・福祉の研究・教育・実践	園田恭一編	三四〇〇円
研究道 学的探求の道案内	山手茂・米林喜男編	二八〇〇円
福祉政策の理論と実際（改訂版）	平岡公一・武川正吾・山田昌弘・黒川浩一郎監修	二五〇〇円
認知症家族介護を生きる―新しい認知症ケア時代の臨床社会学	三重野卓・平岡公一編	四二〇〇円
社会福祉における介護時間の研究―タイムスタディ調査の応用	渡邊裕子	五四〇〇円
介護予防支援と福祉コミュニティ	松村直道	二五〇〇円
対人サービスの民営化―行政・営利・非営利の境界線	須田木綿子	二三〇〇円

〒113-0023 東京都文京区向丘1-20-6
TEL 03-3818-5521　FAX03-3818-5514　振替 00110-6-37828
Email tk203444@fsinet.or.jp　URL:http://www.toshindo-pub.com/

※定価：表示価格（本体）＋税

── 東信堂 ──

〈シリーズ 社会学のアクチュアリティ：批判と創造 全12巻＋2〉

クリティークとしての社会学──現代を批判的に見る眼	西原和久編	一八〇〇円
都市社会とリスク──豊かな生活をもとめて	宇都宮京子編	二〇〇〇円
言説分析の可能性──社会学的方法の迷宮から	藤野正弘編	二〇〇〇円
グローバル化とアジア社会──ポストコロニアルの地平	浦野正樹編	二三〇〇円
公共政策の社会学──社会的現実との格闘	佐藤敏樹編	二二〇〇円
社会学のアリーナへ──21世紀社会を読み解く	武川正吾編	二三〇〇円
モダニティと空間の物語──社会学のフロンティア	吉原直樹編	二六〇〇円
〈地域社会学講座 全3巻〉	斉藤日出治編	
地域社会学の視座と方法	似田貝香門監修	二五〇〇円
グローバリゼーション／ポスト・モダンと地域社会	古城利明監修	二五〇〇円
地域社会の政策とガバナンス	矢澤澄子監修	二七〇〇円
〈シリーズ世界の社会学・日本の社会学〉		
タルコット・パーソンズ──最後の近代主義者	中野秀一郎	一八〇〇円
ゲオルク・ジンメル──現代分化社会における個人と社会	居安正	一八〇〇円
ジョージ・H・ミード──社会的自我論の展開	船津衛	一八〇〇円
アラン・トゥーレーヌ──現代社会のゆくえと新しい社会運動	杉山光信	一八〇〇円
アルフレッド・シュッツ──主観的時間と社会的空間	森元孝	一八〇〇円
エミール・デュルケム──社会の道徳性	中島道男	一八〇〇円
レイモン・アロン──危機の時代と再建	岩城完之	一八〇〇円
フェルディナンド・テンニエス──ゲマインシャフトとゲゼルシャフト	吉田浩	一八〇〇円
カール・マンハイム──時代を診断する亡命者	澤井敦	一八〇〇円
ロバート・リンド──アメリカ文化の内省的批判者	園部雅久	一八〇〇円
アントニオ・グラムシ──『獄中ノート』と批判社会学の生成	鈴木富久	一八〇〇円
費孝通──民族自省の社会学	佐々木衛	一八〇〇円
奥井復太郎──都市社会学と生活論の創始者	藤田弘夫	一八〇〇円
新明正道──綜合社会学の探究	山本鎮雄	一八〇〇円
米田庄太郎──新総合社会学の先駆者	中久郎	一八〇〇円
高田保馬──理論と政策の無媒介的統一 家族研究	北島滋	一八〇〇円
戸田貞三──実証社会学の軌跡	川合隆男	一八〇〇円
福武直──民主化と社会学の現実化を推進	蓮見音彦	一八〇〇円

〒113-0023 東京都文京区向丘1-20-6
TEL 03-3818-5521　FAX 03-3818-5514　振替 00110-6-37828
Email tk203444@fsinet.or.jp　URL:http://www.toshindo-pub.com/

※定価：表示価格（本体）＋税

溝上慎一 監修　アクティブラーニング・シリーズ（全7巻）

東信堂

① アクティブラーニングの技法・授業デザイン　安永悟 編　一六〇〇円
② アクティブラーニングとしてのPBLと探究的な学習　溝上慎一・成田秀夫 編　一八〇〇円
③ アクティブラーニングの評価　井上史佳 編　一六〇〇円
④ 高等学校におけるアクティブラーニング：理論編　石井英真 編　一六〇〇円
⑤ 高等学校におけるアクティブラーニング：事例編　溝上慎一 編　二〇〇〇円
⑥ アクティブラーニングをどう始めるか　成田秀夫　一六〇〇円
⑦ 失敗事例から学ぶ大学でのアクティブラーニング　亀倉正彦　一六〇〇円

アクティブラーニングと教授学習パラダイムの転換　溝上慎一　二四〇〇円
大学生の学習ダイナミクス―授業内外のラーニング・ブリッジング　河井亨　四五〇〇円
「学び」の質を保証するアクティブラーニング―3年間の全国大学調査から　河合塾編著　二〇〇〇円
「深い学び」につながるアクティブラーニング―全国大学の学科調査報告とカリキュラム設計の課題　河合塾編著　二八〇〇円
アクティブラーニングでなぜ学生が成長するのか―経済系・工学系の全国大学調査からみえてきたこと　河合塾編著　二八〇〇円
初年次教育でなぜ学生が成長するのか―全国大学調査からみえてきたこと　河合塾編著　一八〇〇円

主体的な学び 創刊号　主体的な学び研究所編　一六〇〇円
主体的な学び 2号　主体的な学び研究所編　一六〇〇円
主体的な学び 3号　主体的な学び研究所編　一六〇〇円
主体的な学び 4号　主体的な学び研究所編　一六〇〇円
「主体的な学び」につなげる評価と学習方法―カナダで実践されるCEモデル　S・ヤング&R・ウィルソン著　土持ゲーリー法一訳　二五〇〇円
ポートフォリオが日本の大学を変える―ティーチング／ラーニング／アカデミック・ポートフォリオの活用　土持ゲーリー法一　二〇〇〇円
ティーチング・ポートフォリオ―授業改善の秘訣　土持ゲーリー法一　一五〇〇円
ラーニング・ポートフォリオ―学習改善の秘訣　土持ゲーリー法一　二五〇〇円

〒113-0023　東京都文京区向丘1-20-6　TEL 03-3818-5521　FAX 03-3818-5514　振替 00110-6-37828
Email tk203444@fsinet.or.jp　URL:http://www.toshindo-pub.com/

※定価：表示価格（本体）＋税

東信堂

書名	著者	価格
感情と意味世界――体の感覚と物象の	松永澄夫	二八〇〇円
経験のエレメント――知覚・質と空間規定	松永澄夫	四六〇〇円
価値・意味・秩序――もう一つの哲学概論：哲学が考えるべきこと	松永澄夫	三六〇〇円
哲学史を読むⅠ・Ⅱ	松永澄夫	各三八〇〇円
概念と個別性――スピノザ哲学研究	朝倉友海	四六四〇円
〈現われ〉とその秩序――メーヌ・ド・ビラン研究	村松正隆	三八〇〇円
省みることの哲学――ジャン・ナベール研究	越門勝彦	三二〇〇円
ミシェル・フーコー――批判的実証主義と主体性の哲学	手塚博	三二〇〇円
メルロ＝ポンティとレヴィナス――他者への覚醒	屋良朝彦	三八〇〇円
堕天使の倫理――スピノザとサド	佐藤拓司	二八〇〇円
画像と知覚の哲学――現象学と分析哲学からの接近	清塚邦彦編著	二九〇〇円
〈哲学への誘い――新しい形を求めて 全5巻〉		
食を料理する――哲学的考察	松永澄夫	二八〇〇円
言葉の力（音の経験・言葉の力第Ⅰ部）	松永澄夫	二五〇〇円
音の経験（音の経験・言葉の力第Ⅱ部）――言葉はどのようにして可能となるのか	松永澄夫	三二〇〇円
言葉は社会を動かすか	浅田淳一編	三二〇〇円
言葉の働く場所	伊永永隆編	三二〇〇円
言葉の歓び・哀しみ	高松佐敷克也編	三二〇〇円
環境安全という価値は…	村瀬永弘夫編	二〇〇〇円
環境設計の思想	松木鋼泉編	二三〇〇円
環境 文化と政策	鈴永澄夫編	二三〇〇円

〒113-0023　東京都文京区向丘1-20-6　TEL 03-3818-5521　FAX 03-3818-5514　振替 00110-6-37828
Email tk203444@fsinet.or.jp　URL:http://www.toshindo-pub.com/

※定価：表示価格（本体）＋税

東信堂

書名	著者	価格
オックスフォード キリスト教美術・建築事典	P&L・マレー著 中森義宗監訳	三〇〇〇〇円
イタリア・ルネサンス事典	J・R・ヘイル編 中森義宗監訳	七八〇〇円
美術史の辞典	P・デューロ 中森義宗・清水忠訳他	三六〇〇円
書に想い 時代を讀む	河田 悌一	一八〇〇円
日本人画工 牧野義雄―平治ロンドン日記	ますこ ひろしげ	五四〇〇円
〈芸術学叢書〉		
芸術理論の現在―モダニズムから	谷川渥編著	三八〇〇円
絵画論を超えて	尾崎信一郎	四六〇〇円
美を究め美に遊ぶ―芸術と社会のあわい	荻野厚志編著／藤枝晃紀	二八〇〇円
バロックの魅力	小穴晶子編	二六〇〇円
新版 ジャクソン・ポロック	藤枝晃雄	二六〇〇円
美学と現代美術の距離 ―アメリカにおけるその乖離と接近をめぐって	金 悠美	三八〇〇円
ロジャー・フライの批評理論―知性と感受性の間で	要 真理子	四二〇〇円
レオノール・フィニ―境界を侵犯する新しい種	尾形希和子	二八〇〇円
いま蘇るブリア=サヴァランの美味学	川端晶子	三八〇〇円
〈世界美術双書〉		
日本の南画	河野元昭	二三〇〇円
セザンヌとその時代	浅野春男	二三〇〇円
中国の仏教美術―後漢代から元代まで	久野美樹	二三〇〇円
象徴主義―モダニズムへの警鐘	中村隆夫	二三〇〇円
中国の版画―唐代から清代まで	小林宏光	二三〇〇円
パルテノンとギリシア陶器	関 隆志	二三〇〇円
キリスト教シンボル図典	中森義宗	二〇〇〇円
バルビゾン派	井出洋一郎	二三〇〇円
ドイツの国民記念碑―一八一三年	武田 光一	二三〇〇円
画家とふるさと	小林 忠	二三〇〇円
日本・アジア美術探索	大原まゆみ	二三〇〇円
インド、チョーラ朝の美術	永井信一	二三〇〇円
古代ギリシアのブロンズ彫刻	袋井由布子	二三〇〇円
	羽田康一	二三〇〇円

〒113-0023 東京都文京区向丘1-20-6 TEL 03-3818-5521 FAX03-3818-5514 振替 00110-6-37828
Email tk203444@fsinet.or.jp URL:http://www.toshindo-pub.com/

※定価：表示価格（本体）＋税